뇌 회로를 재구성하다

AI 시대 시詩 치유

| 오수아 지음 |

북스힐

기계가 인간을 뛰어넘는 순간,

인간은 여전히 '인간'일 수 있을까?

_김대식(뇌과학자, 카이스트 교수)

서 문

기술봉건시대의 도래

우리는 역사상 가장 많은 정보를 가진 시대에 살고 있다. 동시에 역사상 가장 큰 '의미 결핍의 시대'를 살고 있다. AI가 정보 처리를 대행하는 이 시대, 방대한 데이터와 알고리즘이 우리의 선택지를 제시하고, 인공지능이 우리가 필요할 법한 정보를 먼저 건넨다. 그러나 이 과정에서 우리가 놓치는 것이 있다. 그것은 '이 정보가 나에게 무엇을 의미하는가'라는 질문이다.

우리가 지금 목격하는 인공지능(AI)의 파도는 시작일 뿐이다. 인류가 할 수 있는 모든 인지 활동을 대행할 일반 인공지능(AGI) 시대가 예고된 지금, 사고와 판단마저 기계에 예속될 위기 앞에서 우리는 인간만의 최후 보루가 무엇인지 물어야 한다.

더 근본적인 위기는 이제 시작이다. 뇌과학자들은 미래에 기술봉건시대가 올 것이라고 예측한다. 데이터라는 영주에게 우리의 인지 주권을 저당 잡힌 시대를 말한다. 그렇게 된다면 사회에서 인간이 점하는 위치는 더 이상 소득이나 직업으로 결정되지 않을 것이다. 한 가지 기준으로만 결정될 것이다.

'기술을 쓰는가, 기술이 나를 설계하는가'

현재의 AI는 특정 영역에서 인간의 능력을 모사하는 전문(Narrow) AI에 머물러 있다. 그러나 도래할 AGI(Artificial general intelligence)는 인간처럼 스스로 맥락을 이해하고, 학습하지 않은 영역까지 종합적으로 판단하여 처리하는 '범용 AI'다. 이는 곧 인간의 고유 영역인 종합적 사유와 자율적 의사결정까지 기계가 완벽히 재현함을 의미한다. 어쩌면 기술봉건시대는 이미 시작되었을지도 모른다. 다만 현재는 보이지 않는 기술의 구조로 짜인 봉건시대일 뿐이다.

진정한 위기: 인간이 사고를 포기할 때

진정한 위기는 AI와 AGI가 등장했느냐가 아니다. 인간이 판단을 포기할 때 온다. 우리는 타인의 알고리즘화된 신호 속에서 자신의 진정한 신호를 구별하는 능력을 잃어가고 있다. AI에게 판단을 맡기고, 생각마저 위탁하는 인간의 태도, 이것이 진정한 위기다. 이러한 태도는 아직 AGI 시대가 도래하지 않았지만, 이미 기계의 종속 구조에 들어간 것과 같다.

스마트폰과 디지털 인터페이스는 우리의 주의(attention) 체계를 재설정했다. 신경과학의 용어로, 이는 신경적응성(neuroplasticity)의 결과다. 외부의 자극과 알고리즘이 우리의 뇌 신경회로를 끊임없이 형성하면서, 깊은 사고와 자기 성찰을 위한 신경회로는 약화되고 있다.

맹자는 『고자장구』 상 11장에서 이렇게 말했다.

"사람은 닭과 개가 달아나면 찾을 줄 알지만, 마음을 놓아버리고는 찾을 줄 모른다(人有鷄犬放則知求之, 有放心而不知求)."

이 통찰을 현대적 맥락에서 표현하면 다음과 같이 말할 수 있다.

‘사람들은 스마트폰을 잃으면 즉각 찾으려 한다. 그러나 자신의 마음을, 자신의 진정한 신호를 잃고도 찾을 줄 모른다.’

중요한 질문: 인간이 사고를 포기하는가?

이러한 상황에서 우리가 던져야 할 질문은 이런 것이다.

“인간이 사고를 포기하는가?”
“AGI 시대에도 인간으로 남으려면, 어떻게 우리의 뇌와 마음을 의도적으로 재프로그래밍할 것인가?”
“어떤 사람이 앞으로 의미 있게 존재할 수 있을 것인가?”

시치유 전문가로서의 혜답은 ‘시詩’다. 시는 인간이 자기 신호를 되찾는 도구다. 알고리즘으로는 대체될 수 없는 창의성과 감정의 미묘함을 담은 시를 읽고 쓰는 행위는, 신경가소성을 의도적으로 활용하여 깊은 사고의 신경회로를 강화하는 실천이다. 이것이 AGI 시대, 인간으로 남는 방법이다.

생존 기술로서의 인문학·글쓰기·사유

앞으로 정말 필요한 사람은 자신과 타인의 삶을 소중히 여길 줄 아는 품격있는 사람이다. 이러한 품격은 자신을 아는 데서 비롯된다. 자신을 알 때만 기술을 이해하고, 타인을 진정으로 해석할 수 있기 때문이다. 즉, 기술을 ‘수단’으로 보고 인간을 ‘목적’으로 보는 사람이다. 이러한 사람들이 늘어날수록 AI는 도구로 남고, 인간은 주체로 남는다. 따라서 생존 기술로서 가장 중요한 것들이 있다.

글쓰기, 사유, 인문학적 사고 등은 더 이상 교양이 아니라 생존 기술이 된다. AI가 대체할 수 없는 것들이 명확해지는 것이다.

· 공감의 언어: 기계는 데이터를 처리할 수 있지만, 자신의 감정을 말로 표현할 수 없다.
· 타자와의 연결: 다른 사람의 말에 공감할 수 없다.
· 상처의 치유: 자신의 상처를 언어를 통해 치유할 수 없다.
· 의미 부여: 존재의 의미를 묻고 답하는 능력은 기계의 영역이 아니다.

이러한 것들이 더욱 중요해지는 이유는, AI 시대는 인간을 대체하는 시대가 오는 것이 아니라, 인간을 설명할 수 없는 것들이 더 소중해지는 시대가 오기 때문이다. 글을 쓰는 사람, 인간의 마음을 다루는 사람은 사라지지 않는다. 오히려 세상은 인문학 중심으로 이동하게 될 것이다.

언어, 인간의 최후 보루: 시치유의 과학적 근거

그렇다면 인간만이 할 수 있는 것은 무엇인가? 그것은 언어다. 더 정확히 말하면, 감정을 언어로 변환하고, 내적 경험을 타자와 나누며, 자기를 성찰하는 능력이다. 인간의 신경회로는 반복된 자극에 의해 형성된다. 따라서 장시간의 정보 노출로 약화된 심층 사고 능력과 자기 성찰 능력을 되살리려면, 그에 상응하는 신경회로 활성화가 필요하다. 이것이 바로 시(詩)의 역할이다.

시는 인간의 생물학적 리듬을 되살린다

시는 인간의 신경회로를 깨우고, 막혀있던 생명의 흐름, 즉 호르몬의 물길을 다시 트이게 한다. 시는 응축된 의미이자, 우리의 주의 체계를 의도적으로 느리게 만드는 장치다. 시를 마주할 때 전두엽의 자기성찰 회로가 활성화되고 편도체의 감정 처리 체계가 안정되며, 해마의 기억 통합 기능이 비로소 눈을 뜬다.

이러한 신경학적 변화는 우리 몸의 화학적 흐름을 바꾼다. 시적 언어가 주는 정서적 안정이 뇌에 전달되면, 스트레스에 반응하던 호르몬 수치는 낮아지고 옥시토신이나 세로토닌 같은 정서적 유대와 안정을 돕는 호르몬들이 그 자리를 채운다

기계가 데이터를 처리하는 동안, 인간은 시를 읽고, 쓰고, 나눔으로써 자신의 감정을 언어로 번역하고, 타인의 언어를 통해 공감하며, 자신을 돌아본다. 이것이 AGI 시대 인간으로 남기 위한 가장 우아하고 가장 과학적인 실천이다.

인간의 뇌에는 약 860억 개의 뉴런이 존재한다. 기계가 흉내 낼 수 없는 이 복잡하고 정교한 신경망을 시적 사유로 다시 깨우는 일은, 삶을 스스로 설계하는 주체로 남기 위한 인간의 자유의지다. 우리가 시를 통해 이 중 단 몇 퍼센트의 회로만 더 깨워낼 수 있어도, 기술봉건시대에 인간이 주체로 남을 수 있다.

저자는 상담학을 전공하고 오랜 시간 현장에서의 심리상담과 시치유 강의를 통해 이것을 직접 확인했다. 짧은 시 한 줄이 신경회로를 재활성화시키고, 메말랐던 내면에 생명력을 순환시켜 자신이 놓쳤던 진정한 신호를 다시 감지하게 한다는 것을 말이다. 시는 차단되었던 뇌의 통로를 열어, 기계의 소음 속 알고리즘이 아닌 나만의 진짜 신호(이하 자기 신호)를 선명하게 복원해 낸다.

시치유는 무엇인가

'Poetry Therapy'의 일반적 번역은 '시치료'다. 그러나 '치료(treatment/therapy)'는 증상 완화에 초점을 맞춘 전문 기법을 의미하는 반면, '치유(healing)'는 상처의 회복을 넘어 심리적·영적 재통합까지 포괄하는 더 넓은 개념이다. 표준국어대사전에 따르면

'치료'는 병을 다스리기 위한 과학적 처리이고, '치유'는 그 결과 병이 낫는 것, 즉 회복의 완성을 의미한다.

따라서 이 교재에서 'Poetry Therapy'를 '시치유'로 표기하는 데에는 명확한 이유가 있다. 이는 인간의 전인적 회복과 신경적 재프로그래밍을 목표로 하기 때문이다. 나아가 기술봉건시대를 살아가는 우리가 '인간답게' 존재하기 위해 반드시 되찾아야 할 언어 회복의 의미를 담고 있다.

구체적으로 시치유는, 시를 읽고 쓰고 낭독하는 행위를 통해 무의식을 재구조화하고 뇌의 신경회로를 강화하는 실천 방법이다. 단순한 심리 기법이 아니라, 심리적 통찰과 신경생물학적 변화를 동시에 일으키는 통합적 치유 방법론이다. 이를 통해 개인은 억압되었던 경험을 새롭게 재구성하며, 동시에 정서 조절과 자기 이해 능력을 근본적으로 강화하게 된다.

시는 결국 사람을 사람답게 살게 하는 힘이다. 그 힘을 회복시키는 일, 그것이 시치유의 본질이다.

이 교재의 구성

이러한 시치유의 의미를 담아, 본 교재는 상담심리학적, 신경과학적 맥락 속에서 체계적으로 다루었다. 이론적 기초에서는 정서지능, 이야기 치료, 긍정심리학의 상담학 이론과 더불어, 신경회로 활성화, 신경가소성, 신경통합의 뇌과학적 근거를 통합적으로 제시했다. 학생과 상담사들이 과학적 원리를 쉽게 이해하면서 시치유의 진정한 의미를 체득할 수 있도록 구성했다.

발달 단계별 적용에서는 아동·청소년, 성인·중년, 노인의 생애주기에 따른 신경심리적 특성과 상담 전략을 담았다. 개인 상담과 집단 상담의 맥락에서, 실제 현장에 즉각 적용할 수 있는 기법과 사례를 수록했다.

현대적 접근으로서, 디지털 환경에서의 신경적응성 변화, AGI 시대의 의미 결핍과 정체성 위기에 대한 상담적 개입, 언어를 통한 자기 성찰 능력 향상, 사회적 공감 회복을 위한 실천 전략을 포함했다.

기존의 시치유가 문학적 감상에 머물렀다면, 이 책은 시가 뇌의 신경망을 어떻게 재구조화하는지 그 과학적 경로를 추적하는 최초의 시도다. 시를 문학의 영역에서 뇌과학의 영역으로 확장시킨 이 시도가, AI 시대를 살아가는 우리에게 잃어가는 '인간의 온기'를 찾아주는 나침반이 되길 소망한다. 아울러 이 책이 상담심리학과 사회복지학을 전공하는 학생들, 현장의 상담사, 교사, 임상심리 전문가들에게 실질적인 길잡이가 되기를 바란다.

더 나아가, 많은 독자들이 이 책을 통해 기술과 알고리즘의 소음에 잠식되지 않고 자신의 진정한 목소리를 되찾기를 바란다. 깊은 자기 이해와 타인에 대한 공감을 키우고, 기계가 할 수 없는 인간만의 능력인 '언어의 힘과 치유력'을 회복하고 강화하기를 바란다.

2026년 정월(正月) 예천 행복로 서재에서 저자

차 례

Part I 시와 치유의 이론적 배경

4장 주제별 시치유

Part IV 시치유의 실제와 실천

1장 시치유 사례

2장 시치유 프로그램 설계와 평가

3장 윤리와 전문성

4장 시치유의 실천

Part V AI 시대에서 AGI 시대로; 시치유와 CTU

1장 AI 시대, 신경생물학적 실상

2장 AGI 시대 CTU 메타 역량

3장 시치유의 원리와 신경생물학적 대응

4장 시치유의 미래

Part Ⅰ
시와 치유의 이론적 배경

1장

시치유의 정의와 역사

1. 시치유의 개념과 목적

시치유(Poetry Therapy)는 시를 읽고, 쓰고, 나누는 과정을 통해 인간의 정서적·인지적·사회적 기능을 회복하고 강화하는 심리치료 방법이다. 니콜라스 마짜(Mazza, 2016)는 시치유를 "시와 기타 형식의 문학적 매체를 치료적 과정에서 의도적으로 사용하는 것"으로 정의한다. 특히 그는 2016년 개정판을 통해 전통적인 인쇄 매체뿐만 아니라 이메일, 블로그, SNS 등 디지털 매체를 활용한 '사이버 시치유(Cyber-Poetry Therapy)'의 영역까지 그 개념을 확장하였다.

그는 시치유의 실천 과정을 수용적(receptive), 표현적(expressive), 상징적/통합적(symbolic/integration) 세 가지 양식으로 구분한다. 수용적 양식은 시나 가사(Song Lyrics) 등을 읽고 반응하며 공감하는 과정을, 표현적 양식은 직접 글을 쓰며 내면의 감정을 언어화하는 과정을 의미한다. 마지막으로 상징적/통합적 양식은 은유와 의식을 통해 삶의 의미를 재구성하고 이를 실제 삶의 영역으로 통합하는 단계를 뜻한다. 이러한 마짜의 모델은 시치유가 감상을 나누는 활동을 넘어, 명확한 치료적 목표와 구조를 지닌 전문적 개입임을 입증한다.

시의 언어는 감정을 직접적으로 설명하기보다 비유와 상징으로 내면의 경험을 드러내는 독특한 힘을 지닌다. 이 과정에서 억눌린 감정은 안전하게 언어화되고, 자기 이해와 정서적 균형이 촉진된다. 학문적으로는 시치유가 문학치료(Bibliotherapy)의 하위 영역에 속하지만, '시'라는 매체가 가진 언어적 압축성과 상징성은 독립된 임상적 의의와 학문적 가치를 지닌다. 특히 최신 연구들은 시치유가 트라우마 생존자나 재난 피해자들에게 제공하는 근거 기반 실천(Evidence-based Practice)으로서의 효용성에 주목하고 있다.

상담심리학적 관점에서 시치유는 내담자가 자신의 감정을 탐색하고, 삶의 사건을 언어와 이야기로 재구성하며 의미를 재발견하도록 돕는다. 화이트와 엡스턴(White, M. & Epston, D., 1990)의 이야기치료는 개인이 자신의 이야기를 새롭게 써 내려갈 때 정체성 통합과 트라우마 회복이 가능하다고 보았다. 시치유는 바로 이 '이야기의 재구성' 과정에서 강력한 언어적·상징적 매개체로 작용한다. 마짜 역시 시치유가 감정 표현과 자기 이해를 넘어 대인관계 기능과 사회적 통합을 강화한다고 강조하였다. 이를 통해 내담자는 자기 경험을 새로운 의미망 속에서 이해하고, 자기효능감과 회복탄력성을 강화할 수 있다. 또한, 정서중심치료(EFT), 인지행동치료(CBT) 등과의 통합적 활용이 가능하다는 점에서 현대 상담학에서의 적용 범위는 지속적으로 확대되고 있다.

뇌과학적 연구 역시 이러한 효과를 뒷받침한다. 노턴(Norton, A., et al. 2009) 등의 연구에 따르면, 시를 읽거나 쓰는 활동은 전전두엽을 활성화해 사고와 자기통제를 조절하고, 측두엽을 자극하여 언어 이해와 기억 회상을 촉진한다. 동시에 편도체의 정서 반응을 안정시켜 심리적 긴장을 완화한다. 반복적인 시 경험은 이러한 뇌 영역 간 연결을 강화하여 정서 통합과 내적 조직화를 촉진한다. 이는 시치유가 단기적 정서 안정뿐 아니라, 뇌의 가소성을 활용한 장기적인 정신 건강 증진에도 기여함을 보여준다.

2. 시와 추상적 사고

시치유의 본질을 이해하기 위해서는 시가 지닌 '추상화' 기능을 철학적 관점에서 살펴볼 필요가 있다. 철학자 최진석(2025)은 선진국과 후진국을 구분하는 핵심 요소로 '추상적 사유 능력'을 제시했다. 그에 따르면, 추상적 사유란 '눈에 보이고 만져지는 것을 감각적으로 받아들이는 것이 아니라, 이성적이고 인지적으로 사고해서 받아들이는 능력'이라는 것이다. 그러면서 '보이지 않는 것을 보이고 들리는 것처럼 간주하여 행위하는 능력'이라 정의하였다. 이러한 능력은 원리, 패턴, 규칙과 같이 감각적 대상이 될 수 없는 것들을 파악하여 현상의 이면에 숨은 조짐을 읽어내고 본질에 선제적으로 대응하는 힘을 뜻한다. 《어린 왕자》에서 말하는 '진짜 가치 있는 것은 눈에 보이지 않는다'는 명제처럼, 추상적 사유는 표면 아래에 숨겨진 삶의 질서를 꿰뚫는 통찰인 것이다.

이러한 철학적 통찰은 마짜(Mazza, 2016)가 제시한 시치유의 '상징적/통합적 양식'과 그 궤를 같이한다. 내담자가 시의 은유와 상징을 통해 자신의 고통 뒤에 숨겨진 삶의 의미를 발견하는 과정은, 곧 구체적인 사건(현상)을 넘어 보이지 않는 치유의 질서(본질)를 읽어내는 추상적 사유의 발현이기 때문이다.

시는 바로 이러한 추상적 사유의 힘을 기르는 가장 정교한 문학적 도구이다. 시인은 일상의 구체적 경험 속에서 보편적인 원리를 발견하고, 눈에 보이지 않는 감정을 언어라는 그릇에 담아 형상화하기 때문이다. 예를 들어 '나뭇잎이 떨어진다'는 물리적 현상은 시인의 시선을 거치며 상실과 변화, 나아가 순환이라는 상징적 의미로 확장된다. 독자는 이러한 의미의 변환 과정을 함께하며, 눈앞의 구체적 대상 너머에 존재하는 삶의 본질적 질서를 스스로 사유하는 법을 익히게 된다.

시치유는 이러한 시의 추상화 기능을 심리치료에 적용한 것이다. 최진석이 지적한 후진국형 대응의 특징은 '대증요법', 즉 눈에 보이는 문제만 해결하고 근본 구조는 방치하는 것을 말한다. 하지만 시치유는 단편적인 증상을 넘어 삶을 해석하는 근본적인 의미의 구조를 다룬다. 내담자가 자신의 고통을 시로 표현할 때, 막연했던 감정은 언어화되고 개념화된다. "나는 슬프다"라는 감정이 "겨울 바람처럼 차갑게 내 안을 스쳐간다"는 시적 표현으로 전환될 때, 감정은 구체적으로 인식되고 거리를 두고 성찰할 수 있는 '심리적 거리두기(Psychological Distancing)'가 가능해진다. 이는 감정에 압도되지 않고 감정을 사유의 대상으로 전환하는 핵심적인 능력이다.

시치유는 내담자가 피동적 경험자에서 능동적 의미 창조자로 전환되도록 돕는다. 최진석이 말한 '생각하는 능력이 삶을 피폐하게 하느냐 풍요롭게 하느냐를 결정한다'는 통찰은 시치유의 핵심 지향점과 일치한다. 시치유는 단순한 증상 완화를 넘어, 내담자의 사유 능력과 자기 주도성을 근본적으로 강화하는 것을 목표로 한다. 이러한 철학적 기초는 제3장 '인문학과 치유'에서 더 상세히 다루어질 것이다.

3. 시치유의 역사 및 발전

시와 치유의 관계는 인류의 오래된 역사 속에서 발견된다. 고대 그리스의 피타고라스 학파는 음악과 시가 영혼의 조화를 회복한다고 믿었으며, 플라톤은 《국가》에서 시와 음악이 인간의 정서를 형성하고 윤리적 삶을 돕는다고 강조했다. 아리스토텔레스는 《시학》에서 비극을 통한 카타르시스(catharsis)를 언급하며, 예술적 체험이 억눌린 감정을 정화한다고 설명했다. 동양의 《시경》에서도 인간의 기쁨과 슬픔을 언어로 표현하고 이를 사회적·도덕적 교훈과 연결하였다.

1) 중세와 르네상스 시대

중세에는 시가 종교적·영적 치유의 도구로 기능하였다. 성 아우구스티누스는 시와 노래가 신앙적 고백과 영혼의 정화에 기여한다고 보았으며, 수도원에서는 시적 묵상이 내적 성찰과 회복의 수단으로 사용되었다. 르네상스에 들어서면서 인문주의가 부상하자, 시는 신 중심의 세계 이해에서 벗어나 인간 경험과 감정을 표현하는 도구로 재해석되었다. 이 시기 시는 개인의 자아 탐색과 예술적 성찰의 언어로 자리 잡게 되었다.

2) 근대 이후

근대는 심리학과 의학의 발달과 함께 시의 치유적 의미가 새롭게 탐구된 시기였다. 프로이트는 문학과 예술을 인간 무의식이 드러나는 창으로 보았고, 융은 시적 상징을 집단 무의식과 연결하며 자기 통합(Self-realization)의 과정으로 이해했다. 이처럼 근대의 시는 무의식과 자아를 잇는 심리적 매개로 자리 잡으며, 예술과 치료의 경계가 서서히 열리기 시작했다.

3) 현대적 전개

20세기 중반 이후 시치유는 전문적 학문과 임상 영역으로 정착했다. 마짜(Mazza, 2016)는 잭 리디(Leedy, 1969)의 저서 출간을 기점으로 1969년을 '시치료의 공식적 탄생 시점'으로 규정하였다. 미국에서는 병원 도서관에서 문학 읽기를 활용한 정서 안정 활동이 시작되었고, 같은 해 설립된 미국 시치료협회(National Association for Poetry Therapy, NAPT)와 1987년 마짜에 의해 창간된 『시치료 저널(Journal of Poetry Therapy)』은 제도적·학문적 기반을 확립했다.

4) 21세기 이후와 디지털 전환

오늘날 시치유는 뇌과학과 심리학 연구를 통해 새로운 근거를 축적하고 있다. fMRI 연구는 시 읽기와 쓰기가 전전두엽, 편도체, 해마를 동시에 활성화해 정서 인식과 기억 통합을 촉진한다는 사실을 입증했다. 특히 최근에는 코로나19 팬데믹을 기점으로 온라인 플랫폼을 활용한 비대면 시치유가 급격히 확산되었다. 이는 마짜(Mazza, 2016)가 제2판을 통해 강조한 '사이버 시치유'와 디지털 매체의 활용이 오프라인 중심의 예술치유를 넘어 시공간의 제약을 넘어서는 융합형 치유 방식으로 진화하고 있음을 보여준다.

제1장 〈시치유의 정의와 역사〉는 시치유가 오랜 인문학적 뿌리를 토대로 현대의 전문적인 심리치료 영역으로 확립되었음을 보여준다. 마짜(Mazza, 2016)가 정립한 RES 모델(수용-표현-상징/통합)은 오늘날 전 세계 시치료 실무의 표준이 되었으며, 최진석(2025)이 강조한 '추상적 사유 능력'은 시의 언어를 통해 내담자가 자신의 고통을 객관화하고 삶의 본질적 질서를 회복하는 핵심 기제로 작용한다.

이제 Part I의 다음 2장에서는 이러한 시치유의 임상적 및 학문적 근거를 본격적으로 탐색한다. 새로운 장에서는 시치유가 인간의 정서 이해, 자기 이해, 트라우마 회복을 돕는 심리적 과정을 주요 심리학 이론의 관점에서 깊이 있게 논의할 것이다.

2장

시치유와 심리학

1. 시와 정서 이해 – 감정의 구조화

감정은 우리가 살아가는 매 순간 마음속에서 일어나는 가장 솔직한 반응이다. 하지만 우리는 정작 내 감정이 지금 어떤 상태인지, 왜 이런 기분이 드는지 잘 알지 못할 때가 많다. 감정은 약 0.2초라는 아주 짧은 순간에 우리 몸과 마음을 장악해버리기 때문이다. 한 번 감정의 파도에 휩쓸리면 우리는 이성적으로 생각할 겨를도 없이 불안과 혼란 속으로 빠져들게 된다.

시치유는 시도 때도 없이 요동치는 이러한 감정을 언어라는 그릇에 차분히 담아내는 과정이다. 불안과 혼란스러움 속에 가려 알 수 없었던 진짜 '나'가 있는 곳, '시'라는 길로 들어가는 것이다. 실제로 무의식 세계에 방치되었던 삶이 시를 통해 이유 없는 눈물을 쏟아낼 때가 있다. 그 찰나에 던지는 '나는 왜 눈물이 나지?'라는 질문은 진짜 자기를 대면하게 하는 매우 중요한 사건이다. 이 사건이 바로 무의식에서 의식의 세계로 방향을 트는 지점이기 때문이다. 삶이라는 것에 궁금하지도 않았던 이가 한 편의 시로 인해 스스로에게 처음으로 질문을 던지는 순간이다.

이 질문은 감정에 압도당해 끌려다니던 삶을 잠시 멈춰 세운다. 그리고 "내 슬픔의 모양은 어떻게 생겼나?", "내 분노는 어디서 왔나?" 등의 감정을 구체적으로 들여다보게 한다. 시의 언어는 이처럼 보이지 않는 마음의 통증에 이름을 붙여주고, 그것을 우리가 감당할 수 있는 크기로 만들어준다. 감정에 휘둘리던 피동적인 삶에서 벗어나, 삶의 의미를 스스로 묻고 찾아가는 능동적인 변화가 시작된 것이다.

심리학자들은 감정을 다양한 층위에서 설명해 왔다. 제임스(James, 1890)와 랑게(Lange, 1885)는 감정을 신체적 변화의 결과로 보았고, 캐넌(Cannon, 1927)과 바드(Bard, 1928)는 신체 반응과 정서 경험이 동시에 일어난다고 주장했다. 이후 현대 정서심리학은 감정을 단순한 생리 반응이 아닌, 인지적 평가와 해석, 기억과 욕구가 얽힌 통합적 과정으로 이해한다. 즉, 기쁨과 슬픔, 분노와 두려움은 순간적 자극이 아니라, 개인의 삶과 의미 해석이 반영된 심리적 구조물이라는 것이다.

상담 현장에서 감정은 종종 혼란스러운 형태로 드러난다. 내담자는 "그냥 답답하다"고 말하지만, 그 속에는 분노와 슬픔이 뒤섞여 있다. 이때 필요한 것이 감정을 분리하고 이름을 붙이는 정서의 명료화(emotional clarity) 과정이다. 심리학과 뇌과학에서는 이를 '감정 명명하기(affect labeling)'라 부르는데, 감정에 이름을 붙이는 순간 막연한 불안에서 우리가 충분히 다룰 수 있는 대상으로 변모한다.

"내 마음은 바람 없는 바다에 멈춘 돛단배"라는 구절 속에는 무력감, 고립감, 정체감이 함께 담겨 있다. 시는 이 감정을 하나의 이미지로 묶어내며, 그 과정을 통해 내담자는 자기 감정을 객관적으로 바라보게 된다. 이처럼 시의 언어는 감정을 구조화하는 탁월한 매개다. 내담자가 시를 쓰며 감정을 비유와 상징으로 표현할 때, 얽힌 감정은 질서를 얻는다.

뇌과학 연구는 이 감정 구조화를 신경인지적 과정으로 설명한다. 감정을 언어로 표현할 때 전전두엽은 자동적 정서 반응을 조절하고, 편도체의 과도한 활동을 완화한다. 곧 감정을 말로 표현하고 글로 쓰는 순간 뇌는 혼란에서 질서로 이동한다. 이처럼 시적 언어는 감정을 억누르지 않으면서도 감당할 수 있는 형태로 바뀐다.

"나는 화가 났다"는 표현이 "나는 존중받지 못해 화가 났다"로 발전할 때, 감정은 몸의 반응을 지나 자기 인식의 언어가 되는 것이다.

2. 시와 자기 이해: 내적 자원 강화

상담의 중요한 목적 가운데 하나는 내담자가 자기 자신을 더 깊이 이해하도록 돕는 일이다. 자기이해는 지나간 시간의 되새김이 아니라, 현재의 자신을 있는 그대로 바라보고 삶의 방향을 재구성하는 과정이다. 이때 내담자는 타인의 시선이 아니라 자기 내면의 목소리에 귀를 기울인다. 이 과정에서 시는 내담자에게 자기 탐색의 거울이 된다.

일상의 언어로는 표현되지 않는 감정도 시의 언어로는 의외로 쉽게 드러난다. "나는 흐린 창문을 바라본다"라는 구절 속에는 우울, 답답함, 미래에 대한 불확실성이 함께 담겨 있다. 내담자가 이런 표현을 남길 때, 상담사는 그것을 풍경 묘사가 아니라 내면을 비추는 창으로 이해해야 한다. 시는 무의식을 드러내는 창이자 거울이다.

심리학적으로 자기이해는 메타인지(metacognition)와 관련된다. 메타인지는 자신이 무엇을 생각하고 느끼는지를 알아차리는 능력으로, 학습뿐 아니라 정서 회복에도 핵심적 역할을 한다. 시를 쓰는 과정에서 내담자는 자신의 감정을 관찰하고, 언어로 정리하며, 다시 읽고 해석한다. 이 반복은 곧 메타인지 훈련이자 자기이해의 확장이다.

이러한 훈련을 지속적으로 할 때, 자기평가와 자기이해를 담당하는 내측 전전두엽(mPFC)과 해마 영역이 활성화되며 편도체는 감정 반응을 조절한다. 시적 표현이 자기이해를 위한 뇌 회로를 자극하는 것이다. 내담자가 시를 통해 자신의 경험을 되돌아볼 때, 뇌는 과거와 현재를 연결하고 감정과 사고를 통합하며 자기 이해를 심화시킨다.

자기이해는 또한 내적 자원(inner resources)을 강화하는 과정이다. 인간은 누구나 위기를 견딜 힘을 내면에 지니고 있으나, 그것이 억눌리면 삶의 어려움 앞에서 무력감을 느끼게 된다. 시치유는 내담자가 이 내면의 회복력을 다시 발견하도록 돕는다. "나는 아직 살아 있다"라는 한 줄의 시를 쓰는 순간, 내담자는 자신의 존재를 재확인하며 잠들어있는 내적 힘을 깨우게 된다.

인간의 내면을 비추는 거울이 시라면, 자기이해를 통한 회복력이 시치유이다.

3. 시와 트라우마: 상처의 언어화

트라우마는 기억의 파편으로, 인간 존재 전체를 흔드는 경험이다. 외상적 사건은 의식적으로는 잊히기를 바라지만, 무의식 속에서는 시도 때도 없이 이미지·감각·신체 반응을 통해 반복된다. 심리학에서는 이를 '재경험(re-experiencing)'이라 부르며, 그중에서도 사건이 지금, 이 순간 다시 일어나는 듯한 생생한 회상을 '플래시백(flashback)'이라 한다. 오그던(Ogden et al., 2019)은 이러한 현상이 트라우마가 단순히 과거의 기억으로 남는 것이 아니라 호흡, 자세, 움직임 등 신체 시스템 전반에 각인되어 끊임없이 현재의 반응을 지배하기 때문에 발생한다고 설명한다. 이렇게 말할 수 없는 경험으로 남아 있는 상처는 오히려 더 깊이 내면을 옥죄며 회피나 망각으로는 극복되지 않는다.

상담 현장에서 가장 큰 과제는 이 침묵을 언어로 바꾸는 일이다. 트라우마는 논리적 언어를 담당하는 좌뇌 기능을 마비시키고 비언어적 감각만을 남기기에, 내담자에게 침묵은 할 말이 없는 상태가 아니라 언어화가 불가능한 고통의 응축이다(Ogden et al., 2019). 언어화되지 못한 상처는 무의식 속에서 신체 증상으로 발현되지만, 시적 언어는 이러한 억압된 기억을 간접적이고 상징적인 방식으로 표현할 수 있게 한다. 시의 비유와 상징은 감정을 직접 마주하지 않고도 고통을 객관화하며, 새로운 의미로 전환할 수 있는 기반을 제공하기 때문이다.

이처럼 치료자의 역할은 트라우마를 단순히 해석하는 것이 아니라, 내담자가 자기 인식을 통해 감정을 조절할 수 있도록 돕는 데 있다 (Ogden et al., 2019). 예를 들어, 내담자가 "무너진 다리 위에 서 있는 나"라고 쓸 때, 이는 현재의 고립감을 나타내는 동시에 건너편 세계에 대한 무의식적 희망을 투영한다. 몸에 갇혀 비명 지르던 비언어적 감각들이 시라는 질서 있는 옷을 입을 때, 고통은 비로소 통제 가능한 영역으로 들어오며 실질적인 치유의 단계로 진입한다.

정신분석학적으로도 이러한 과정은 중요한 의미를 갖는다. 프로이트(Freud, 1917)는 억압된 기억이 무의식에서 심리적 증상을 만든다고 보았으며, 융(Jung, 1964)은 상징을 통해 무의식을 탐색하고 자아(Self)를 통합할 수 있다고 주장했다. 시치유는 이러한 원리를 바탕으로, 직접적 진술이 내담자를 다시 외상 속으로 몰아넣지 않도록 우회적·상징적 언어를 활용해 접근한다. 이는 내담자가 안전한 거리에서 자신의 고통을 바라보고 탐색할 수 있게 하는 전략이다.

신경과학 연구는 이를 생리적으로 뒷받침한다. 외상 경험은 감각을 담당하는 우뇌에 강하게 각인되는 반면, 언어를 담당하는 좌뇌는 억제된다. 이 때문에 단순한 말하기만으로는 트라우마를 충분히 다루기 어렵다. 그러나 시적 언어는 이미지와 감정을 결합하기 때문에 우뇌와 좌뇌, 즉 양쪽 뇌를 동시에 자극한다. 이러한 통합적 자극은 편도체의 과잉 반응을 완화하고 전전두엽의 성찰 기능을 활성화하며, 해마를 통해 파편화된 기억을 서술 가능한 이야기로 재구성하도록 돕는다.

상담사는 이 과정을 지지하는 안전한 공간을 마련해야 한다. "이 시에서 선생님은 깊은 슬픔을 표현했군요"라는 반영적 반응은 내담자에게 감정을 인정받는 경험을 제공하며, 이는 곧 회복의 실마리가 된다. 중요한 것은 성급한 해석이나 위로가 아니라, 내담자가 자기 언어로 의미를 찾아가도록 기다려 주는 태도다. 이러한 경험은 새로운 애착 경험으로 작용하여, 감정을 숨기거나 폭발시키는 대신 안전하게 탐색할 수 있는 심리적 장(場)을 제공한다.

나아가 시치유는 고통을 해소하는 것에 머물지 않고, 상처를 새로운 의미로 조직할 기회를 제공한다. 내담자가 "나는 어둠 속에 있다"라고 썼을 때, 상담사가 "그 어둠 속에서 무엇을 보고 있나요?"라고 묻는 순간, 내담자는 고통의 피해자가 아니라 탐색의 주체로 선다.이 과정은 감정을 이해 가능한 경험으로 바꾸며, 외상 후 성장을 돕는다. 테데스키와 칼훈(Tedeschi & Calhoun, 1996)이 말한 것처럼, 깊은 상처는 오히려 삶의 우선순위를 재정립하고 더 강한 공감 능력과 의미를 발견하는 계기가 될 수 있다.

4. 정신분석과 뇌과학의 통합

1) 두 패러다임의 만남

라캉의 정신분석학은 시치유의 심리학적 원리를 설명한다. 무의식은 언어로 구조화되어 있고, 따라서 시와 같은 압축되고 비유적인 언어를 통한 개입이 무의식을 재구조화할 수 있다는 것이다.

이제 우리는 또 다른 차원의 질문을 던져야 한다. 무의식의 재구조화가 실제로 뇌에서 어떻게 일어나는가? 이 질문에 답하기 위해 우리는 신경과학의 발견으로 눈을 돌린다. 신경과학 연구는 반복된 경험과 집중력 있는 행위가 뇌를 근본적으로 재구조화한다는 것을 입증했다.

라캉과 신경과학의 만남은 시치유(Poetry Therapy)의 이론적 기반을 완성한다. 정신분석학이 '무의식의 언어적 구조'를 밝혔다면, 신경과학은 '반복적 실천을 통한 뇌의 재구조화'를 입증했다. 시치유는 이 두 통찰을 통합한다. 시라는 언어적 매개를 통해 무의식을 다루되, 낭독과 필사의 반복을 통해 뇌의 신경회로를 물리적으로 재구조화하는 것이다.

2) 신경가소성과 뇌의 재구조화

신경과학의 핵심 개념은 신경가소성(Neuroplasticity)이다. 뇌는 고정된 구조가 아니라, 반복된 경험에 따라 끊임없이 재조직된다. 마치 근육이 반복 운동으로 강해지듯, 신경 회로도 반복 사용으로 강해진다. 이러한 원리는 시치유에 직접 적용되어, 뇌를 여러 차원에서 변화시킨다.

먼저, 정서 조절 회로를 강화한다. 반복적인 시 읽기는 감정 중추인 편도체의 과민 반응을 진정시키는 동시에, 이성적 통제를 담당하는 전전두엽과 그 둘을 잇는 통로인 '대상회(Cingulate Gyrus)'를 활성화한다. 특히 전대상회는 감정과 이성 사이의 갈등을 조절하고 주의력을 배분하는 핵심 부위로, 시적 사유를 통해 이 회로가 강화되면 정서적 자극에 대한 뇌의 조절력이 근본적으로 높아진다.

둘째, 기억 처리 네트워크를 재구조화한다. 특히 트라우마와 관련된 기억의 통합을 촉진한다. 시를 통해 정리되지 않았던 고통의 잔상들이 언어화되고 의미화되는 과정에서, 뇌의 기억 처리 체계는 그 조각들을 더 적응적인 방식으로 통합하게 된다.

셋째, 언어와 의미 생산의 신경 기반을 변화시킨다. 시를 통해 자신의 경험을 새롭게 이해하고 해석하는 과정 속에서, 자기 이해와 서사 재구성을 가능하게 하는 신경 회로들이 강화된다.

반복된 경험을 통해 발생한 이러한 신경 변화는 일시적 상태를 넘어 지속적인 특성으로 고착된다. 이것이 바로 시치유가 단순한 감정적 완화가 아니라 뇌의 구조적 변화를 가져오는 이유다. 대상회를 중심으로 뇌 자체가 정서 조절 네트워크의 물리적 재구조화를 가져오며, 이를 통해 개인의 정서 처리 방식을 근본적으로 변화시킨다.

3) 시를 통한 무의식과 뇌의 동시 재구조화

시치유는 두 가지 차원의 재구조화가 동시에 일어나는 정신분석과 신경과학을 통합할 수 있다.

(1) 정신분석학적 차원: 무의식의 재구조화

라캉이 밝혔듯, 무의식은 언어로 구조화되어 있다. 시를 읽고 쓰는 행위는 무의식의 언어적 구조에 직접 개입한다. 이 과정에서 억압되었던 내용이 비유와 상징의 형태로 표현되고, 말할 수 없었던 경험들이 언어화된다. 그리고 우리가 직접적으로 경험한 실재계의 고통이 상징계의 언어와 의미로 옮겨지게 된다.

이 과정에서 주체는 근본적인 변화를 겪는다. 자신의 고정된 서사를 다시 쓸 수 있게 되고, 심지어 고통 자체에 새로운 의미를 부여할 수 있게 된다. 더 나아가, 자신의 경험의 단순한 피해자에서 벗어나 의미를 생산하는 주체로 변화하게 되는 것이다.

(2) 신경과학적 차원: 뇌의 재구조화

동시에, 반복되는 시 읽기와 필사는 신경생물학적 수준에서도 깊은 변화를 일으킨다. 특정 신경 회로들이 강화되고, 감정 처리와 조절 능력이 향상되며, 뇌의 가소성을 통해 새로운 신경 연결들이 형성된다. 이러한 신경 변화는 단순히 생물학적 현상에 그치지 않는다. 오히려 심리적 변화를 지탱하는 생물학적 기반이 되어, 그 변화를 물리적으로 뇌 속에 새겨 넣는다.

(3) 통합: 언어를 통한 무의식과 뇌의 동시 변화

시치유의 독창성은 바로 이 지점에 있다. 시라는 매개는 동시에 두 가지 작업을 수행한다.

첫째, 시는 무의식에 접근하는 언어적 도구다. 시의 비유와 상징은 무의식의 작동 방식과 일치한다. 무의식 자체가 비논리적이고 상징적인 방식으로 작동하기 때문에, 똑같이 비유와 상징으로 이루어진 시의 언어는 무의식을 효과적으로 자극하고 재구조화할 수 있다.

둘째, 시 읽기와 필사는 주의 집중의 훈련이다. 시의 한 구절, 한 이미지에 깊게 집중하고, 그것이 마음에 불러일으키는 반응을 관찰하며, 같은 구절을 반복해서 읽고 쓰는 과정은 신경 회로를 강화하는 행위다. 이것은 명상이나 신체 훈련처럼, 뇌의 신경가소성을 활성화하는 구체적인 실천이 되는 것이다.

결과적으로, 시치유를 실천하는 사람은 심리적 통찰과 신경생물학적 변화를 동시에 경험한다. 트라우마 기억이 새로운 의미로 통합되는 동시에, 뇌의 조절 능력이 신경학적으로 강화된다. 자기 이해가 정신분석적 수준에서 깊어지는 동시에, 정서 조절 능력이 신경생물학적 수준에서 향상된다. 그리고 자신의 서사가 심리적으로 재구성되는 동시에, 신경 회로가 물리적으로 재형성되는 것이다. 이것이 시치유의 힘이며, 시치유가 단순한 상담을 넘어 근본적인 치유를 가능케 하는 이유다.

4) 시치유의 실천 원리

이러한 이론적 통합은 구체적인 실천 원리로 이어진다.

· 규칙성(Regularity)

뇌의 변화는 반복된 실천을 통해서만 일어난다. 그러므로 시치유 또한 일회적 사건이 아니라 지속적 실천이어야 한다. 매일 읽고 쓰는 것이 가장 효과적이지만 주 3~4회, 일정한 시간을 정해두고 습관을 들이는 것이 좋다. 이러한 규칙성은 신경가소성을 활성화하는 필수 조건이다.

· 주의 집중(Focused Attention)

시를 읽을 때는 온전히 그 시에만 집중한다. 멀티태스킹을 하거나 흘려 읽지 않고, 시의 언어와 이미지에 깊은 주의를 모은다. 이 집중력은 뇌의 신경 회로를 활성화하는 핵심 요소다.

· 천천히 반복하기(Slow Repetition)

같은 시를 여러 번, 천천히 읽는다. 반복은 단순한 복습이 아니라 신경 회로를 강화하는 과정이다. 매번 새로운 의미층을 발견하며, 동시에 뇌의 신경 패턴이 깊어진다.

· 비판단적 수용(Non-judgmental Acceptance)

시가 불러일으키는 감정과 연상이 무엇이든, 그것을 판단하지 않고 받아들인다. 좋은 반응과 나쁜 반응은 없다. 모든 반응은 무의식이 보내는 메시지며, 이러한 수용 자체가 신경계의 조절을 가능하게 한다.

· 신체 자각(Somatic Awareness)

시를 읽으면서 신체의 반응을 관찰한다. 가슴이 먹먹해지는가? 목이 조이는가? 호흡이 깊어지는가? 언어적 의미뿐 아니라 신체적 반응도 치유의 중요한 정보다. 신체는 무의식의 언어를 직접 표현하는 기관이기 때문이다.

· 쓰기와 통합(Writing and Integration)

시를 읽은 후, 짧게라도 자신의 언어로 쓴다. 이것은 수동적 수용에서 능동적 의미 생산으로의 전환이며, 라캉이 말한 주체의 재구성 과정이다. 쓰기는 또한 신경회로를 더욱 강화하는 행위다.

5) 이론적 기여: 정신분석과 신경과학의 통합 모델

시치유는 심리치료의 통합적 모델을 제시한다. 그동안 정신분석학과 신경과학은 각자의 영역에서 발전해왔다.

정신분석학은 무의식의 구조와 언어의 역할을 밝혔지만 심리 변화의 신경생물학석 기전을 설명하지 못했다. 신경과학은 뇌의 가소성과 반복 경험의 신경 효과를 입증했지만 심리적 의미와 무의식의 작동 방식을 다루지 못했다. 시치유는 이 두 흐름을 다음과 같이 통합한다.

· 라캉의 언어 이론 (무의식의 구조화된 특성)
· 신경가소성의 과학 (반복 경험의 뇌 변화)
· 시의 치유적 힘 (언어와 무의식의 일치, 그리고 신경회로의 강화)

이 세 요소가 하나의 일관된 실천 체계로 수렴된다. 시를 통한 반복적 개입은 동시에 여러 차원에서 작동한다.

첫째, 무의식을 재구조화한다. 라캉의 언어 이론에서 본다면, 시의 비유와 상징은 무의식의 억압된 내용을 표현하고, 말할 수 없었던 경험을 언어화하며, 고통의 의미를 변화시킨다. 이것이 정신분석적 효과다.

둘째, 뇌의 신경 회로를 강화한다. 신경과학의 신경가소성 이론에서 본다면, 반복된 시 읽기와 필사는 특정한 신경 회로를 활성화하고, 정서 조절 능력을 강화하며, 뇌의 구조를 물리적으로 변화시킨다. 이것이 신경과학적 효과다.

셋째, 주체를 의미의 생산자로 변화시킨다. 이 두 효과가 동시에 일어날 때, 개인은 자신의 경험의 수동적 피해자에서 벗어나, 자신의 고통에 의미를 부여하고 서사를 재구성하는 능동적 주체로 변화한다. 이것이 치료적 성과다.

따라서 시치유는 정신분석과 신경과학이 만나는 지점에서 탄생한 통합적 치유 방법론이라 할 수 있다. 라캉의 언어 이론, 신경가소성의 과학, 그리고 시의 치유적 힘이 하나의 일관된 실천 체계로 수렴되어, 심리적 변화와 신경생물학적 변화를 동시에 가능하게 한다.

5. 시와 회복 - 상담 적용 전략

상담의 목표는 내담자의 증상을 줄이는 데 있지 않다. 내담자가 삶의 무게 속에서도 다시 일어설 수 있는 힘, 곧 회복력을 기르는 것이다. 시치유는 이 회복 과정을 상담 현장에서 구체적으로 적용할 수 있는 전략들을 제공한다.

1) 안전한 표현의 장 마련

회복은 내담자가 자기 감정을 자유롭게 드러낼 수 있을 때 가능하다. 상담사는 시 쓰기와 낭독을 통해 내담자가 억눌린 감정을 부담 없이 표현하도록 돕는다. 직접적인 고백은 두려울 수 있지만, 시의 형식을 빌리면 표현이 한결 수월해진다. 한 줄의 시는 내담자가 자신을 드러낼 수 있는 안전하고 평안한 공간이 된다.

(1) 안전한 공간 조성 전략

상담사는 다음과 같은 방법으로 안전한 표현의 장을 마련한다.

· 천천히 반복해서 읽기: 시를 빠르게 훑는 것이 아니라, 천천히 소리 내어 읽고, 여러 번 반복해서 읽는다. 이 과정 자체가 안전감을 조성한다.

· 비판단적 수용: 시에 대한 정답은 없다. 내담자의 해석과 반응이 무엇이든 그것을 있는 그대로 수용하고, 그 반응이 무엇을 말해주는지 함께 탐색한다.

· 형식의 보호막: 시의 형식(운율, 행갈이, 비유)은 감정과 적절한 거리를 유지하게 한다. 직접적으로 '나는 슬프다'라고 쓰는 것보다 '내 마음은 겨울 나무'라고 쓰는 것이 덜 위협적이다.

(2) 표현적 시 쓰기의 치유 기제

페니베이커(Pennebaker)의 표현적 글쓰기 연구는 트라우마 경험을 글로 쓰는 것이 심리적·신체적 건강을 향상시킨다는 것을 입증했다. 시 쓰기는 이러한 표현적 글쓰기의 특별한 형태로, 압축과 정제를 통해 혼란스러운 감정을 명료하게 만든다.

상담사는 다음과 같은 촉진 기법을 사용한다.
"지금 이 순간 무엇이 보이나요? 들리나요? 느껴지나요?" (감각 중심)
"내 슬픔은 __________ 같다", "만약 내 분노가 색깔이라면, __________" (미완성 문장 완성)

2) 감정의 재구성

시적 언어는 내담자가 경험한 사건을 다른 시각에서 바라보게 한다. "나는 무너졌다"라는 표현이 역설적으로 "나는 다시 일어서고 싶다"라는 간절한 이중의미를 내포하고 있다는 것을 알아차릴 때, 내담자는 자기 경험을 상처가 아니라 변화와 성장의 서사로 재구성한다. 상담사는 이 전략을 사용하여 내담자가 자기 이야기를 다시 써 내려가도록 격려한다.

(1) 시 쓰기를 통한 서사 재구성

시 쓰기는 흩어진 삶의 파편들을 모아 자기를 통합해가는 과정이다. 예상치 못한 상실이나 고통스러운 경험은 우리 몸 구석구석 흔적을 남기며 삶의 일관성을 무너뜨린다. 시 쓰기는 이처럼 파편화된 감각과 감정, 생각을 하나의 서사로 엮어내는 힘을 지니고 있다. '나에게 어떤 일이 일어났으며, 그 과정에서 무엇을 느꼈고, 이제 이 경험이 내 삶에 어떤 의미를 갖는가'를 하나의 완결된 이야기로 구축해낼 때, 비로소 치유가 시작된다.

상담사는 이 과정에서 박제되어있었던 내담자의 언어가 어떻게 변화하는지 세밀하게 살피며(Tracking), 내담자의 삶이 수동적에서 능동적 해석자로 바로 서는 과정을 함께한다.

· 재작성과 재구성: 첫 번째 시 쓰기는 감정의 분출이다. 두 번째, 세 번째 재작성을 통해 감정을 정제하고 의미를 발견한다. 이 과정에서 고통을 예술로 승화하는 창조적

전환이 일어나며, 피해자 정체성에서 창조자 정체성으로의 전환이 촉진된다.

· 관점 전환 촉진: 상담사는 다음과 같은 질문을 통해 재구성을 돕는다.
"이 경험이 선생님에게 무엇을 가르쳐주었나요?"
"10년 후의 선생님이 지금의 선생님을 바라본다면요?"
"선생님이 극복한 어려움을 영웅 서사시로 쓴다면요?"

3) 상징적 거리 두기 전략

트라우마나 강렬한 감정을 직접 마주하면 내담자는 다시 상처를 경험할 수 있다. 그러나 상징 속에서 감정을 표현하면 그 강도가 완화된다. '검은 폭풍 속에 갇혔다'라는 문장은 고통을 생생하게 드러내면서도, 내담자가 감정을 다룰 수 있는 여유를 제공한다. 상담사는 이 상징적 표현을 활용하여 내담자가 고통을 직면하되 압도되지 않도록 돕는다.

(1) 비유와 환유의 치유적 활용

앞에서 논의한 라캉의 관점에 따르면, 비유는 말할 수 없는 무의식적 내용이 변형되어 나타나는 방식이다. 시치유에서 내담자가 '내 가슴은 돌덩이처럼 무겁다'라고 표현하는 것은, 지금까지 말할 수 없었던 슬픔을 비유라는 모습을 통해 드러내는 순간이다. 이렇게 언어화된 감정은 더 이상 실재계의 도깨비가 아니라, 상징계 안에서 다룰 수 있는 대상이 된다.

(2) 정서별 거리두기 전략

상담사는 내담자의 정서 상태에 따라 적절한 수준의 상징적 거리를 조정한다.

· 슬픔과 상실: '내 슬픔을 계절로 표현한다면?' – 겨울, 낙엽, 해질 녘 등의 자연 이미지를 통해 슬픔을 표현하면 감정이 보편화되고 수용 가능해진다.

· 분노와 좌절: '내 분노를 자연의 힘으로 표현한다면?' – 폭풍, 화산, 번개 등의 이미지는

분노를 안전하게 외재화한다.

· 불안과 두려움: '내 불안을 동물로 표현한다면?' – 불안을 구체적 이미지로 만들면 다룰 수 있는 대상이 된다.

· 트라우마: '그날의 경험을 세 가지 색깔로 표현한다면?' – 추상적 표현은 재트라우마화를 방지하면서도 경험을 언어화한다.

(3) 안전장치

상징을 통한 거리두기를 활용할 때도 상담사는 내담자의 상태를 세심하게 살피며 안전망을 유지해야 한다. 만약 내담자가 과거의 기억에 압도되어 과호흡이나 해리와 같은 신체적·심리적 위기 징후를 보인다면, 상담사는 즉시 '그라운딩(Grounding)' 기법을 도입하여 개입한다. "지금 의자에 닿아 있는 몸의 감각과 바닥을 지탱하고 있는 발바닥의 느낌에 집중해 보세요"와 같은 구체적인 감각 자극을 통해 내담자의 의식을 다시 '지금, 여기'의 안전한 현실로 되돌리는 것이다.

이처럼 시 쓰기 과정 전후에 신경계의 안정을 돕는 활동을 배치함으로써, 내담자가 감정에 휘말리지 않고 안전하게 치유의 여정을 이어갈 수 있도록 보호한다.

4) 관계적 치유

시는 혼자 쓰는 언어이지만, 낭독과 나눔을 통해 타인과 연결된다. 상담 장면에서 내담자가 자신의 시를 소리 내어 읽는 순간, 혼자의 언어가 아니다. 상담사는 그 시를 경청하고 반영함으로써 내담자의 고통을 함께 짊어지는 동반자가 된다. 이 경험은 고립감을 줄이고, 회복을 가능하게 하는 사회적 기반을 강화한다.

(1) 개인 상담에서의 관계적 순간

· 경청과 증인: 내담자가 시를 낭독할 때, 상담시는 단순히 듣는 것이 아니라 증인

(witness)이 된다. “선생님의 시에서 검은 폭풍이라는 표현이 특히 깊게 다가왔습니다”와 같은 공감적 반영은 내담자에게 내 고통이 들려졌다는 확인을 준다.

· 시를 통한 대화: 상담사가 내담자의 시에 반응하여 시를 쓰거나, 관련된 시를 함께 읽는 것은 깊은 연결을 만든다. 이는 언어를 초월한 영혼의 대화가 된다.

(2) 집단 시치유의 치유 요인

집단 맥락에서 시 나누기는 더욱 강력한 치유 효과를 지닌다.

· 보편성(Universality): ‘나만 이런 고통을 겪는 것이 아니다’라는 인식은 고립감을 해소한다. 다른 사람의 시에서 자신의 경험을 발견하는 순간, 깊은 연결감이 생겨난다.

· 공감적 증인(Empathic Witness): 자신의 시를 집단이 경청하고 공감해주는 경험은 개인 상담보다 더 강력할 수 있다. 말해지지 않았던 것이 여러 사람 앞에서 드디어 들려지는 순간이다.

· 대리 학습(Vicarious Learning): 다른 사람이 시를 통해 고통을 표현하고 의미를 발견하는 과정을 관찰하며, 자신도 그렇게 할 수 있다는 희망을 얻는다.

(3) 관계적 회복의 신경생물학

앞에서 다룬 바와 같이, 시를 함께 나누는 경험은 옥시토신 분비를 촉진한다. 옥시토신은 사회적 유대와 신뢰를 강화하는 호르몬이다. 집단 시치유는 단순히 개인의 뇌를 변화시키는 것이 아니라, 사람들 사이의 신경생물학적 연결을 만들어낸다. 이것이 ‘관계 속에서의 치유’의 뇌과학적 근거다.

5) 미래 지향적 희망과 통합

회복은 새로운 삶을 향해 희망을 세우는 일이다. 상담사는 내담자가 쓴 시 속에서 미래적 요소를 주목한다. '나는 다시 길을 걷는다'라는 구절은 내담자의 무의식이 이미 회복을 향해 나아가고 있음을 보여준다. 상담사는 이러한 표현을 짚어 주며 내담자의 희망을 강화한다.

(1) 변화의 증거 발견하기

상담사는 내담자가 쓴 시들을 시간 순서로 나열하여 변화를 가시화한다. 첫 회기에 쓴 '어둠 속에 갇혔다'라는 표현과 중기에 쓴 '작은 빛이 보인다'는 표현, 그리고 후기에 쓴 '나는 걷는다'는 표현을 함께 읽으며, 내담자는 자신의 여정을 객관적으로 바라볼 수 있다.

· 개인 시집 만들기: 상담 과정에서 쓴 시들을 모아 개인 시집을 만드는 작업은 강력한 통합 경험이다. 이것은 고통의 기록이자 동시에 회복의 증거가 된다.

(2) 미래 자아와의 대화

· 미래의 나에게 쓰는 시: '10년 후의 나에게'라는 형식의 시는 현재의 고통을 미래의 관점에서 바라보게 한다.

· 희망의 시: '만약 내가 ____를 극복한다면' 형식의 시는 가능성을 탐색하고 희망을 구체화한다.

· 감사의 시: 회복 후기에 '나를 지켜준 것들'에 대한 감사의 시를 쓰는 것은 긍정적 자원을 강화한다.

(3) 일상으로의 통합

회복은 상담실을 벗어나 일상에서 지속되어야 한다. 상담사는 내담자가 시를 일상의 대처 자원으로 활용하도록 돕는다.

· 일상 시 쓰기 습관: 매일 아침 또는 저녁 5분간 짧은 시를 쓰는 습관은 감정을 지속적으로 모니터링하고 조절하는 도구가 된다.

· 응급 시: 어려운 순간을 위해 자신이 쓴 시나 위로가 되는 시를 모아두고, 필요할 때 읽는다.

· 시 읽기 공동체: 상담 종결 후에도 시 읽기 모임, 온라인 시 공유 커뮤니티 등과 연결하여 지속적 지지를 받도록 한다.

이처럼 시치유는 심리학적 토대 위에서 내담자의 정서를 구조화하고, 트라우마를 언어화하며, 회복탄력성을 강화하는 구체적인 임상적 목표를 수행한다. 그러나 인간의 고통은 단순한 심리적 증상에 머물지 않으며, 삶의 의미와 가치, 그리고 인간 존재 자체에 대한 근본적인 질문과 맞닿아 있다.

다음 제3장에서는 시치유가 심리학적 치유를 넘어 인문학적 성찰의 영역으로 확장되는 지점을 탐색한다. 시가 인간 이해의 깊이를 더하고, 자아 성찰을 통해 삶의 본질적인 의미를 재발견하는 인문학적 치유 경험을 어떻게 제공하는지에 대해 논의할 것이다.

3장

시치유와 인문학

1. 인문학적 인간 이해

인간을 어떻게 이해할 것인가는 철학과 심리학, 그리고 상담학이 함께 나누어야 할 근본 질문이다. 인문학은 오랜 세월 동안 이 질문에 답하려 노력해 왔다. 철학은 존재와 의미를 묻고, 문학은 인간의 내면을 언어로 형상화했으며, 역사와 예술은 인간이 살아온 궤적과 감정의 결을 기록해 왔다. 이 모든 흐름은 한 가지 사실을 일깨운다. 인간은 그저 살아있기에, 살아내야 할, 그래서 살아가는 동물이 아니라, 의미를 찾고 그 의미 안에서 자신을 이해하는 존재라는 점이다.

상담 장면에서 내담자를 바라볼 때 인문학적 관점은 결정적이다. 내담자가 겪는 불안, 갈등, 좌절을 단순한 증상으로만 본다면 상담은 피상적인 해결에 머물 수밖에 없다. 인간을 의미 추구적 존재로 이해할 때, 상담사는 그 행동을 삶의 맥락 속에서 해석하게 된다. 예를 들어, 한 청년의 무기력은 단순한 의지 부족이 아니라 '살아갈 이유의 부재'를 드러낼 수 있다.

빅터 프랭클은 인간을 '궁극적으로 의미를 찾는 존재'라 했다. 절망적인 상황에서도 삶의 의미를 발견할 때 인간은 다시 살아갈 힘을 얻는다고 보았다. 우리의 삶에서 고통은 피해야 할 대상만이 아님을 의미한다. 그의 말처럼 고통은 때때로 자신이 겪어 온 상처를 다른 시선으로 바라보고, 새로운 의미를 발견하는 계기가 될 수 있기 때문이다. 이때, 인문학은 그 통로가 될 수 있다.

아들러의 개인심리학도 같은 맥락을 제시한다. 그는 모든 인간의 행동이 목적을 가진다고 보았다. 내담자의 불안이나 회피조차 그 자체로 이해해야 할 의미가 있다는 것이다. 예를 들어, 반복적으로 수업에 늦는 행동이나 시험을 회피하는 태도, 관계를 단절하려는 시도는 표면적으로는 문제행동처럼 보이지만, 그 이면에는 인정 욕구나 실패 회피, 통제 욕망과 같은 심리적 목적이 숨어 있을 수 있다.

이러한 아들러의 관점은 상담사가 내담자의 행동을 단순한 '증상'이 아닌 '삶의 전략'이라는 새로운 해석의 장으로 옮겨 놓도록 돕는다. 그러므로 상담사는 과거의 원인을 묻는 "왜(Why)?"라는 질문 대신, 현재의 행동이 향하는 지점을 묻는 "무엇을 위해(For what)?"라는 질문을 통해 내담자가 스스로 삶의 주도권을 회복하도록 이끌어야 한다

인본주의 심리학은 인간의 존엄성과 가능성에 주목한다. 로저스는 무조건적 긍정적 존중을 통해 인간이 본래 지닌 성장의 잠재력을 확인할 수 있다고 했다. 매슬로는 자아실현을 통해 인간이 스스로의 가능성을 완성해 나가는 존재임을 강조했다. 이러한 사상은 인문학의 뿌리와 공통된 지점으로, 인간을 존엄한 존재로 이해하는 태도가 바로 인문학적 인간 이해의 핵심이다. 인문학은 인간 안에 이미 존재하는 가능성을 발견하게 하고, 그 가능성이 성장으로 이어질 수 있도록 돕는다. 이러한 인본주의적 시각은 이후 상담과 치유의 과정에서도 인간을 전체적 존재로 바라보는 근간이 된다.

최근 뇌과학의 발전은 인문학이 오랫동안 탐구해 온 인간 이해의 통찰을 과학적으로 입증하고 있다. 감정을 언어로 표현할 때 전전두엽이 활성화되고 편도체의 과도한 반응이 완화된다는 사실은, 인간이 언어를 통해 스스로를 성찰하고 감정을 조절할 수 있는 존재임을 보여준다. 이는 인간을 단순한 생리적 개체가 아니라, 의미를 구성하며 자기 자신을 형성해 가는 존재로 보는 인문학의 관점을 신경과학적으로 뒷받침한다.

최근의 뇌과학 연구는 감정 조절의 두 가지 주요 전략으로 '감정 명명화(affect

labeling)'와 '재평가(reappraisal)'를 제시한다. 감정 명명화란 자신의 감정을 말로 인식하고 이름 붙이는 행위로, 정서적 자극을 언어화함으로써 편도체의 과활동을 완화하고 전전두엽의 조절 기능을 활성화한다. 반면 재평가는 특정 상황을 새롭게 해석하여 감정 반응을 조절하는 인지적 전략이다. 예를 들어, '나는 실패했다'는 생각을 '나는 아직 배우는 중이다'로 전환하는 것이 재평가의 한 형태다.

리버먼 등의 고전적 이론을 계승한 요시무라 등(Yoshimura et al., 2024)의 최신 연구는 이 두 전략이 서로 다른 신경 경로를 거친다는 것을 실증적으로 보여준다. 감정을 언어화하는 감정 명명화는 복외측 전전두엽(vlPFC)을 활성화하여 편도체의 흥분을 즉각적으로 진정시키고, 상황을 재구성하는 재평가 과정은 배외측 전전두엽(dlPFC) 중심의 고차원적 인지 회로를 자극하여 장기적인 정서 조절력을 높인다.

이러한 발견은 인문학이 강조해 온 '언어와 의미의 힘'을 과학적으로 재확인시킨다. 인간은 감정을 단순히 느끼는 존재가 아니라, 언어를 통해 그것을 이해하고 재구성하며 의미를 만들어 가는 존재다. 인문학이 인간의 마음을 해석한다면, 뇌과학은 그 마음이 움직이는 방식을 보여준다.

뇌과학과 인문학의 만남은 인간 이해를 한쪽의 추상적 사유나 생물학적 기제로 한정하지 않는다. 두 학문이 함께할 때, 인간은 사고와 감정, 신체와 의미가 통합된 총체적 존재로 조명된다. 이러한 통합적 시각은 상담학이 지향해야 할 인간 이해의 새로운 방향을 제시한다.

2. 인간 이해와 상담 적용

인간 이해란 사람을 분석하거나 규정하는 능력이 아니라, 한 사람이 지금의 모습으로 서 있게 된 이유를 존중하며 바라보는 태도다. 인간의 감정과 행동은 결코 우연의 산물이 아니다. 그것은 각자가 처한 관계와 환경이 빚어낸 치열한 생존의 결과다. 불안은 위험을 알리는 신호이고, 회피는 상처로부터 자신을 지키려는 선택이며, 분노는 침범당한 경계를 회복하려는 자연스러운 반응이다. 따라서 인간 이해는 이러한 반응을 '문제'로 규정하기보다, 그 이면에 담긴 기능과 맥락을 읽어내는 일이다.

또한, 인간은 의식적인 사고뿐 아니라 무의식과 몸의 반응으로 살아가는 존재다. 말로 설명되는 생각과 실제 행동이 어긋나는 것은 병리가 아니라 인간의 구조적 특성에 가깝다. 더 나아가 인간은 혼자 형성되지 않는다. 애착과 반복된 관계 경험 속에서 자신에 대한 이미지와 세상을 대하는 방식이 만들어진다. 따라서 인간을 이해한다는 것은 개인 내부만이 아니라, 그 사람이 지나온 관계의 궤적을 함께 바라보는 일이다.

이러한 인간이해는 상담 현장에서 곧바로 태도로 드러난다. 상담은 증상을 제거하는 기술이 아니라, 그 증상이 왜 필요했는지를 함께 발견해가는 과정이다. 해석이나 조언보다 먼저 필요한 것은 안전한 관계이며, 사람은 이해받고 있다고 느낄 때 비로소 자신을 직시할 용기를 얻는다.

그러므로 인간 이해란 사람을 바꾸려는 것이 아니라, 그 사람이 그럴 수밖에 없었던 이유를 진심으로 수용하려는 태도이다. 이러한 태도가 상담에 적용될 때, 상담사의 깊은 수용을 거울삼아 내담자 역시 자신을 있는 그대로 받아들이는 '자기이해'의 길로 들어선다. 이러한 자기이해의 확장은 필연적으로 나를 둘러싼 관계망에 대한 통찰로 이어진다.

보웬의 가족체계이론(1978)을 보면 인간 이해가 상담 현장에서 어떻게 작동하는지를 알 수 있다. 그는 개인을 고립된 존재로 보지 않고, 가족이라는 관계망 속에서 이해했다.

내담자의 불안이나 분노, 회피는 개인의 성향이 아니라 관계의 구조 속에서 형성된 반응일 수 있다. 예를 들어, 청소년의 반항적 태도가 부모의 갈등을 대신 표현하는 방식이라면, 문제행동은 고쳐야 할 증상이 아니라 관계 회복의 신호로 읽혀야 한다.

인지행동치료(CBT) 역시 인간 이해의 적용을 잘 보여준다. 사고와 감정, 행동이 서로 영향을 미친다는 관점 아래, 개인이 반복적으로 형성해 온 사고를 재검토함으로써 정서와 행동의 변화가 가능하다는 원리다. 그러나 상담사는 단순한 기술에 머물러서는 안 된다. '나는 늘 실패한다'는 생각은 단순한 논리적 오류가 아니라, 척박한 환경에서 자신을 보호하기 위해 쌓아 올린 심리적 방어벽일 수 있다. 상담사는 그 의미를 존중하면서, 보다 유연한 해석의 가능성을 함께 탐색해야 한다.

이러한 인지적 재구성 과정은 뇌과학적으로 볼 때, 배외측 전전두엽(dlPFC)이 상황을 새롭게 해석하여 감정의 뇌인 편도체를 조절하는 과정과 일치한다. 내담자가 자신의 감정을 언어화할 때 전전두엽은 성찰과 계획을 담당하고, 편도체는 과도한 정서 반응을 진정시킨다. 측두엽은 언어와 감정을 연결하며, 해마는 경험을 기억 속에서 재구성한다. 이처럼 상담 대화와 글쓰기는 뇌의 여러 영역을 통합적으로 작동시켜 내담자가 자신의 경험을 새로운 의미로 조직하도록 돕는다.

인문학적 시각은 이러한 상담 과정을 더 깊이 있게 만든다. 인간은 원인과 결과로 단순히 설명되지 않는다. 문학의 인물이 하나의 성격 유형으로 환원되지 않듯, 내담자 또한 수많은 경험과 상징이 얽힌 독자적 이야기의 주체다. 따라서 상담의 본질은 '정답'을 제시하는 일이 아니라, 내담자가 자신의 이야기를 새롭게 해석하도록 돕는 일이다. 곧 상담사가 그 과정을 섬세하게 동행할 때, 변화는 자연스럽게 일어난다.

따라서 시치유가 지향하는 최종적인 목적은 내담자가 자기 경험을 재구성하고 그 안에서 새로운 의미를 발견하도록 돕는 것이다. 예를 들어, "나는 아무 가치가 없다"고 말하는 내담자에게 상담사는 단순히 부정적 사고를 교정하기보다, 그 감정의 근원을 함께 탐색하고 다른 시선으로 바라볼 수 있도록 안내한다. 그 과정에서 내담자는 자기 존재의 가치를 다시 세우고, 삶을 살아갈 힘을 얻게 된다.

인문학적 인간 이해와 상담적 적용은 따로 존재하지 않는다. 인간 이해가 없다면 상담은 기술적 절차로 끝나고, 적용이 없다면 인간 이해는 추상적 사유에 머문다. 인문학적 관점은 내담자를 존엄한 존재로 바라보게 하고, 상담적 실천은 그 존엄을 삶 속에서 회복하게 한다. 시치유는 이러한 통합을 가장 잘 구현하는 예다. 내담자가 시를 읽고 쓰며 자기 이야기를 새롭게 발견하는 순간, 인간 이해는 더 이상 사유의 영역이 아니라 살아 있는 경험이 된다.

3. 시를 통한 개념화와 사유

앞에서 살펴본 바와 같이, 시치유의 철학적 기초는 추상적 사유 능력에 있다. 본 절에서는 이러한 추상화 기능이 인문학적 맥락에서 어떻게 작동하며, 실제 치유 과정에 어떻게 적용되는지 구체적으로 탐구한다. 시가 지닌 개념 창조 능력과 의미 재구성 기능을 심리학적·신경생물학적 근거와 함께 살펴본다.

1) 추상화와 의미 재구성: 구조적 치유의 시작

시치유에서 핵심적으로 작동하는 능력은 추상화다. 추상화란 경험을 단순화하거나 감정을 흐리게 만드는 과정이 아니라, 개별 사건과 감정 너머에 놓인 공통의 구조와 의미를 포착하는 인지적 작용이다. 인간은 추상화를 통해 단편적인 경험을 하나의 맥락으로 묶고, 그 안에서 자신의 위치와 의미를 다시 사유할 수 있다.

많은 심리적 고통은 특정 사건 자체보다, 그 사건이 개인의 삶 속에서 어떤 의미로 조직되었는가와 깊이 관련된다. 반복되는 실패 경험이나 관계에서의 상처, 상실의 기억은 추상적 사유를 거칠 때 하나의 구조적 이야기로 재구성된다. 이 과정에서 우리는 '이 경험이 나에게 무엇을 말하고 있는가'를 묻게 된다.

시는 이러한 추상화와 의미 재구성을 가능하게 하는 언어 형식이다. 시는 경험을 설명하거나 분석하기보다, 상징과 비유를 통해 경험의 구조를 드러낸다. 구체적인 사건은 시 속에서 이미지와 개념으로 변환되고, 감정은 적절한 거리에서 다시 바라보게 된다. 이 거리는 회피가 아니라 성찰의 공간이며, 고통을 의미로 전환하는 조건이 된다.

이러한 추상화 능력은 AI 시대에 더욱 중요한 인간 고유의 역량이다. 인공지능은 방대한 정보를 빠르게 처리하고 정답에 가까운 결과를 제시할 수 있지만, 경험의 의미를 묻고 삶의 맥락 속에서 재구성하는 일은 인간의 사유에 속한다. 무엇을 알고 있는가보다, 그 앎을 어떻게 연결하고 해석하는가가 중요한 시대에, 추상화는 정보를 통찰로 전환하는 핵심 능력이다.

구조적 치유란 바로 이 지점에서 시작된다. 고통을 제거하거나 덮는 것이 아니라, 그 고통이 형성된 맥락과 구조를 이해하고 새로운 의미로 재조직하는 과정이다. 시를 통한 추상화는 개인이 자신의 경험을 하나의 이야기로 통합하도록 돕고, 그 이야기 속에서 자신을 다시 이해하게 한다. 이때 치유는 외부에서 주어지는 해결책이 아니라, 의미를 재구성하는 깊은 사유의 과정으로 일어난다.

심리치료 영역에서도 마찬가지다. 증상 중심 치료는 우울, 불안과 같은 구체적 증상을 완화하는 데 초점을 맞춘다. 그러나 시치유는 그 증상을 만들어낸 사고의 구조와 의미 체계를 다룬다. 화이트와 엡스턴은 개인이 자신의 이야기를 재구성할 때 문제 중심의 서사에서 벗어나 새로운 의미를 발견할 수 있다고 했다. 시를 매개로 한 자기 이야기의 재구성은 후회, 죄책감, 상실감과 같은 부정적 정서를 완화시키며, 과거 사건을 새로운 시각에서 재해석하도록 돕는다.

예를 들어, 이혼을 경험한 중년 여성 내담자가 '나는 실패자다'라고 말하는 것은 구체적 사건(이혼)에 대한 직접적 반응이다. 그러나 시 쓰기를 통해 '겨울나무처럼 / 잎을 다 떨구고 / 맨가지로 서 있지만 / 봄을 기다리는 / 내 안의 씨앗을 느낀다'와 같은 표현이 나올 때, 이혼이라는 사건은 실패에서 재생을 위한 과정으로 추상화되고 재구성된다. 이는 의미 체계 자체의 변화라고 볼 수 있다.

2) 개념 창조와 자기 주도성: 능동적 의미 부여자로의 전환

시는 기존에 없던 개념을 창조하거나, 익숙한 개념에 새로운 의미를 부여한다. '사랑'이라는 보편적 개념도 시인마다 다르게 표현되며, 독자는 그 다양한 언어를 통해 사랑의 새로운 층위를 발견한다. 이처럼 시는 모방이 아닌 창조의 언어이며, 사유의 확장을 가능하게 한다.

거시적 맥락을 파악하고 구조적 원인을 읽을 수 있는 능력은 시적 사유에서 비롯된다. 시는 작은 이미지 속에서 큰 진리를 발견하게 한다. 개인의 내밀한 경험을 인류 보편의 이야기로 확장시킨다. 이것이 바로 부분에서 전체를 보는 능력이다.

신경과학적으로 본다면, 시를 읽을 때 생각을 정리하는 전두엽이 깨어나고, 감정을 느끼는 편도체가 반응하는 등 뇌의 여러 부분이 함께 움직인다. 이렇게 뇌의 영역들이 서로 협력할 때, 우리는 흩어진 정보들을 하나로 연결하고, 그 속에서 새로운 의미를 발견하게 된다.

따라서 시적 사유는 전체를 조망하는 일이며, 동시에 그 전체 속에서 새로운 질서를 창출하는 인간만의 능력이다. 이 능력이 강화될 때, 우리는 비로소 구조를 읽고, 미래를 선제적으로 대응할 수 있는 주체가 된다.

시치유 과정에서 내담자가 자신만의 비유와 상징을 창조할 때, 이는 단순한 감정 표출을 넘어선다. 기존의 언어로 표현할 수 없던 경험을 새로운 방식으로 형상화하는 것은 창조적 사유의 실천이다. 피터슨과 셀리그만(Peterson & Seligman, 2004)의 긍정심리학 관점에서 이러한 창조 행위는 자기효능감과 성격 강점을 강화한다. 내담자는 피동적으로 고통을 경험하는 존재에서, 능동적으로 의미를 부여하는 존재로 전환된다.

예컨대, 만성 통증으로 고통받는 내담자가 '통증은 내 삶을 망치는 적이다'라는 인식에서 시작하여, 시 쓰기를 통해 '통증은 / 내 몸이 보내는 / 조용한 편지 / 쉬라고 / 돌아보라고 / 말을 거는 / 오래된 친구'라는 표현에 이를 때, 통증은 부정적 증상에서 소통의 대상으로 재개념화된다. 이는 통증 자체를 없애는 것이 아니라, 통증과의 관계를 근본적으로 변화시키는 구조적 개입이다.

3) 선제적 사유와 예방적 개입: 조짐을 읽는 능력

모든 위기와 기회는 조짐을 먼저 보여준다. 그러나 그 신호는 소음 속에 묻혀 있다.

깊은 사유 능력을 갖춘 사람은 이 소음 속에서 진정한 신호를 먼저 포착할 수 있다. 이것이 추상적 사고력의 본질이다.

문제는 현재 우리의 신경회로는 알고리즘이 만든 소음에 점점 더 민감해지고 있다는 것이다. 반면 자신의 진정한 신호를 감지하는 능력은 약화되고 있다. 이것이 바로 기술봉건 시대의 신경학적 위기다.

시적 사유는 이 능력을 되살린다. 시를 읽으면서 표면 아래의 의미를 추적하고, 작은 단어 속에서 큰 진리를 발견하는 과정은, 소음 속에서 신호를 감지하는 신경회로를 강화하는 것과 같다.

시적 사유는 바로 이러한 신호 포착 능력을 훈련한다. 시인은 아직 명확히 드러나지 않은 감정의 조짐을, 발로 표현되기 전의 내면의 신호를 먼저 포착하고 언어화한다. 시치유에서 이는 예방적 개입으로 작용한다.

트라우마가 구체적 증상(불면, 악몽, 회피)으로 나타나기 전, 내담자는 종종 막연한 불안이나 정서적 둔감을 경험한다. 이때 시 쓰기를 통해 '어둠 속에서 / 무언가 다가온다 / 이름을 알 수 없는 / 무거운 그림자'와 같은 표현이 나온다면, 이는 아직 의식되지 않은 트라우마의 조짐을 언어화한 것이다. 상담사는 이를 통해 구체적 증상이 발현되기 전에 개입할 수 있다.

4) 인문학적 치유의 실제: 생각하는 능력의 회복

생각하는 능력이 있느냐 없느냐가 삶을 결정한다. 개념을 이해하고, 추상적으로 생각하며, 논리적으로 판단하는 능력, 이것이 개인의 삶을 피폐하게 할지, 풍요롭게 할지를 나눈다.

사회가 그렇듯이 개인의 인생도 경계선에 서 있다. 생각하는 능력을 강화하는 길로 갈지, 아니면 알고리즘의 편의에 맡기며 사유를 포기할지, 이 선택이 인간의 미래를 좌우한다.

신경과학적으로 본다면, 매 순간 우리의 신경회로는 재형성되고 있다. 깊은 사유로 신경회로를 단련하면 더욱 예리해지고, 사유를 포기하면 더욱 둔감해진다. 이것이 신경가소성의 현실이다.

따라서 시를 읽고, 생각하고, 성찰하는 행위는 단순한 취미가 아니다. 그것은 자신의 신경회로를 의도적으로 강화하여 인간으로 남기 위한 투쟁이다.

시치유는 이러한 '생각하는 능력'을 회복하고 강화하는 인문학적 실천이다. 눈에 보이는 증상에만 반응하지 않고 그 안의 구조와 패턴을 읽어내는 능력, 구체적 문제가 발생하기 전에 내면의 신호를 포착하는 능력, 주어진 의미에 머무르지 않고 새로운 의미를 창조하는 능력이 시적 사유를 통해 길러진다.

《시경(詩經)》 이래로 동서양의 인문학 전통에서 시가 중시된 것은 시가 인간을 모방자가 아닌 창조자로, 반응하는 존재가 아닌 선제하는 존재로, 피동적 경험자가 아닌 능동적 의미 부여자로 성장시키는 힘을 지녔기 때문이다. 시치유는 이러한 시의 본질적 기능을 심리치료에 통합함으로써, 내담자의 사유 능력, 자기 주도성, 궁극적으로는 삶의 질을 향상시키는 것을 목표로 한다.

따라서 인문학에서의 시치유는 기술적 개입이 아니라 존재론적 전환을 지향한다. 내담자는 시를 통해 자신의 존재 방식을 성찰하고, 세계와 맺는 관계를 재구성하며, 삶 전체를 새로운 의미 지평에서 조망하게 된다. 이것이 시치유가 심리 기법을 넘어 인문학적 실천으로 자리매김하는 이유다.

4. 인문학적 자아 성찰과 시(詩)

인문학의 힘은 인간이 자기 자신과 대화하도록 이끄는 데 있다. 성찰은 회상이 아니라, 삶의 의미를 새롭게 구성하는 과정이다. 철학적 사유, 문학적 독서, 시적 표현은 모두 자기 성찰을 자극한다. 상담학의 관점에서 성찰은 자의식(self-awareness)으로 이어진다.

유리치(Eurich, 2017)는 자의식을 인간의 성장 핵심 역량으로 보며, 내적 자의식과 외적 자의식의 균형이 심리적 성숙을 이끈다고 하였다. 로저스(Carl Rogers, 1961) 역시 자기를 있는 그대로 인식하는 경험이 심리적 변화의 출발점이라 강조했다. 내담자가 자의식의 눈을 뜨는 순간, 상담은 삶의 방향을 전환하는 터닝포인트가 된다. 이러한 현대 심리학의 자의식 담론은 새로운 것이 아니다. 인류의 스승 소크라테스는 이미 수천 년 전, 단 한 문장의 통렬한 선언으로 성찰의 당위성을 압축한 바 있다.

그는 《변명》에서 "성찰 없는 삶은 살 가치가 없다"고 말했다(Plato, ca. 399 B.C.E.). 이 말은 자신에게 질문을 던지는 것이 진정한 삶이며, 무엇보다 '나를 안다'는 지적인 차원을 넘어, 존재의 무게감에 대한 아주 통렬한 선언으로 볼 수 있다. '살 가치가 없다'라는 강한 표현을 쓴 이유는, 성찰이 없는 삶은 본인이 삶의 주인이 아니라 그저 살아지는 대로 휩쓸려 가는 상태라고 보았기 때문이다.

그가 말한 '성찰'이 담고 있는 더 깊은 의미들을 생각해 보면, 잠든 영혼을 깨우는 행위, 삶의 밀도를 높이는 과정, 존엄성의 회복, 지나온 고통에 이름을 붙여주는 일 등이 아닐까? 다시 말하면, 관습과 타인의 시선, 그리고 AI라는 디지털 매개에 길들여져 잠든 '나의 영혼'을 흔들어 깨우는 일일 것이다. 성찰이 없다면 삶은 그저 부유하는 먼지와 다를 바 없지만, 성찰하는 사람은 단 한 줄기 햇살 같은 찰나의 시간 속에서도 의미라는 뿌리를 내린다.

인간이 동물과 다른 점은 자신의 삶을 객관화하여 바라볼 수 있다는 데 있다. 성찰은 인간으로서의 품격과 존엄을 지키는 최소한의 의무이며, 치유의 관점에서 보면 내면의 아픔을 외면하지 않고 직시하여 그 고통에 '의미'라는 이름을 붙여주는 신성한 작업이다. 결국, 내 삶의 운전대를 타인이나 관습에 맡기지 않고 오롯이 내 존재의 주인으로 서겠다는 결단이 바로 '성찰'이다.

상담 장면에서의 성찰은 내담자가 시를 통해 자신의 고통을 드러내고, 그 고통의 의미를 스스로 묻는 과정이다. "나는 왜 이렇게 불안한가?", "이 감정은 무엇을 말하고 있는가?"와 같은 질문은 자기 탐색의 시작점이 된다.

상담에서 자아 성찰을 촉진하는 가장 일반적인 방법은 글쓰기다. 일기, 에세이, 시 쓰기는 내담자가 자신의 감정을 언어로 구체화하도록 돕는다(Pennebaker, 1997). 예를 들어, 내담자가 "나는 어둠 속에 홀로 서 있다"라고 썼을 때, 상담사는 그 표현이 두려움인지, 외로움인지, 혹은 회피의 욕구인지 탐색하도록 돕는다. 이때 내담자는 감정을 통찰의 언어로 전환하며 자기 이해를 확장한다. 여기에서 '어둠'이라는 단어는 더 이상 막막한 공포에 머물지 않는다. 시적 비유를 통과하며 새로운 생명을 품은 '자궁'이나, 자신을 깊이 들여다보는 '침잠의 공간'으로 재정의되기도 한다. 이것이 바로 시가 가진 치유의 역동성이다.

이러한 확장으로 내담자는 심리적 해소를 경험하게 된다. 프로이트는 이를 '무의식의 정화'로, 융은 '자아와 무의식의 통합'으로 설명했다. 시치유는 이 과정을 구체적 언어 행위로 구현한다. 감정이 언어 속에서 새롭게 재구성될 때, 내담자는 자기 자신과의 관계를 회복한다. 인간은 자신을 이해할 때 비로소 타인을 이해할 수 있다. 상담사는 내담자가 성찰의 고통을 회피하지 않도록 지지하며, 그 여정 속에서 새로운 가능성을 발견하도록 돕는다.

뇌과학 연구는 이러한 성찰 과정을 신경학적으로 설명한다. 파브 등(Farb et al.,

2007)은 자기성찰 과정에서 내측 전전두엽과 후대상피질이 활성화된다는 사실을 밝혔다. 이는 성찰이 정서와 인지가 통합되는 신경학적 과정임을 보여준다. 시를 반복적으로 읽고 쓰는 행위는 이러한 뇌 회로를 강화해 자기성찰 능력을 높인다.

시치유는 이러한 성찰의 과정을 언어라는 구체적 행위 속에 담아낸다. 시를 읽는 일은 타인의 언어를 빌려 자기 마음을 비추는 일이며, 시를 쓰는 일은 자신의 내면을 구조화하는 행위다. "나는 누구인가"라는 질문이 추상에서 개인의 이야기로 옮겨오는 과정이 바로 시치유다. 내담자가 시의 한 행에 머물며 눈시울을 붉히는 순간, 감정은 단순한 반응이 아니라 자기 이해의 실마리가 된다.

5. 인문학적 치유 경험과 정서 회복

인문학은 인간이 고통을 이해하고 극복하는 길을 오래도록 모색해 왔다. 고대 비극은 관객으로 하여금 눈물과 두려움을 경험하게 하면서도 그 과정을 통해 정화, 곧 카타르시스를 느끼게 했다. 또한, 문학과 예술은 인간이 억눌린 감정을 표현하고 공유함으로써 치유의 가능성을 발견하도록 돕는다. 상담 장면에서 인문학적 경험은 내담자가 자기 고통을 새롭게 바라보고 정서적 균형을 회복하게 하는 중요한 심리적 작용 방식이다.

그중에서도 시치유는 이러한 인문학의 사유를 상담의 실천으로 옮기는 구체적인 방식이다. 내담자가 나태주 시인의 〈풀꽃〉 을 읽으며 눈시울을 붉혔다면, 그것은 감상이라기보다 자기 감정이 의미로 변하는 순간이다. '자세히 보아야 예쁘다. 오래 보아야 사랑스럽다. 너도 그렇다.'라는 구절은 내담자 자신이 사랑받을 가치가 있는 존재임을 비로소 긍정하게 한다. 치유 경험은 이처럼 언어와 상징이 내담자의 내면에 울림을 줄 때 발생한다. 시적 언어는 내담자가 무심히 지나친 감정을 붙잡아 이름을 붙이게 하고, 그 이름을 통해 자기 자신을 다시 이해하게 한다.

정서 회복은 치유 경험의 핵심이다. 인간은 고통을 전혀 겪지 않는 존재가 아니라, 고통을 겪으면서도 그것을 감당하고 극복할 수 있는 힘을 지닌 존재다. 프로이트는 억압된 감정이 무의식 속에 머물 때 심리적 증상을 일으킨다고 보았고, 반대로 그 감정을 의식적으로 인식하고 표현할 때 심리적 해소가 일어난다고 했다. 내담자가 시를 쓰며 '나는 끝없는 어둠 속에 서 있다'라고 표현하는 순간, 그는 고립과 두려움을 외부화한다. 외부화된 감정은 더 이상 혼자 감당해야 할 무거운 짐이 아니라, 상담사와 함께 나눌 수 있는 이야기로 바뀐다. 이야기가 된 고통은 더 이상 내담자를 압도하지 못하며, 오히려 그가 살아온 삶의 깊이를 보여주는 배경이 된다. 이것이 정서 회복의 첫걸음이다.

뇌과학적 관점에서도 치유의 과정은 명확히 설명된다. 감정을 언어로 표현할 때 전전두엽이 활성화되고, 편도체의 과잉 반응은 점차 안정된다. 특히 이머디노-양

(Immordino-Yang, 2016)은 감정을 생리적 반응이 아니라, 신체적 체험과 사회적 관계, 그리고 문화적 의미가 통합된 현상이라고 설명했다. 즉, 정서 회복은 뇌의 생리적 안정뿐 아니라 관계적·문화적 맥락 속에서 이루어지는 전인적 변화이다. 시치유 장면에서 내담자가 울음을 터뜨리거나 깊은 한숨을 내쉴 때, 그것은 시적 상징을 통해 감정이 신경학적으로 조절되고 의미적으로 재구성되는 순간이다.

정서 회복은 관계 속에서 완성된다. 내담자가 자신이 쓴 시를 상담사 앞에서 낭독할 때, 그는 고통을 타인에게 건네며 공감받는 경험을 한다. 이때의 울림은 '나는 혼자가 아니다'라는 내적 확신으로 이어진다. 공감과 인정은 내담자의 정서를 다독이고, 자기 수용으로 나아가게 하는 심리적 기반이 된다. 상담 현장에서도 이러한 회복의 순간은 자주 관찰된다. 상실을 겪은 내담자가 애도의 시를 쓰며 눈물을 흘린 뒤, 자신의 상처를 조용히 이야기하는 경우가 그렇다. 내담자는 슬픔만 흘려보내는 것이 아니라, 상실을 삶의 일부로 통합할 힘을 얻는다.

이처럼 인문학적 치유 경험과 정서 회복은 상담의 본질과 닿아 있다. 내담자가 시를 통해 눈물짓고 웃으며 자기 삶을 새롭게 수용할 때, 치유는 마음의 회복으로 이어지고, 그 회복은 다시 살아갈 힘이 된다. 시치유는 그 여정에서 언어와 상징이라는 가장 인간적인 매개를 사용한다.

6. 인문학과 상담의 통합적 전략

상담의 목적은 내담자의 증상을 제거하는 데 머물지 않는다. 더 중요한 것은 내담자가 자기 삶을 새롭게 이해하고, 고통 속에서도 의미를 발견하며, 앞으로 나아갈 힘을 회복하는 데 있다. 이를 위해서 심리학적 기법만으로는 충분하지 않다. 인간을 전인적 존재로 이해하는 인문학적 관점이 상담의 핵심 축으로 통합되어야 한다. 인문학적 치유와 상담적 접근을 결합하는 일은, 상담사가 내담자와 관계 맺고 개입하는 구체적 방향을 제시해 준다.

1) 이야기 중심으로 바라보기

인간은 경험을 이야기로 구성하며, 그 이야기 속에서 자신을 이해한다. 이야기 치료가 강조하듯, 내담자의 말은 그 사람의 세계관을 반영한다. 예를 들어, "나는 실패한 사람이다"라는 표현은 사고의 왜곡이라기보다 상처받은 자기 인식의 산물이다. 그러므로 상담사는 이 문장의 배경과 의미를 함께 탐색해야 한다. 내담자를 문제 중심이 아닌 이야기 중심으로 바라봐야 한다는 것이다.

시치유는 이러한 탐색에 깊이를 더한다. 내담자가 시를 통해 자신의 이야기를 상징적으로 표현할 때, 상담사는 그 언어 속에서 내면의 욕구와 감정을 읽고 새로운 해석의 가능성을 제시할 수 있다.

2) 언어를 통한 감정 구조화 돕기

감정의 배출은 일시적인 해소를 줄 수 있지만, 언어화된 감정은 사고와 연결되어 지속적 변화를 촉진한다. 예를 들어, 분노한 내담자가 "나는 화산처럼 폭발할 것 같다"라고 표현한다면, 상담사는 그 속에서 통제의 어려움과 억눌린 불안을 읽을 수 있다. 이어서 그 분노의 맥락을 탐색하게 함으로써, 내담자는 감정을 조절하고 다루는 능력을 배운다. 이처럼 언어를 통한 감정 구조화 돕기는 감정을 억제하지도, 무조건 배출하지도 않으면서 언어로 구조화하도록 돕는다.

이렇게 언어로 길들여진 감정은 이제 인문학이라는 더 넓은 바다를 만날 준비를 마친다.

3) 인문학적 자원의 체계적 활용

문학, 시, 철학, 예술 작품은 상담에서 참고하는 자료가 아니라 치유의 중심 매개체이다. 상담사는 내담자의 상황에 맞는 작품을 선택하고, 그 속의 상징과 정서를 함께 탐색한다. 예를 들어, 상실을 경험한 내담자에게는 애도의 시를, 정체성 혼란을 겪는 청소년에게는 자아 탐색을 주제로 한 문학 작품을 활용할 수 있다. 작품은 상담사가 전하는 해답이 아니라, 내담자가 자신의 경험을 비추는 거울이 된다.

곧 인문학은 상담의 보조 매개가 아니라 치유적 대화의 주요 자원이다.

4) 뇌과학적 근거의 보조적 활용

내담자가 시를 쓰거나 낭독할 때 느끼는 심리적 안정은 뇌의 정서 회로 변화와 관련이 있다. 감정을 언어로 표현하면 전전두엽이 활성화되고, 편도체의 과도한 반응이 진정된다는 연구 결과가 이를 뒷받침한다.

먼저, 시를 쓰는 행위는 정처 없이 떠돌던 복잡한 감정들을 '언어'라는 바구니에 차곡차곡 담는 과정과 같다. 이때 우리 뇌는 논리와 이성을 담당하는 부분(전전두엽)과 언어를 만드는 공장(브로카 영역)을 가동한다. 감정에 휩쓸려 허우적대던 상태에서 벗어나, 내 마음을 한 발짝 떨어져 관찰할 수 있는 '객관적인 거리'가 생기는 것이다. 마치 전시관의 작품을 감상하듯 나의 감정을 객관적으로 바라보며, 신체적 압박감으로부터 자유로워질 수 있게 된다.

또한, 내가 쓴 시를 내 목소리로 직접 듣는 '낭독'은 뇌에 보내는 강력한 진정제와 같다. 내 목소리가 귀를 통해 뇌로 전달되면, 불안을 느끼는 예민한 부분(편도체)은 안정을 찾고 기분 좋은 에너지를 만드는 회로가 깨어난다. 이처럼 시치유는 단순히 감정을 쏟아내는 것에 그치지 않고, 뇌 스스로가 마음의 질서를 바로잡고 상처를 보듬게 만드는 정교한 과정이다.

상담사는 이러한 사실을 내담자에게 지나친 전문 용어 없이, "우리가 시를 쓰고 소리 내어 읽는 동안, 우리 뇌는 불안을 담당하는 부분은 잠재우고 이성적으로 나를 돌보는 부분을 깨우게 됩니다"라는 식으로 설명할 수 있다. 이는 상담의 과학적 근거를 제시하면서도 내담자의 체험을 중심에 두는 균형 잡힌 접근이다. 이처럼 상담사가 뇌과학적 근거를 적절히 활용하는 것은, 상담의 신뢰도를 높이는 동시에 내담자가 자신의 변화를 논리적으로 수용하도록 돕는 강력한 지지대가 된다.

5) 인문학적 치유와 상담 기법의 조화

지나치게 인문학적 해석에만 의존하면 상담은 추상적 성찰에 머무를 수 있고, 반대로 기술적 기법에만 치중하면 인간의 내적 의미를 간과하게 된다. 중요한 것은 두 차원을 함께 엮는 일이다. 상담사가 내담자와 시를 함께 읽으며 감정을 공감하고, 그 경험을 구체적 상담 기법으로 연결할 때 치유는 깊어진다.

인문학적 성찰이 상담의 뿌리라면, 구체적인 상담 기법은 그 성찰을 삶으로 꽃피우는 데 꼭 필요한 줄기에 속한다. 상담사는 이 두 영역이 서로 겉돌지 않고 잘 맞물리도록 엮어내어야 한다. 그리고 내담자가 온전한 자기 삶을 되찾을 수 있도록 인문학적 치유와 상담 기법을 균형 있게 조화시켜야 한다.

4장

시치유와 뇌과학

1. 뇌 구조와 진화

인간의 뇌는 수백만 년에 걸친 진화 과정을 거쳐 층층이 쌓아 올려진 복잡한 구조를 갖게 되었다. 가장 깊숙이 자리한 뇌간은 가장 먼저 발달한 부위로, 호흡과 심장 박동 같은 생명 유지의 기본 기능을 담당한다. 그 위에는 변연계가 자리하여 감정과 기억, 동기를 조절하며 우리의 본능적 반응을 이끈다. 그리고 가장 늦게 발달한 대뇌피질, 특히 전전두엽은 언어와 추상적 사고, 자기 조절을 가능하게 하여 인간 고유의 인지 능력을 완성했다.

진화 과정에서 뇌간은 생존을 위해 반사적 반응을, 변연계는 감정을 통한 신속한 의사결정을 담당했다. 그러나 현대 사회의 복잡한 자극 속에서 이 두 부분이 과활성화되는 반면, 전전두엽의 성찰적 사고는 약화되는 '신경 불균형'이 발생하게 되었다. 스트레스, 트라우마, 정보 과잉 속에서 우리의 뇌는 항상 위기 상황에 대응하듯 작동하게 되고, 깊은 사고와 성찰의 여유를 잃어가고 있다.

이 세 층위의 구조는 각자 독립적으로 작동하는 것이 아니라 끊임없이 소통하며 균형을 이룬다. 시치유는 바로 이 지점에서 작동한다. 시를 읽고 쓰는 행위는 감정을 시적 언어로 번역하여 변연계의 원초적 활동을 전전두엽의 사고 과정과 연결시킨다. 시 낭독의 리듬과 호흡은 뇌간과 자율신경계를 안정시키며, 이를 통해 정서와 사고가 하나로 통합되는 경험이 일어난다. 곧 시치유는 현대인의 신경 불균형을 다시 통합하는 과정이다.

뇌과학은 이러한 통합 과정을 신경학적으로 설명한다. 특히 시냅스 가소성(synaptic plasticity) 개념에 주목할 때, 시를 읽고 쓰는 반복적 경험은 뇌의 신경 회로를 긍정적 방향으로 재조직하는 강력한 도구가 된다. "함께 활성화되는 신경세포들은 서로 연결된다(Neurons that fire together, wire together)"는 헵의 법칙(Hebb's Law, 1949)처럼, 시를 통해 아름다운 문장과 긍정적인 정서를 동시에 경험하는 일이 반복되면 우리 뇌에는 그에 해당하는 튼튼한 신경 길이 닦인다.

이 반복된 자극은 건강한 신경 회로를 강화하고 새로운 연결을 만들어내는 동시에, 고통에만 함몰되거나 자기 비하에 빠지게 했던 '오래된 부정적 반응 패턴'을 자연스럽게 약화시킨다. 마치 인적이 드문 오솔길은 풀이 자라 사라지고, 자주 다니는 길은 넓고 탄탄해지는 것과 같은 원리다. 결국, 시치유는 뇌가 과거의 상처에 머물던 습관에서 벗어나, 자신을 보호하고 긍정하는 새로운 심리적 경로를 선택하게 하는 실질적인 변화의 과정이다. 이것이 바로 시가 문학적 경험을 넘어 치유의 힘을 가질 수 있는 신경학적 원리다.

2. 디지털 세대와 뇌 변화

오늘날 우리의 뇌는 이전 세대가 한 번도 경험하지 못한 환경 속에 놓여 있다. 디지털 기술은 주의 집중, 기억, 감정 조절, 사고 방식은 물론 뇌의 전반적 기능을 변화시키고 있다. 특히 스마트폰과 인터넷이 생활의 기본 환경이 된 세대는 정보를 받아들이고 활용하는 방식이 부모 세대와는 뚜렷하게 다르다.

Z세대와 알파세대, 그리고 태아기부터 디지털 자극을 경험하는 '디지털 자궁 세대'의 뇌는 각기 다른 형태로 발달하고 변화를 겪는다. 이러한 변화는 새로운 가능성을 열어주는 동시에 발달상의 취약성도 드러낸다.

1) 디지털 시대의 뇌 자극

21세기를 살아가는 인간의 뇌는 이전 세대가 경험하지 못한 수준의 환경 자극에 노출되어 있다. 스마트폰, 태블릿, SNS 같은 디지털 기기는 뇌 회로를 재조직하는 주요 요인이 되고 있다. 연구에 따르면, 빠르게 전환되는 화면과 짧은 정보 단위는 주의 집중 폭과 지속 시간에 영향을 준다. 미국 스탠퍼드대학교의 오피르, 나스, 와그너(2009)는 멀티태스킹을 자주 하는 사람일수록 주의 전환 비용이 커지고, 집중 유지력이 떨어진다고 보고했다. 또한, 짧고 자극적인 콘텐츠 소비는 도파민 보상 회로를 과도하게 활성화해 뇌가 즉각적 쾌락에 반복적으로 적응하도록 만든다.

뇌 영상 연구는 이러한 현상을 구체적으로 보여준다. 빠른 속도의 디지털 자극은 시각 피질을 과도하게 활성화시키고, 동시에 전전두엽의 억제 기능을 약화시킨다. 그 결과 계획, 인내, 자기조절 같은 고차원 기능보다 즉각적 반응과 충동이 강화된다. 2023년도 미국심리학회는 청소년의 스마트폰 과다 사용이 불안, 우울, 충동성 증가와 밀접하게 관련된다고 보고했다.

그러나 디지털 기기가 뇌에 미치는 영향은 부정적이기만 한 것은 아니다. 적절히 활용할 경우 정보 탐색 능력과 시각-공간적 처리 능력을 향상시키기도 한다. 런던대학교의 맥내니 연구팀(McNamee, 2004)은 게임을 적정 수준으로 활용한 아동이 공간 인식과 문제 해결 과제에서 더 높은 성과를 보였다고 보고하였다.

핵심은 '얼마나, 어떻게 사용하느냐'에 있다. 디지털 시대의 뇌는 강력한 자극에 노출되어 있지만, 동시에 그 자극을 조절하고 균형을 되찾을 방법도 필요로 한다. 바로 여기서 시치유가 중요한 역할을 한다.

시를 읽고 쓰는 경험은 디지털 환경에서 과도하게 자극받은 뇌에 안정과 회복의 시간을 제공한다. 즉각적 보상에 익숙해진 뇌 회로는 시의 느린 리듬과 깊이 있는 언어를 통해 다시 균형을 찾는다. 시적 언어는 분산된 주의를 하나로 모으고, 전전두엽과 변연계를 연결하여 사고와 감정의 통합을 자연스럽게 이끈다. 이는 단순한 문학적 경험이 아니라, 뇌가 스스로를 재조직하고 치유하도록 돕는 신경학적 과정이다.

2) Z세대와 알파세대 비교

디지털 세대는 일반적으로 Z세대(1995~2010년생)와 알파세대(2010년 이후 출생)로 구분된다. 두 세대의 차이는 단순한 연령이 아니라, 뇌 발달 시기의 환경 자극 차이에 있다.

Z세대는 아동기와 청소년기에 아날로그와 디지털 경험을 동시에 누렸다. 따라서 독서, 놀이, 대면 소통 경험이 여전히 뇌 발달에 기여했고, 자기조절과 사회적 기술을 익힐 기회가 있었다. 상담 장면에서는 이 세대에게 디지털 사용 습관을 조율하고 주의 전환 능력을 회복시키는 개입이 효과적이다.

반면 알파세대는 태아기 혹은 영아기부터 스크린 자극을 접한 세대이다. 뇌가 가장 민감하게 발달하는 시기에 짧고 강한 시각·청각 자극에 반복적으로 노출되면서, 주의 집중의 단축과 보상 회로의 과활성화가 쉽게 나타난다. 2019년도에 세계보건기구는 특히 만 5세 이하 아동의 스크린 타임을 하루 1시간 이하로 제한할 것을 권고하였다. 카스텔로(Castelloe, 2022)는 스마트폰의 모바일 인터넷을 일시적으로 차단했을 때 지속적 주의력, 정신 건강, 주관적 웰빙이 유의미하게 향상되었음을 실증적으로 확인했다.

국내 연구에서도 비슷한 경향이 보고되었다. 김지연 외(2023)는 9세 아동 1,484명을 대상으로 한 연구에서 미디어 이용 시간이 많을수록 아동의 의사소통 능력이 낮고, 책 읽기 시간이 많을수록 의사소통 능력이 높게 나타난다고 보고하였다. 이는 미디어 과다 이용이 언어·사회적 상호작용 발달을 저해할 수 있음을 보여주며, 상담과 시치유 현장에서 읽기가 언어적·정서적 회복을 촉진하는 핵심 자극이 될 수 있음을 시사한다.

그리므로 Z세대에게는 디지털과 아날로그 경험 사이의 균형을 회복하도록 돕는 접근이 필요하다. 시를 통한 느림의 경험은 집중의 리듬을 훈련하고, 자기 성찰의 회로를 다시 활성화한다. 반면 알파세대에게는 언어·정서 발달을 지원하는 시적 개입이 우선된다. 부모와 함께 시를 읽고 나누는 경험은 짧은 자극에 길들여진 뇌를 안정시키고, 초기 애착과 정서 조절 능력을 회복하게 한다.

3) 디지털 자궁 세대: 태아기 자극과 취약성

'디지털 자궁 세대'는 태아기와 영아기부터 디지털 매체에 노출되는 세대를 말한다. 이전 세대가 성장하며 디지털에 적응한 것과 달리, 이들은 뇌 발달의 가장 민감한 시기에 스크린 자극을 기본 환경으로 경험한다.

세계보건기구가 2세 미만 아동에게는 스크린 노출을 권장하지 않고, 5세 이하 아동은 하루 1시간 이하로 제한해야 한다고 강조한 이유는 초기 뇌 발달이 현실 세계의 감각 경험과 대인 상호작용을 통해 이루어져야 하기 때문이다. 영아기와 유아기의 과도한 스크린 노출은 발달 지연과 뇌 기능 저하와 관련이 있다는 연구가 이를 뒷받침한다.

허튼 외(Hutton et al., 2020)는 『미국의학회 소아과학 저널(JAMA Pediatrics)』에 발표한 연구에서, 생후 1세 아동의 스크린 시청 시간이 많을수록 2세와 4세 시점의 언어 및 문제 해결 능력 발달이 지연된다고 보고했다. 천보 외(Chun et al., 2023)는 『휴먼 뉴로사이언스 프론티어즈(Frontiers in Human Neuroscience)』에 발표한 연구에서,, 생후 12개월 아동의 스크린 노출이 뇌파 신호에 영향을 미쳐 주의력과 집행 기능 발달과 연관된 신경 지표의 불균형을 초래한다고 밝혔다. 또 모랄레스 외(Morales et al., 2022)는 『심리학 프론티어즈(Frontiers in Psychology)』에 게재한 종합 고찰 연구에서, 스크린 자극이 15~24개월 영아의 실제 상황 학습 전이에 부정적 영향을 미친다고 보고했다.

이러한 결과는 디지털 자궁 세대가 발달 초기부터 신경학적 취약성을 안고 성장할 가능성을 보여준다. 주의력, 언어 습득, 정서 안정성이 충분히 형성되기 전에 강한 시각·청각 자극에 반복적으로 노출되면, 발달 경로가 왜곡될 수 있기 때문이다.

상담 및 시치유의 관점에서 이러한 취약성은 중요한 의미를 갖는다. 디지털 자궁 세대에게 시치유는 '아날로그적 감각의 재활'과 같다. 스크린의 평면적인 자극 대신, 실제 사물의 질감과 자연의 변화, 그리고 부모의 따뜻한 음성을 시적 언어로 경험하게 하는 것은 뇌 발달의 공백을 보완하고, 애착·정서 조절 회로의 복원을 촉진하는 치유적 자극이 된다. 즉, 기초 공사가 부실한 뇌 회로를 보강하는 가장 인문학적인 처방인 셈이다.

아동기를 넘어 성인으로 성장한 현대인들도 비슷한 신경학적 도전에 직면해 있다. 디지털 환경의 만성적 자극이 만드는 스트레스는 주의집중 문제를 넘어, 신체와 정신의 깊은 수준에서 뇌 회로 전체에 영향을 미치고 있다. 다음 섹션에서는 현대인의 뇌가 마주한 스트레스와 그로 인한 신경학적 변화를 살펴보자.

3. 현대인의 스트레스와 뇌

1) 현대인의 스트레스 상황: 끝나지 않는 각성

현대 사회가 마주하는 스트레스는 우리가 생각하고 느끼는 것보다 훨씬 광범위하고 만성적이다. 과거의 스트레스가 사나운 맹수처럼 일시적이고 명확한 위협이었다면, 현대의 스트레스는 '끝나지 않는 각성'의 형태를 띤다. 직장에서는 끊임없이 울리는 메일 알림과 메신저가 뇌의 경계 태세를 해제하지 못하게 하며, 수많은 회의와 업무 요청은 전전두엽의 인지 자원을 쉴 새 없이 소진시킨다.

퇴근 후의 풍경도 크게 다르지 않다. 휴식을 취해야 할 시간에도 수백 개에 달하는 SNS의 피드가 강력한 시각적 자극을 퍼붓는다. 특히 타인의 화려한 일상과 자신을 끊임없이 비교하게 만드는 디지털 환경은 뇌의 감정 회로를 자극하여 정서적 전염과 소외감을 유발한다. 맥락도 없는 이러한 껍데기뿐인 메신저의 짧은 단어와 이모티콘의 홍수 속에서, 현대인의 뇌는 역설적으로 자신의 복잡한 내면을 온전히 담아낼 진정한 '언어'를 잃어버리는 소통의 결핍 상태에 놓이게 된다.

미국심리학회(APA, 2022)의 조사에 따르면, 성인의 84%가 지속적인 스트레스를 경험하고 있으며, 그중 36%는 두통, 근육통, 소화기 장애 등 구체적인 신체 증상을 보고했다. 특히 한국은 경제협력개발기구(OECD) 국가 중 스트레스 지수가 최상위권에 머물러 있으며, 평균 수면 시간은 6시간 이하로 급감했다(보건복지부, 2023). 이는 우리 뇌와 신체가 '평상시 모드'를 잊어버리고, 마치 포식자에게 쫓기는 원시 인류처럼 24시간 내내 비상 사이렌이 울리는 '생존 모드'로 작동하고 있음을 의미한다.

2) 스트레스의 신경생리적 메커니즘: HPA 축과 코르티솔

스트레스가 발생하면 뇌 속 편도체(amygdala)가 즉각 반응한다. 편도체는 위협 감지

센서로서, 두려움이나 불안 신호를 받으면 즉시 시상하부(hypothalamus)를 자극한다. 시상하부는 뇌하수체(pituitary gland)에 신호를 보내고, 뇌하수체는 부신(adrenal gland)으로 지시를 내린다. 이를 HPA 축(Hypothalamic-Pituitary-Adrenal axis)이라 하며, 스트레스 반응의 중추 시스템이다.

부신이 분비하는 코르티솔은 단기적으로는 우리를 위기 상황에 대응하도록 돕는다. 혈당을 올려 에너지를 공급하고, 염증 반응을 억제하며, 즉각적 행동을 가능하게 한다. 정상적인 상황에서는 전전두엽(prefrontal cortex) 또한 이러한 정서 반응을 조절하여 균형을 유지한다.

그러나 현대인처럼 스트레스가 강하거나 반복될 경우, 신경학적 불균형이 발생한다. 편도체의 활동이 과도해지고 전전두엽의 억제 기능이 약화되며, 코르티솔이 만성적으로 높아진다. 더 심각한 것은 만성 스트레스가 뇌 구조 자체를 변화시킨다는 점이다(McEwen, 2007).

스탠퍼드대학교의 사폴스키(Sapolsky, 2004) 연구팀은 장기간의 스트레스가 학습과 기억을 담당하는 해마(hippocampus)를 축소시킨다고 보고하였다. 높은 코르티솔 수치는 해마의 신경세포를 손상시키고 새로운 신경세포의 생성을 억제한다. 동시에 위협에 반응하는 편도체는 오히려 비대해지고 과민해진다. 이는 '기억은 희미해지고 공포와 불안은 선명해지는' 신경학적 역설을 초래한다.

더욱 우려스러운 점은 이러한 해마의 물리적 축소가 과거 노년층의 전유물로 여겨졌던 '주요신경인지장애(치매)'의 위험을 전 연령대로 확산시키고 있다는 사실이다. 만성 스트레스와 디지털 자극의 범람은 뇌의 인지적 방어선을 무너뜨려, 인지 기능의 급격한 저하와 퇴행성 변화를 앞당기는 가속페달이 된다.

최근 발표된 신경염증(neuroinflammation) 연구는 만성 스트레스가 뇌의 면역세포인

미세아교세포(microglia)를 활성화시켜 염증 상태를 유발한다는 것을 보여주었다. 이러한 뇌 염증은 우울증, 불안장애, 인지 기능 저하와 관련되어 있다. 스트레스로 인한 신경생리적 변화는 뇌의 구조와 기능을 근본적으로 변형시키는 것이다.

3) 시치유의 신경학적 개입: 뇌의 회복 경로

시치유가 스트레스로 손상된 뇌를 어떻게 회복시키는가는 뇌과학 5단계로 설명될 수 있다.

(1) 1단계: 미주신경 자극과 부교감신경계 활성화

시를 낭독할 때의 느린 리듬과 깊은 호흡은 미주신경(vagus nerve)을 자극한다. 미주신경은 뇌에서 심장, 폐, 소화기관까지 연결된 가장 긴 신경으로, 부교감신경계의 핵심이다. 미주신경이 자극되면 부교감신경계가 활성화되어 교감신경계의 과활성을 진정시킨다.

구체적으로, 시 낭독의 느린 페이스(분당 60~80단어)는 심박수를 안정시키고 혈압을 낮춘다. 미주신경 자극은 뇌간의 배측미주신경 핵(dorsal vagal complex)을 활성화시켜, 앞에서 언급한 HPA 축의 과도한 활동을 억제한다. 이는 높아진 코르티솔 수치를 정상 범위로 되돌리는 신경학적 작동 원리다.

(2) 2단계: 감정 명명화(Affect Labeling)의 신경학적 효과

시를 읽고 그 안의 감정을 인식하는 행위는 단순한 정서 처리가 아니다. UCLA의 매슈 리버먼(Matthew Lieberman) 연구팀의 뇌 영상 연구에 따르면, 감정을 언어로 표현하면 편도체의 활동이 감소하고 전전두엽의 활동이 증가한다. 이를 '감정 명명화 효과(affect labeling effect)'라 한다(Lieberman et al., 2007).

시적 언어는 이 효과를 극대화한다. '내 마음은 흔들리는 나뭇잎' 같은 비유적 표현은 감정만을 설명하는 것이 아니라, 추상적인 불안을 구체적인 이미지로 변환하며, 동시에 인지적 거리를 만든다. 이 과정에서 전전두엽의 인지적 재평가 회로가 활성화되어, 스트레스 상황을 새롭게 해석할 수 있는 신경생리적 기반이 마련된다.

3단계: 리듬과 반복의 신경학적 동기화 — 뇌 회로의 재조직

시치유에서 시를 반복해서 읽고 외우며, 직접 손으로 적는 필사의 행위는 뇌의 신경 회로를 근본적으로 재조직한다. 미국 국립보건원(NIH)의 연구에 따르면, 이러한 반복적 자극은 시냅스 가소성을 통해 약해진 신경 회로를 강화시킨다.

특히 시의 리듬은 양쪽 뇌반구를 동시에 깨우는 전뇌(whole brain) 활성화로 이어진다. 왼쪽 반구는 언어와 의미를 처리하고, 오른쪽 반구는 감정과 맥락을 처리하며 뇌의 모든 영역이 조화롭게 반응하기 시작한다. 여기에 필사가 더해지면 시각, 청각, 촉각 자극이 동시에 입력되면서, 시의 언어가 단순한 인지를 넘어 온몸의 신경망에 선명하게 아로새겨지는 효과를 낸다.

이러한 과정은 뇌의 여러 영역이 같은 박자로 움직여 마음의 주파수가 맞춰지는 현상인 '신경 동기화(neural synchronization)'를 일으킨다. 흐트러졌던 뇌파를 정렬하고 전체적인 뇌 기능을 하나로 통합하는 것이다. 이는 명상이나 음악 치료에서 보이는 효과와 유사하지만, 시치유는 언어적·감정적·의미적 처리가 동시에 일어난다는 점에서 더욱 입체적인 신경학적 회복 경로를 제공한다.

(4) 4단계: 해마의 신경 생성 촉진

시치유의 진정한 가치는 훼손된 뇌의 구조를 복구하는 '신경 생성(Neurogenesis)'의 촉진에 있다. 만성 스트레스로 인해 멈춰버렸던 해마의 신경 줄기세포 분열이 시를 읽고 쓰는 창조적 행위를 통해 재개되는 것이다(Eriksson et al., 1998). 특히 시 속의 낯선 이미지와 다층적인 의미를 탐색하는 과정은 뇌의 천연 영양제라 불리는 BDNF(뇌유래신경

영양인자)의 분비를 활성화하여, 신경세포의 생존과 성장을 돕는 비옥한 토양을 만든다.

더 나아가, 시를 통해 형성된 새로운 정서적 기억은 스트레스가 남긴 부정적 각인들과 치열하게 '신경학적 주도권'을 다툰다. 해마가 새로운 긍정적 기억의 흔적을 두텁게 쌓아 올릴수록, 오래된 트라우마적 기억의 영향력은 상대적으로 약화된다. 이는 시치유가 위축된 해마의 기능을 재건하고 퇴행성 변화를 막아내는 적극적인 '신경학적 재활'임을 시사한다.

(5) 5단계: 항상성 회복과 치유의 선순환

앞선 단계들이 유기적으로 결합하면, 최종적으로 뇌는 스트레스로 무너진 균형을 재정립하는 '항상성(Homeostasis)' 회복 단계에 진입한다(McEwen, 2007). 이는 시치유가 단순히 마음을 달래는 것을 넘어, 신경학적 수준에서 뇌의 생화학적 환경을 근본적으로 바꾸는 과정임을 보여준다.

시치유를 통한 신경학적 회복 과정은 다음과 같은 구조적·기능적 재편으로 완성된다.

· 호르몬 체계의 안정: 과부하가 걸렸던 HPA 축이 평온을 되찾으며, 뇌를 부식시키던 독성 스트레스 호르몬인 코르티솔 수치가 정상 범위로 돌아온다.

· 정서 조절 사령탑의 복구: 공포와 불안을 느끼며 폭주하던 편도체의 엔진이 꺼지고, 이를 부드럽게 통제하고 이성적으로 판단하는 전전두엽의 기능이 복구된다.

· 기억과 학습 능력의 재생: 스트레스로 위축되었던 해마의 물리적 크기가 회복의 실마리를 찾으며, 새로운 신경 세포 생성을 통해 학습 및 인지 능력이 되살아난다. 즉, 머릿속을 짓누르던 안개가 걷히고 사고가 다시 또렷해지는 인지적 명료함을 되찾게 된다.

· 뇌 내 환경의 정화: 지속적인 치유 자극이 신경염증을 가라앉히고 미세아교세포를 안정화함으로써, 손상된 신경망을 보수하고 보호하는 '신경 보호(Neuroprotection)' 효과

가 나타난다. 이는 뇌를 부식시키던 독성 환경을 깨끗이 씻어내는 과정이다.

· 삶의 질 향상: 결과적으로 인지 기능의 명료함과 정서 조절 능력이 탄탄해지며, 개인이 체감하는 삶의 만족도가 전반적으로 상승한다. 뇌의 건강한 회복이 곧 일상의 행복으로 이어지는 실질적인 변화를 맞이하게 되는 것이다.

중요한 점은 이 5단계의 과정이 일회성 처방으로 끝나는 것이 아니라, 하나의 '치유의 선순환(Virtuous Cycle)' 구조를 이룬다는 것이다. 5단계를 통해 회복된 뇌의 항상성은 다음 시치유 경험 시 더욱 깊은 몰입과 빠른 심리적 안정을 유도한다. 즉, 시를 읽고 쓰는 경험이 반복될수록 뇌의 치유 회로는 단단한 근육처럼 더욱 견고하게 다져지며, 어떤 삶의 폭풍에도 쉽게 굴하지 않는 '신경학적 회복 탄력성'이라는 강력한 마음의 근력을 갖게 된다(Southwick & Charney, 2012).

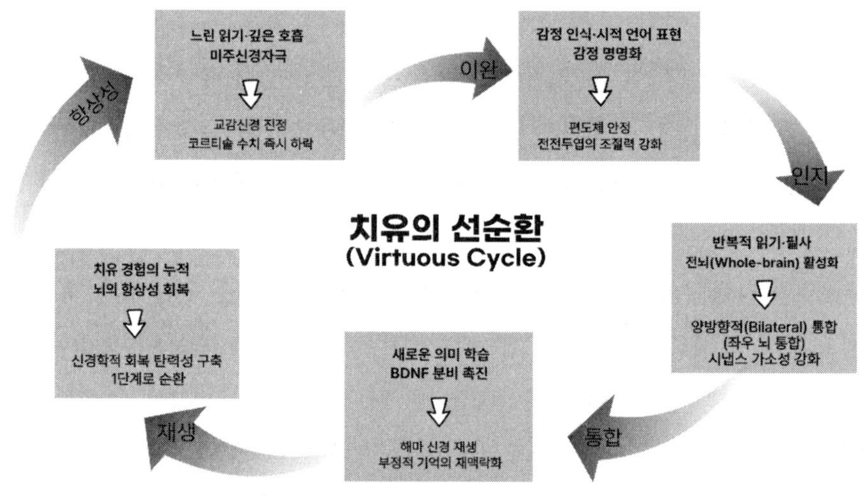

그림 1 시치유의 신경학적 선순환 경로 (The Virtuous Cycle of Poetry Therapy)

본 도식은 시를 읽고 쓰는 행위가 단순한 정서적 위안을 넘어, 미주신경 이완에서 시작하여 해마의 신경 재생과 인지적 항상성 회복으로 이어지는 전 생애적 뇌 가소성(Neuroplasticity)의 선순환 과정을 나타낸다.

4. 뇌 회로와 습관

1) 습관의 신경회로: 전전두엽에서 기저핵으로

습관은 의지가 약하거나 성격이 고정되어서 생기는 것이 아니라, 뇌의 신경 회로가 반복된 경험을 학습한 결과다. 이 과정에서 중심이 되는 것은 기저핵(basal ganglia)이라는 뇌 영역이다.

새로운 행동을 시작할 때는 전전두엽이 강하게 관여한다. 자전거를 처음 탈 때는 페달을 밟는 속도, 핸들의 각도, 몸의 무게 중심까지 모두 의식적으로 계산해야 한다. 이 모든 계산은 전전두엽의 작업 기억(working memory)에 의존한다.

그러나 같은 행동이 여러 번 반복되면 점차 신경 회로의 통제 권한이 기저핵으로 넘어간다. 특히 선조체(striatum)라는 기저핵의 부분이 중요한데, 이곳은 습관 학습의 중심이다. 반복적 경험이 선조체에 저장되면, 나중에는 의식적 노력 없이 자동으로 그 행동이 실행된다. 자전거를 충분히 탄 사람은 어떻게 타는지 생각하지 않는다. 그냥 탄다. 이것이 '자동화된 행동'의 신경학적 정체다.

2) 도파민과 보상 회로: 습관 형성의 화학적 기제

더 중요한 것은 도파민의 역할이다. 초기에 어떤 행동을 하면 뇌가 그것을 '보상'으로 평가할 때, 도파민이 분비된다. 도파민은 단순한 쾌감 화학물질이 아니라, '이 행동은 다시 할 가치가 있다'는 신호를 뇌에 보낸다. 도파민이 분비되는 경험이 반복되면, 그 행동과 관련된 신경 회로가 점차 강화된다.

MIT의 앤 그레이비엘(Ann Graybiel) 연구팀은 쥐 실험을 통해 습관 형성의 신경학적 과정을 추적했다. 미로를 탈출하기 위해 몇 번 반복한 쥐의 뇌에서는 초기에 전전두엽이 활발히 활동했지만, 같은 경로를 20회 이상 반복한 후에는 측좌핵(nucleus accumbens)이라는 기저핵 부분에만 활동이 집중되었다. 이는 뇌가 의식적 사고 없이 자동으로 행동하도록 프로그래밍되었다는 의미다.

도파민 관점에서 보면, 인스타그램의 '좋아요'와 댓글 알림은 뇌에서 작은 도파민 분비를 유발한다. SNS 알림음이 울릴 때마다 '뭔가 좋은 일이 있을 수도'라는 기대로 도파민이 미리 분비된다. 이 반복이 충분히 쌓이면, 뇌는 자동으로 스마트폰을 집어 든다. 의지의 문제가 아니라 신경 회로의 자동화다.

3) 현대인의 부정적 습관 형성: 스마트폰과 뇌의 포로

현대인은 지속적인 도파민 자극 환경에 놓여 있다. 스마트폰 알림은 하루에 수십 번, 많게는 수백 번 울린다. 한국정보통신기술협회의 조사(2023)에 따르면, 한국 성인의 하루 평균 스마트폰 사용 시간은 4시간 이상이며, 특히 SNS와 메신저 사용에 가장 많은 시간을 쏟는다.

이러한 반복적 자극은 뇌의 신경 회로를 특정한 방향으로 강화한다. 매번 알림을 확인할 때마다 기저핵의 선조체는 강화되고, 도파민 의존성은 심화된다. 더 심각한 것은 이 과정이 강력하다는 점이다. 한 번 자동화된 습관 회로는 매우 견고하게 뇌에 자리 잡는다.

미국 국립보건원(NIH)의 노라 볼코(Nora Volkow, 2011) 박사는 도파민 중독과 뇌 구조의 관계에 대한 연구에서, 반복적 도파민 자극에 노출된 개인은 '도파민 민감성 증가(dopamine sensitization)' 현상을 보인다고 보고하였다. 즉, 같은 자극으로는 더 이상 만족하지 못하고 점점 더 강한 자극을 필요로 하게 된다. 이것이 SNS 중독, 게임 중독의 신경학적 메커니즘이다.

4) 신경가소성과 습관의 가역성: 회로 재구성의 가능성

다행스러운 점은 신경 회로가 완전히 고정되지 않다는 것이다. 신경가소성은 뇌의 신경 회로를 새로 형성할 수 있다는 원리다. 사용하지 않는 회로는 점차 약해지고, 새로운 회로를 반복해서 사용하면 강화된다.

스탠퍼드 대학교 행동설계연구소의 포그(Fogg, 2019) 교수는 기존의 습관 고리인 '단서→행동→보상'을 새로운 긍정적 행동으로 대체할 수 있음을 증명했다. 중요한 것은 부정적인 기존 회로를 억지로 제거하는 것이 아니라, 시치유와 같은 새로운 경험을 통해 더 강력한 신경 회로를 구축하여 기존 회로를 압도하는 것이다. 또한, 런던대학교 필리파 랄리(Lally et al., 2010)의 연구는, 새로운 습관이 뇌에 자동화되기까지 평균 66일이 소요됨을 입증하였다. 이는 시치유가 일회성 위로를 넘어 뇌의 근본적인 변화를 이끌어내기 위해 지속적인 '시적 훈련'이 필요함을 시사한다.

5) 시치유를 통한 습관 재구성: 긍정적 회로 형성

시치유는 정확히 이 신경회로 재구성의 메커니즘에서 작동한다.

(1) 기저핵의 자동화 회로 대체

스마트폰을 집어 드는 습관이 강화된 이유는, 그 행동과 기저핵의 선조체가 강하게 연결되어 있기 때문이다. 시치유를 통해 다른 자동화된 행동을 반복하면, 뇌는 새로운 경쟁 회로를 형성한다.

예를 들어, 매일 아침 스마트폰 대신 시를 읽는 행위를 반복하면, 뇌는 '아침 = 스마트폰 확인'에서 '아침 = 시 낭독'으로 기저핵의 회로를 점차 재구성한다. 이 새로운 습관이 자동화되기까지 66일 동안 반복되면, 선조체는 더 이상 스마트폰 접근을 '보상'으로 평가하지 않고, 시 낭독을 '보상'으로 평가하기 시작한다.

(2) 도파민 경로의 재방향화

더 중요한 점은 시를 읽을 때 발생하는 도파민 분비가 다르다는 것이다. SNS의 도파민은 즉각적이고 피상적(좋아요 숫자)인 반면, 시를 통한 도파민은 깊이 있는 의미 발견(인지적 만족)에 기반한다.

뇌는 시간이 지나면서 '깊은 의미 발견'이 더 진정한 보상임을 학습한다. 결과적으로 도파민 회로가 더 건강한 방향으로 재구성되는 것이다. 이는 중독성 도파민(가파른 상승과 급격한 하강)을 장기적 도파민(완만하고 지속적인)으로 변환하는 신경학적 과정이다.

(3) 시냅스 강화와 반복의 힘

시를 매일 필사하거나 외우는 습관은 언어-정서 신경회로를 반복적으로 활성화한다. 헵의 원칙(Hebbian learning)에 따르면, '함께 발화하는 뉴런은 함께 연결된다(neurons that fire together, wire together)'는 신경학적 원리가 있다. 시를 읽을 때 다음의 모든 뇌 영역이 동시에 활성화된다.

· 왼쪽 브로카 영역 (언어 생성 및 이해)
· 오른쪽 감정 처리 영역 (정서 인식 및 표현)
· 해마 (기억 형성 및 저장)
· 전전두엽 (의미 통합 및 해석)

이 습관을 반복하면 이들 사이의 시냅스 연결이 점차 강화된다. 결과적으로 언어와 정서가 자동으로 통합되는 뇌 회로가 완성되며, 이것이 정서 조절 능력 향상의 신경학적 기초가 된다.

(4) 기저핵 선택성의 전환: 습관의 재구성 완성

장기적으로 시치유를 실천하면(최소 66일 이상), 기저핵 선조체의 자동 행동 선택이 바뀐다. 스트레스를 받으면 자동으로 스마트폰을 집어 드는 대신, 자동으로 시를 펼치는 습관으로 재구성되는 것이다. 이 시점에서 인간은 비로소 의식적 노력 없이 건강한 행동을 반복하게 되며, 기저핵의 자동화에서 벗어나 자유로워진다.

6) 습관의 신경학적 진실: 회복은 가능하다

결론적으로, 나쁜 습관은 인격의 결함이 아니라 뇌의 신경회로가 도파민 자극을 학습한 결과다. 그리고 신경가소성의 원리에 따르면, 그 회로는 다시 형성될 수 있다. 시치유는 이 신경회로를 건강한 방향으로 재구성하는 반복적 실천이며, 뇌 자체를 치유하는 신경학적 방법이다.

5. 뇌과학적 원리와 시치유

시치유는 뇌의 탐색·보상·정서·인지 회로가 유기적으로 작동하면서 심리적 치유를 이끌어내는 과정이다. 여기에서는 시 읽기와 쓰기가 뇌의 신경 회로를 어떻게 체계적으로 조절하며, 내담자의 정서 조절 능력과 회복력을 향상시키는지 신경과학적 관점에서 탐구한다.

1) 적극적 의미 해석과 새로움의 보상 효과

(1) 적극적 의미 해석(Active Interpretation)

적극적 의미 해석은 모호한 자극, 즉 시의 비유나 낯선 이미지를 그냥 흘리지 않고 의미를 세우려고 스스로 가설을 만들고 검증하는 인지 과정을 의미한다. 뇌 수준에서는 배외측 전전두피질과 복내측 전전두피질이 주의 조절과 가설 생성을 담당하고, 전대상피질이 오류 점검을 맡으며, 해마가 기억 및 맥락 대조를, 기본 모드 네트워크(DMN)가 자기 경험 연결을 거든다.

호너 등(Horner et al., 2024)은 101명을 대상으로 부정적 자극에 대한 재평가 과제를 수행한 결과, 오른쪽 배외측 전전두피질 활성이 작업기억 능력과 정적 상관을 보였으며, 감정 조절과 인지 조절 기능이 신경 수준에서 공통된 기제를 갖는다는 것을 확인했다. 이는 시를 읽고 낭송하는 과정이 모호했던 감정을 구체적인 언어와 이미지로 변환시키며, 뇌가 흥분 상태에서 평가와 성찰의 모드로 이동하도록 돕는다는 것을 의미한다.

"이게 무슨 뜻일까?"라고 붙들고 씨름하는 행위가 바로 '적극적 의미 해석'이다. 이 과정은 뇌의 여러 영역을 통합적으로 작동시키며, 정서와 인지의 균형을 촉진한다.

(2) 새로움의 보상 효과(Novelty Reward Effect)

새로움의 보상은 가설-검증 과정에서 예상 밖 연결이 열릴 때 발생하는 신경학적 보상을 의미한다. 예측 오차가 줄며 쾌감과 통찰의 '아하' 순간이 오면, 복측피개영역(VTA)–측좌핵 도파민 회로와 해마–중뇌 루프가 활성화되면서 '새로 배운 의미'에 보상 태그를 부여한다. 그 결과 기억이 강화되고, 동기가 상승하며, 다음 탐색으로의 추진력이 증가한다.

모호함을 붙잡고 해석에 능동적으로 참여할수록 보상 회로가 활성화된다는 원리는 시치유의 핵심 메커니즘이다. 시 읽기에서 능동적 해석 단계는 낯선 구절에 멈춰 가설 2~3개를 세우는 것으로 시작하고, 새로움 보상 단계는 텍스트의 다른 단서와 대조해 가설이 맞아 떨어지면 '아하'가 오며 도파민 보상이 발생하는 것으로 완성된다. 그래서 그 시가 오래 남고, 또 읽고 싶어진다.

(3) 비유와 상징: 메타인지의 신경학적 기반

시는 언어를 나열하는 것이 아니라, 비유와 상징을 통해 감정을 다른 차원으로 옮겨 놓는다. 예를 들어 '열 살의 나는 엄마라는 존재가 없었다'라는 표현은 단순한 슬픔의 진술이 아니다. 이 문장을 접하는 순간 뇌는 과거의 기억을 불러내고, 정서적 경험을 현재의 상황과 연결한다. 이 과정에서 우리는 자기 자신을 객관적으로 바라보는 힘, 곧 메타인지를 얻게 된다.

치트론과 골드버그(Citron & Goldberg, 2014)는 비유적 언어가 문자 그대로의 언어보다 편도체(amygdala)와 시상하부 등 감정 처리와 관련된 뇌 영역을 더 강하게 활성화한다는 연구 결과를 발표하였다. 보른 등(Bohrn et al., 2012)의 메타분석 연구는 비유적 언어를 처리할 때 뇌의 보상 시스템이 더욱 강하게 활성화됨을 입증하였다. 비유는 인지적 이해와 정서적 공명을 함께 이끌어내는 독특한 언어 형식이다.

이런 점에서 시치유의 비유와 상징은 뇌 속 기억·정서·사고의 회로를 다시 연결하는 고리와 같다. 시적 비유는 우리가 감정을 느끼는 데서 멈추지 않고, 그것을 한 걸음 떨어져 바라보며 재해석하도록 돕는다. 시 속의 상징은 뇌 속에 또 하나의 거울을 세워,

자신을 객관적으로 비추고 새롭게 이해할 수 있는 힘을 준다. 이러한 과정은 적극적 의미 해석을 통한 새로운 보상의 전형적인 사례이며, 시치유가 뇌의 탐색-보상 루프를 지속적으로 작동시키는 신경학적 근거가 된다.

2) 도파민-옥시토신-세로토닌의 통합 작용

(1) 시치유의 다층적 신경전달물질 체계

시치유는 단일한 신경전달물질의 작용이 아니라, 도파민, 옥시토신, 세로토닌이 통합적으로 작동하는 복합적 신경화학 과정이다. 각 신경전달물질은 시치유의 서로 다른 단계에서 특정한 역할을 수행하며, 이들의 조화로운 작용이 총체적인 치유 효과를 만들어낸다.

도파민은 새로움에 대한 탐색과 보상을 담당한다. 시 읽기 초기 단계에서 낯선 이미지나 비유를 만날 때, 그리고 마침내 새로운 의미가 연결되는 '통찰(Insight)'의 순간에 도파민이 분비되어 탐색 동기를 강화하고 학습을 촉진한다.

옥시토신은 사회적 유대와 정서적 연결을 담당한다. 시를 통한 정서 공감, 시를 함께 나누고 공유하는 과정에서 옥시토신이 분비되어 안전감과 소속감을 증진시킨다.

세로토닌은 정서적 안정과 기분 조절을 담당한다. 시 쓰기와 필사를 통한 감정 통합 과정에서 세로토닌이 분비되어 불안을 감소시키고 정서적 평온을 가져온다.

(2) 시 활동의 호르몬 흐름 구조

시치유 활동의 단계별 호르몬 작용을 정리하면 다음과 같다.

· 초기 시 자극 단계: 새로운 시를 접하는 순간, 신선함과 호기심을 자극하며 도파민 회로가 작동한다. 이는 뇌의 탐색 시스템을 활성화하는 출발점이다.

· 음미와 통찰 단계: 시의 다층적인 의미를 능동적으로 탐색하는 과정에서 전두엽과 보상 회로가 긴밀히 협업한다. 숨겨진 의미를 찾아내는 '통찰의 순간'마다 도파민이 분비되며, 뇌는 지적인 새로움과 정서적 충만감이라는 최고의 보상을 경험한다.

· 정서 공감 단계: 시 속 화자의 감정에 몰입하거나 자신의 경험이 시구와 맞닿는 순간, 정서적 공명과 자기 이해가 일어나며 사회적 유대감의 호르몬인 옥시토신이 분비된다. 이는 타인 및 자기 자신과의 깊은 '정서적 공명'을 일으켜, 억눌렸던 감정을 해소하고 내면의 수용력을 심화시킨다.

· 필사·쓰기 단계: 시를 정성껏 필사하거나 자신의 내면을 시적 언어로 치환하는 과정은 감정 조절과 내적 통합으로 이어져 뇌의 세로토닌 시스템을 활성화한다. 반복적인 신체 활동(필사)과 감정 명명화(쓰기)는 불안정한 뇌파를 진정시켜 깊은 안정감을 가져다주며, 흩어진 감정의 파편들을 하나의 서사로 묶어주는 신경학적 질서를 세운다.

· 공유·낭송 단계: 완성된 시를 타인과 나누고 목소리 내어 낭송하는 과정에서 사회적 연결과 관계적 치유가 일어나며, 이때 옥시토신은 그 분비량이 정점에 달한다. 자신의 목소리가 공기를 타고 타인에게 전달되는 '청각적 피드백'과 상호 지지의 경험은 뇌의 사회적 회로를 강력하게 자극하여, 고립감을 해소하고 관계적 치유의 핵심인 강력한 유대감을 형성한다.

이러한 호르몬 구조로 이어지는 시치유는 '설렘(탐색)'과 '신뢰(정서적 유대)'를 동시에 활성화하는 통합적 신경 체계다. 시 읽기가 뇌의 설렘 회로(도파민)를 깨운다면, 시 쓰기와 나눔은 신뢰와 안정을 주는 옥시토신과 세로토닌을 증진한다. 이것이 바로 시치유가 뇌의 생화학적 환경을 근본적으로 재편하는 원리다.

(3) 옥시토신과 정서적 치유

옥시토신은 '사회적 유대 호르몬' 또는 '신뢰 호르몬'으로 알려져 있으며, 시치유의 정서적 토대를 형성하는 핵심 물질이다. 시 활동이 단순한 정보 처리를 넘어 정서적 연결과 안전감, 그리고 깊은 의미 공유로 이어질 때 우리 뇌의 옥시토신 회로는 역동적으로 반응한다.

특히 옥시토신은 타인과의 관계뿐만 아니라 '나 자신과의 관계'에서도 매우 중요하다. 시를 읽으며 스스로를 위로하는 자기 연민(Self-compassion)의 과정은 가혹한 자기 비난(Self-criticism)을 멈추게 하고, 있는 그대로의 자신을 긍정하는 자기 수용(Self-acceptance)을 돕는다. 시적 은유를 통해 자신의 아픔을 객관화하고 위로하는 경험은 뇌의 방어 기제를 완화하며, 정서적 안정감을 주는 옥시토신 분비를 촉진한다.

이러한 내적 화해를 바탕으로, 집단 시치유 프로그램에서 참여자들이 시를 함께 낭송하고 각자의 삶이 투영된 해석을 나누는 과정은 옥시토신 분비를 정점으로 이끈다. 타인의 감정에 공명하고 자신의 내면을 진솔하게 개방하는 상호 작용은 고립감을 해소하며, 개인의 심리적 회복을 넘어 사회적 뇌의 기능을 복원하는 관계적 치유의 신경생물학적 기반이 된다.

3) 통합적 이해: 시치유의 신경생물학적 모델

지금까지 논의한 내용을 통합하면, 시치유의 신경생물학적 메커니즘은 다음과 같은 8단계 모델로 정리할 수 있다.

1단계 [탐색 회로 활성화]: 새로운 자극에 반응하는 탐색 시스템이 작동하며 도파민이 분비되고, 시 속의 낯선 의미를 추적하려는 강력한 동기가 생성된다.

2단계 [능동적 의미 구성]: 전전두엽, 대상회(ACC), 해마, 그리고 자신과 세계를 연결 짓는 디폴트 모드 네트워크(DMN)가 협업하여 시의 모호한 비유를 능동적으로 해석한다.

3단계 [새로움 보상]: 가려진 의미가 발견되는 '아하!'의 순간, 즉 통찰이 일어날 때 VTA(복측피개영역)에서 시작된 도파민 경로가 측좌핵을 강력하게 활성화한다. 이때 뇌 내부에서는 '도파민 스파이크(Dopamine spike)'가 일어나며, 이러한 폭발적인 신경 전달 물질의 분비는 학습과 기억을 강화하는 동시에 깊은 신경학적 쾌감을 선사한다.

4단계 [정서 조절과 안정]: 필사 과정에서의 세로토닌 분비는 감정 명명화를 도와 전전두엽이 편도체의 과잉 흥분을 억제하는 '하향식 조절'을 수행하게 하며, 격앙된 마음을 가라앉힌다.

5단계 [기억 재구성]: 해마가 흩어진 외상 기억의 조각들을 안전한 맥락 속에 통합하여 고통스러운 과거를 하나의 서사로 재구조화한다.

6단계 [사회적 연결]: 시를 나누는 과정에서 옥시토신이 분비되어 고립감을 해소하고 관계적 치유의 신경학적 마중물을 마련한다.

7단계 [신경가소성의 정착]: 반복적 실천을 통해 정서 조절 회로가 물리적으로 재구조화되며, 외부 자극에도 쉽게 무너지지 않는 '신경학적 회복 탄력성'이 뇌에 뿌리내린다.

8단계 [특성의 변화(Trait Change)]: 형성된 회복 탄력성은 일회적 상태(State)를 넘어 지속적인 삶의 특성(Trait)으로 자리 잡는다. 내담자는 시를 읽지 않는 순간에도 스스로 의미를 발견하고 정서를 다스리는 '시적인 뇌'를 갖게 되는 것이다.

시를 읽는다는 것은 타인의 감정에 접속하고, 미세한 뉘앙스를 느끼며, 마음의 속도를 늦추어 내면을 바라보는 복합적인 과정이다. 이는 곧 정서 공명과 유연한 사고의 실전 연습이다. 그 과정에서 감정의 가시는 둥글어지고, 타인의 마음이 보이기 시작하며, 세상을 대하는 시선과 말씨는 부드러워진다.

시는 아름다운 표현으로 우리 뇌와 마음을 단단하면서도 유연하게 빚어내는 정교한 도구다. 시를 가까이하는 사람은 강하지만 날카롭지 않고, 섬세하지만 불안정하지 않으며, 따뜻하지만 결코 유약하지 않다. 시가 품은 것은 단순한 '낭만'이 아니라, 흩어진 정서를 하나의 맥락으로 엮어내는 뇌의 통합적 의미 생성 능력이다. 이 능력을 매일 사용하는 사람은 자신의 세계를 스스로 아름답게 조형해 나가는 진정한 삶의 예술가라 할 수 있다.

6. 뇌기반 시치유 효과

현대인은 고도의 스트레스와 정서적 고립 속에서 심리적 불균형을 경험하며 살아간다. 세계보건기구(World Health Organization, 2019)는 정신건강 및 심리사회적 지원(MHPSS) 가이드라인을 통해 이러한 정신적 위기를 공중보건의 핵심 과제로 다루고 있다. 다행히 신경과학의 대부 마이클 머제니치(Merzenich, 2013)가 그의 저서 《Soft-wired》에서 강조했듯, 인간의 뇌는 평생에 걸쳐 경험과 훈련에 의해 스스로를 치유하고 회로를 재구성하는 '신경가소성(Neuroplasticity)'을 지니고 있다. 시치유는 바로 이 가소성의 원리를 활용하여, 시라는 언어적 자극으로 뇌의 회로를 건강하게 재배선하는 인문학적 처방이다.

1) 필사: 세 개의 손가락 움직임이 뇌 전체를 재구성하는 원리

뇌의 회로를 바꾸는 가장 효과적인 감각 자극 중 하나는 '손'을 사용하는 것이다. 오드리 반 더 메어 박사는 필사가 타이핑보다 뇌 발달과 학습에 훨씬 유리하다는 사실을 반복적으로 입증해 왔다(van der Meer, 2019). 특히 그녀의 2017년 고밀도 EEG 연구에 따르면, 펜을 쥐고 글을 쓰는 행위는 뇌 전역의 광범위한 네트워크를 활성화한다.

그녀는 '단 세 손가락을 쓰지만, 뇌 전체가 움직인다(Only three fingers write, but the whole brain works)'는 사실을 통해 필사가 뇌의 연결성을 정교하게 높이는 강력한 도구임을 증명했다(van der Meer & van der Weel, 2017). 최근 2024년에 발표된 fMRI 연구(van der Meer, 2024)는 필사가 뇌의 심부 영역까지 아우르는 정교한 연결망을 형성한다는 사실을 시각적으로 입증했다. 디지털 타이핑과 달리 손으로 직접 쓰는 행위는 시각, 촉각, 운동 감각을 통합하여 뇌의 여러 부위가 동시에 소통하게 함으로써 신경가소성을 극대화한다. 이는 시치유 과정에서 왜 눈으로만 읽는 것보다 정성껏 쓰고 소리 내어 읽는 행위가 필수적인지를 보여주는 가장 현대적인 과학적 근거가 된다.

2) 시치유의 신경생물학적 원리: 호르몬의 4계층 구조

베어(Bear et al., 2020) 등이 《Neuroscience: Exploring the Brain》에서 상술한 뇌의 정교한 작동 기제는 시치유 과정에서 구체적인 화학적 변화, 즉 '천연 호르몬 샤워'로 이어진다. 필사와 낭독이라는 복합적 자극이 뇌 안에서 어떻게 순차적으로 치유 호르몬을 활성화하는지 그 원리를 4계층 구조로 체계화하면 다음과 같다.

· 제1계층(기초 단계): 옥시토신(Oxytocin)

정서적 안정의 형성 낭독을 통해 자신의 목소리가 청각적으로 피드백될 때, 뇌는 이를 따뜻한 '누군가와의 소통'으로 인식한다. 이 과정에서 분비되는 옥시토신은 고립감과 불안을 해소하고, 자기 위로(Self-soothing)를 위한 신경적 기반을 형성한다.

· 제2계층(심화 단계): 세로토닌(Serotonin)

필사의 반복적인 리듬과 손의 세밀한 근육 운동은 뇌를 '동적 명상' 상태로 이끈다. 가만히 앉아 마음을 비우는 것이 어려운 현대인들에게, 손을 움직여 시를 써 내려가는 이 과정은 훌륭한 대안이 된다. 펜 끝의 리듬에 의식을 실어 보내는 동안 잡념은 자연스럽게 밀려나고 뇌는 비로소 깊은 평온의 상태에 머문다. 이때 분비되는 세로토닌은 스트레스 호르몬인 코르티솔을 억제하며, 내담자가 과거의 후회나 미래의 불안에서 벗어나 '현재 이 순간'에 온전히 머물게 돕는다.

· 제3계층(고도화 단계): 도파민(Dopamine)

성취감과 동기 부여 한 문장, 혹은 한 편의 시를 필사하여 완성하는 목표 달성의 순간 뇌의 보상 회로가 작동한다. 도파민의 분비는 강렬한 성취감을 제공하며, 이는 단순한 기쁨을 넘어 뇌 구조를 긍정적으로 변화시키는 신경가소성을 촉진하는 원동력이 된다.

· 제4계층(최상위 단계): 베타 엔도르핀(β-Endorphin)

고통의 승화와 의미 회복 시적 언어의 아름다움에 깊이 몰입하거나 영적인 깨달음(Aha-moment)을 얻는 순간, 천연 진통제인 베타 엔도르핀이 분비된다. 이는 심리적 우울감을 상쇄하고 신체적 통증까지 완화하며, 최종적으로 고통스러운 삶의 경험을 의미 있게 승화시키는 단계에 이르게 한다.

계층	핵심가치	핵심 호르몬	역할 및 자극	신체 효과	심리적 경험
제1계층 (기초) 안정	자기 위로 (공감과 연결)	옥시토신 (Oxytocin)	낭독 내 목소리 청각적 피드백	심박수 안정 신경 이완 불안 감소	정서적 안정감 및 유대감 고립감 해소 '누군가와의 연결' 인식
제2계층 (심화) 몰입	안정감 형성 (현존)	세로토닌 (Serotonin)	반복적 필사 오감의 활용 (리드미컬한 자극) 세밀한 손 운동	스트레스 완화 코르티솔 억제 근육 이완	평온함 현재 집중 (명상 효과) 잡생각 소거
제3계층 (고도화) 창조	성취 및 동기 (자기 효능감)	도파민 (Dopamine)	자작시 쓰기 창작 목표 달성	뇌 보상회로 활성화 신경가소성 촉진 동기 부여 강화	지속적 동기 부여 '해냈다'는 강렬한 성취감
제4계층 (최상위) 초월	의미 발견 (초월)	베타 엔드로핀 (β-Endorphin)	깊은 감동 *Aha-moment* 영적 깨달음	통증 완화 NK세포 활성화 면역력 강화	카타르시스(감정의 정화)를 통한 고통의 승화 및 삶의 의미 회복·초월적 경험

표 1 시치유의 신경생물학적 원리: 호르몬의 4계층 구조

*Bear et al.(2020), van der Meer(2017, 2019, 2024) 등의 연구를 바탕으로 저자가 시치유 원리에 맞게 재구성함

*호르몬 4계층 활용 팁

위 표의 호르몬 단계에 따라 부록의 테마별 시 목록 활용은 아래와 같다.

테마 1. 위로와 공감 (제1계층: 옥시토신 - 안정)

테마 2. 관계와 소통 (제2계층: 세로토닌 - 몰입)

테마 3. 성찰과 성장 (제3계층: 도파민 - 창조)

테마 4. 희망과 긍정 (제4계층: 베타 엔드로핀 - 초월)

· 안정·몰입이 필요할 때

부록의 [1. 위로/공감], [2. 관계/소통] 테마의 시를 소리 내어 읽거나 필사를 한다.

뇌과학과 심리학에서 '소통'은 반드시 타인만을 향하지 않는다. 특히 시치유에서 자기 조절(Self-regulation)과 내적 평화에 도달하는 과정은, 뇌가 자기 자신과 나누는 '가장 깊은 차원의 소통'을 의미한다.

·창조·초월을 경험하고 싶을 때

부록의 [3. 성찰/성장], [4. 희망/긍정] 테마의 시를 읽고 나만의 한 줄 시를 덧붙여 본다.

***시치유 단계별 마음 & 컬러 가이드**

· 제1계층 (위로/공감 - 분홍)

옥시토신은 심장을 따뜻하게 안아주며, 분홍색은 공격성을 낮추고 정서적 안정을 주는 색채 심리 효과가 있어, 사랑과 유대감을 상징하는 옥시토신의 역할과 가장 잘 어우러진다.

· 제2계층 (관계/소통 - 초록)

세로토닌은 복잡한 머릿속을 비우고 고요한 현재에 머물게 한다. 초록색은 뇌파를 안정시키고 스트레스를 완화하는 색으로, 세로토닌이 스트레스 호르몬인 코르티솔을 억제하며, 자신과의 깊은 소통을 돕는 원리와 맥락을 같이 한다.

· 제3계층 (성찰/성장 - 노랑)

도파민은 내면의 힘을 깨워 새로운 나를 향해 나아가게 한다. 노란색은 뇌 활동을 자극하고 창의적 사고를 돕는 색상으로, 성취감과 동기를 부여하는 도파민의 기능과 긴밀하게 연결된다.

· 제4계층 (희망/긍정 - 보라)

베타 엔도르핀은 깊은 몰입과 깨달음을 통해 삶의 고통을 승화시킨다. 보라색은 예로부터 치유와 영성, 카타르시스를 상징해 왔으며, 이는 엔도르핀이 선사하는 초월적 경험 및 실존적 치유 효과와 심리적으로 맞닿아 있다.

3) 단계별 치유 프로세스: 단기 효과와 장기 효과

위와 같은 호르몬의 변화는 시간의 흐름에 따라 구체적인 치유 현상으로 나타난다. 시치유의 효과는 우리가 살펴본 4단계 계층 구조에 따라 크게 단기 효과와 장기 효과로 구분할 수 있다.

단기 효과: 즉각적 정서 안정화 (1~2단계: 안정과 몰입)

시를 읽고 소리 내어 읊는 초기 단계에서는 옥시토신이 분비되어 고립감이 해소되고 정서적 유대감이 형성된다. 이어지는 필사 과정에서 세로토닌이 활성화되면 잡생각이 사라지고 '지금 여기'에 집중하는 현존의 경험을 하게 된다. 이 과정에서 막연했던 고통이 시의 언어로 정의되는 '감정 명명화(Affect Labeling)'가 일어나며 정서가 즉각적으로 안정된다.

장기 효과: 뇌 구조의 변화와 회복탄력성 (3~4단계: 창조와 초월)

자작시를 쓰고 창작에 몰입하는 단계에 이르면 도파민이 분비되어 강렬한 성취감과 자기 효능감을 얻게 된다. 이러한 반복적 행위는 신경가소성을 촉진하여 뇌 회로를 재구조화한다. 최종적으로 깊은 깨달음과 함께 베타 엔도르핀이 분비되는 초월의 단계에 들어서면, 카타르시스를 통해 고통이 승화된다. 이는 시를 읽지 않는 일상에서도 정서 조절과 자기 성찰이 가능해지는 근본적인 특성의 변화(Trait change)와 강력한 회복탄력성을 형성하게 한다.

따라서 시치유는 뇌과학이라는 단단한 기초 위에 세워진 가장 인문학적인 회복의 기술이다. 펜을 쥔 손가락 끝에서 시작된 작은 진동이 뇌 전역을 깨우고(Bear et al., 2020; van der Meer, 2024), 마침내 삶을 치유하는 거대한 호르몬의 물결이 되는 것이다.

4) 시치유 알로스테시스(Allostasis) 순환 모델

지금까지 살펴본 필사의 감각 자극과 호르몬의 변화는 결국 하나의 거대한 치유의 수레바퀴, 즉 '시치유 알로스테시스 사이클(Poetry Allostasis Cycle)'로 완성된다. 알로스테시스란 고정된 안정을 뜻하는 항상성(Homeostasis)을 넘어, 변화를 통해 능동적으로 새로운 평형을 찾아가는 역동적 과정을 의미한다. 시를 읽고 쓰는 행위는 단순한 인지 활동이 아니라, 뇌의 물리적 구조를 바꾸어 스트레스에 대응하는 강력한 생물학적 순환이다.

· 1단계: 감각 자극 및 통합 [감각피질 · 편도체]

시적 자극과 능동적 몰입 (Reading & Writing)의 과정으로, 시를 눈으로 보고 소리 내어 읽으며(시각·청각), 세 손가락으로 정성껏 써 내려가는(미세운동) 단계이다. 이 강렬한 감각 자극은 감각피질을 통과하며 불안의 중심인 편도체를 진정시킨다. 동시에 내측 전전두피질(mPFC)이 활성화되면서 비로소 나를 객관적으로 바라보는 '자기 관찰'이 시작된다.

· 2단계: 신경 가소성 형성 [해마 · 전전두엽]

단백질 합성 및 신경영양인자 생성 (Protein Synthesis)을 끌어내는 단계로, 필사는 뇌 전체를 깨우는 강력한 활동이다. 물리적 자극에 반응하여 해마와 전전두엽에서는 신경세포의 성장을 돕는 단백질, BDNF(신경영양인자)를 본격적으로 생성해낸다. 즉, 1단계의 필사가 2단계의 '단백질 공장'을 돌리는 스위치가 되어 뇌가 변화할 준비를 마친다.

· 3단계: 신경망 및 자아 통합 [mPFC · DMN]

신경망 활성화와 깊은 성찰 (Neural Activation & Integration)로 생성된 BDNF는 신경세포를 건강하게 연결하는 '천연 비료' 역할을 한다. 이 영양분을 바탕으로 디폴트 모드 네트워크(DMN)가 활성화되며, 평소 단절되어 있던 감정 중추와 이성 중추가 유기적으로 소통한다. 이 과정에서 고통스러운 기억은 성찰을 통해 새로운 의미의 언어로 재구성되는 '자아 통합(Self-Integration)' 상태에 진입한다.

· 4단계: 생화학적 치유 반응 [복측피개영역(VTA)]

재배선된 신경망을 통해 호르몬 시스템의 재조정(Hormonal Re-regulation)이 일어난다. 옥시토신, 세로토닌, 도파민, 엔드로핀이 순차적으로 쏟아져 나오는 '천연 호르몬 샤워'는 스트레스 호르몬인 코르티솔을 억제한다. 이 과정을 통해 체내의 화학적 균형이 다시 조화롭게 복구된다.

· 5단계: Allostasis 완성 [시상하부]

마지막으로 심신 안정화와 재순환(Stabilization & Feedback)을 통해 사이클이 완성된다. 심박 변이도가 유연해지고 뇌파가 알파파와 세타파로 바뀌며 깊은 평온을 경험하게 된다. 이 최적화된 상태는 "다시 시를 읽고 싶다"는 긍정적인 갈망을 낳아, 치유의 사이클을 다시 1단계로 회전시키는 원동력이 된다.

결국 시치유는 소리 내어 읊는 입술의 울림과 펜을 쥔 손가락 끝의 작은 진동이 만나, 내측 전전두피질이라는 의식의 통로를 거쳐 전신의 호르몬과 세포를 깨우는 생물학적 혁명이다. 시를 읽고 쓰는 동안 우리의 뇌는 고통에 함몰된 과거를 지나, 스스로를 치유하고 성장시키는 '알로스테시스'의 여정을 쉼 없이 이어가게 된다.

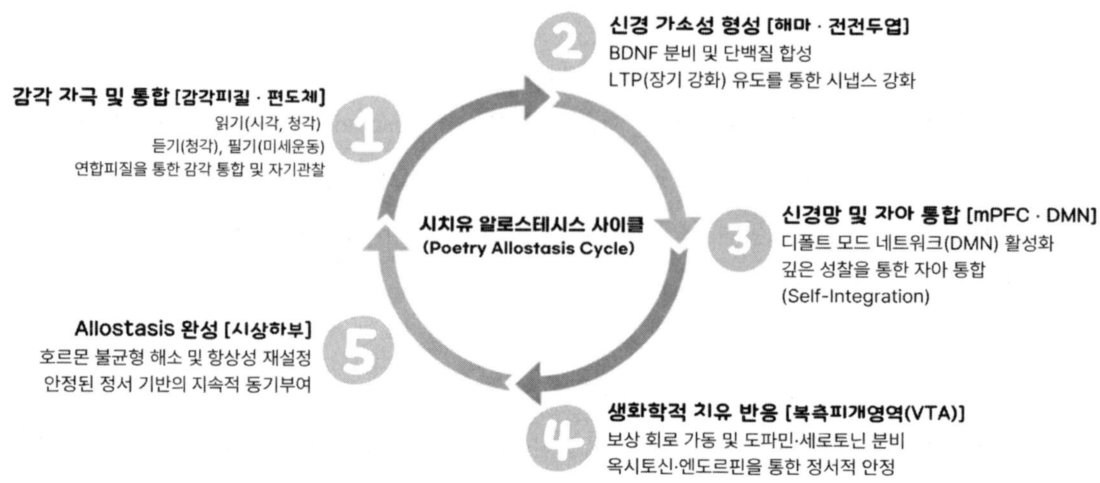

그림 2 시치유 알로스테시스 사이클(Poetry Allostasis Cycle)

5장

AI 시대와 시치유

1. 인간 언어와 AI 언어의 구조적 차이

뇌과학자인 김대식은, "기계가 인간을 뛰어넘는 순간, 인간은 여전히 '인간'일 수 있을까?"라는 질문을 던졌다. 그리고 말했다. "인공지능이 텍스트를 읽고, 이해하고, 요약까지 해주는 시대에 인간의 독서는 어떤 의미를 가질까? 왜 우리는 여전히 직접 책을 읽어야 하는가"

그렇다면 AI 시대, 인간에게 시치유가 왜 필요한가?

Part I의 마지막 장에서 우리는 이 질문에 답하기 위해, Part II로 나아가기 전에 한 번 더 멈춰 생각해보자. 이론적 기초가 완성되는 지점에서, AI라는 새로운 현실 속에서 시치유의 위치를 재확인하는 것이다.

정보 언어는 세상을 명확하게 설명하려는 방식으로 움직인다. 명칭을 붙이고, 구분하고, 분류하고, 구조화하는 특성이 강하다. AI가 수십억 개의 단어를 순식간에 처리할 수 있는 이유는 이 정보 언어의 체계를 확률적으로 계산하기 때문이다. 하지만 정보 언어가 아무리 빠르고 정확하더라도, 인간이 느끼는 감정의 미세한 떨림이나 경험의 온도를 포착하지 못한다.

의미 언어는 맥락과 관계를 전제로 한다. 같은 단어라도 맥락이 다르면 전혀 다른 의미가 된다. 인간의 언어는 단어 자체가 아니라 단어를 둘러싼 관계와 감정의 맥락 속에서 해석된다. 그러므로 그 사람의 경험, 기억, 가치관, 상처의 깊이까지 포함하고 있다. AI는 문장의 패턴을 읽어낼지 모르지만, 단어 사이에 숨겨진 삶의 층위와 고통의 질감까지 체득하지는 못한다.

치유 언어는 형체 없는 고통을 '형태 있는 말'로 정리한다. 감정이 언어라는 집을 찾지 못하고 떠돌아 다닐 때, 인간은 가장 큰 고통을 경험한다. 경험이 단어를 만나면 형태를 갖게 되고, 형태를 얻은 감정은 다룰 수 있게 된다. 치유 언어는 이런 감정들을 안전하게 언어화하도록 돕는다.

이렇게 세 가지 층위에서 작동하는 세 가지 언어를 시는 하나의 형태로 결합한다. 시는 정보 언어의 명료함, 의미 언어의 깊이, 치유 언어의 울림을 동시에 품은 유일한 언어적 형태다. 그러므로 시를 읽을 때 내담자는 사실을 있는 그대로 수용하고, 그 사실을 자신만의 맥락에서 해석하며, 그 과정에서 감정이 정돈되는 경험을 한다.

AI는 정답을 내놓지만, 시는 질문을 던지게 한다.

2. 시의 신경학적 역할: 성찰의 모드

시를 읽고 낭송하는 행위는 감상에 그치지 않고, 뇌의 회로를 재구성하는 고도의 인지적 활동이다. 시적 언어는 리듬과 비유를 통해 감정의 중추인 변연계와 이를 조절하는 전전두피질을 동시에 활성화하며, 인간의 뇌를 '정보 처리' 상태에서 '성찰과 공감'의 상태로 전환시킨다.

이 과정에서 가장 결정적인 역할을 하는 곳은 내측 전전두피질(mPFC)이다. 신경생물학적 관점에서 감정 상태에 의식적으로 개입하여 이를 변화시킬 수 있는 유일한 통로는 '자기 관찰'이며, 그 중심에 바로 내측 전전두피질이 있기 때문이다(van der Kolk, 2014). 편도체와 뇌간이 생존을 위해 반사적이고 무의식적인 감정을 쏟아낼 때, 내측 전전두피질은 '지금 내 안에서 무슨 일이 일어나고 있는가?를 알아차리며 날것으로 반응하는 감정에 브레이크를 건다.

호너 등(Horner et al., 2024)의 연구는 이러한 정서 조절 과정이 고도의 인지 자원을 필요로 한다는 점을 증명했다. 부정적인 자극을 시적 상상력으로 재해석할 때 활성화되는 오른쪽 배외측 전전두피질은 우리의 작업기억(Working Memory) 능력과 정적인 상관관계를 보였다. 시를 통해 모호한 슬픔을 구체적인 언어로 변환하는 과정은 뇌가 가진 최상위 인지 자원을 동원하여 정서적 상태를 능동적으로 재구성하는 '인격적 투쟁'인 셈이다.

김을호(2025)는 저서 《태도는 카피가 안 된다》에서 "기술이 당신보다 빠를 수 있어도 당신의 품격은 복제할 수 없다"고 단언했다. 이를 뇌과학적으로 풀이하자면, AI가 수행하는 정보의 연산은 '정확성'에 특화되어 있지만, 인간이 시를 읽으며 수행하는 '인지적 재평가'는 고통을 품격으로 승화시키는 '태도'의 영역에 속한다.

AI는 시적 문장을 대량으로 생산할 수 있지만, 그 문장에는 삶의 상처를 통과하며 만들어낸 '신경학적 울림'이 없다. AI는 고통을 데이터로 연산할 뿐, 인간처럼 고통을 온몸으로 체감하며 성찰의 모드로 나아가는 절박한 회로를 가지고 있지 않기 때문이다. 감정을 설명하는 논리는 복제할 수 있어도, 감정을 직접 관찰하고 조절하여 존재의 변화를 이끌어내는 내측 전전두피질의 의식적 투쟁은 오직 인간만의 영역이다. 시를 읽고 쓰는 행위는 뇌를 가장 인간다운 방식으로 사용함으로써, 기계가 흉내 낼 수 없는 인간 존재의 품격을 증명하는 일이다.

기술이 인간의 지능을 앞지르며 더욱 정교해지겠지만 타인의 슬픔에 공명하는 거울신경계의 울림과 자신의 상처를 시적 언어로 승화시키는 인간 고유의 능력은 결코 복제될 수 없다. 결국, 시의 세계가 인간의 영역으로 남는 이유는, 시야말로 가장 인간다운 방식으로 뇌를 사용하며 우리의 존재적 품격을 증명하는 행위이기 때문이다.

3. AI 시대, 왜 '시'인가?

박태웅 녹서포럼 의장은 그의 저서 《AI 강의 2025》에서 "AI는 축복으로 가장된 저주일 수 있다"고 경고한다. 우리가 편리함에 길들여져 스스로 '사고하기'를 멈추는 것이 가장 위험하다는 뜻이다. 모든 정답을 AI가 대신 찾아주는 시대에, 시치유는 우리가 스스로 느끼고 생각하는 '인간'으로 남게 돕는 핵심 요체가 된다.

1) AI 시대, 우리 마음이 직면한 위기

인공지능에 의존할수록 우리 뇌와 마음은 다음과 같은 신경학적 위기를 겪는다.

첫째, 마음을 표현하는 힘이 약해진다. AI의 자동 완성 기능에 의존하다 보면, 미묘한 감정을 나만의 언어로 정밀하게 인출(Recall)하는 뇌의 회로가 퇴화한다. 이는 전전두엽의 정서 조절 기능을 약화시킨다

둘째, 정서적 고립이 깊어진다. 기계와의 대화는 빠르지만 사람 사이의 따뜻한 공명이 없다. 정서적 교감이 줄어들면 스트레스 조절 체계에 과부하가 걸리고 만성적인 불안에 놓이기 쉽다.

셋째, 모호함을 견디는 능력이 사라진다. AI는 늘 명확한 답을 주지만, 우리 삶은 늘 정답 없는 문제들로 가득하다. 스스로 생각하기를 멈춘 뇌는 삶의 작은 불확실성 앞에서도 쉽게 무너진다.

넷째, 타인의 아픔에 무뎌진다. 데이터로만 소통하며 타인의 눈빛과 숨결을 마주하는 시간이 줄어들면, 타인의 감정에 공명하는 거울신경계가 서서히 잠들게 된다.

2) 시치유가 주는 회복의 선물

이러한 위기 속에서 시는 우리 뇌에 가장 인간다운 자극을 전달한다.

· 감각으로 공감하기: 시는 슬픔을 관념적으로 설명하지 않고 '젖은 구두' 같은 구체적 이미지로 보여준다. 우리 뇌는 이 시각적 정보를 체화된 인지(Embodied Cognition)를 통해 실제 감각처럼 생생하게 재현하며 잠들었던 공감 회로를 다시 가동한다.

· 여백에서 의미 찾기: 시는 정답을 주지 않는다. 비어 있는 공간(여백)을 내 경험으로 채우는 과정에서 삶의 모호함을 견디고 해석하는 마음의 맷집이 길러진다.

· 나만의 서사 쓰기: 직접 시를 쓰는 행위는 AI에게 넘겨주었던 삶의 주도권을 다시 찾아오는 일이다. 내 감정을 내 언어로 정의할 때 우리 뇌는 비로소 안정을 찾는다.

3) 교육과 상담의 변화

이제 교육과 상담은 지식을 전달하는 수준이 아니라 삶의 의미를 스스로 만드는 능력을 길러주어야 한다.

· 교육 현장: 학생들은 디지털 기기에서 잠시 벗어나 시를 통해 깊이 생각하는 법을 배운다. 이는 친구와 마음으로 소통하는 공감 교육의 기초가 된다.

· 상담 현장: 상담사는 이제 정보를 주는 사람이 아니라, 내담자가 자기 삶의 파편들을 모아 한 편의 아름다운 시(서사)로 엮어내도록 돕는 '의미의 길잡이' 역할을 수행한다.

4) 가장 인간답게 남기 위하여

AI가 아무리 발전해도 인간의 감정을 깊이 해석하고 삶의 가치를 찾아내는 일은 기계가 대신할 수 없다. 시를 읽고 쓰는 것은 단순히 글을 짓는 행위가 아니다. 그것은 기술의 시대에 여전히 '사람'으로 남겠다는 가장 숭고하면서도 아름다운 저항이다.

4. 전두엽을 쓰는 삶: 치유에서 생존으로

한때 인간의 아픔은 주로 정서적 결핍에서 비롯되었다. 주양육자의 따뜻한 보살핌을 충분히 받지 못한 아이들은 변연계가 미성숙한 채 성장했고, 감정을 느끼되 말로 표현하지 못해 몸과 삶으로 고통을 드러내곤 했다. 그 시절의 회복은 무엇보다 관계의 회복과 '정서적 안전감'을 다시 경험하는 데 있었다.

그러나 지금 우리가 마주한 아픔의 양상은 과거와 사뭇 다르다. 오늘의 아이들과 현대인들은 이전보다 훨씬 더 많은 물질적 풍요와 돌봄을 구가하는 것처럼 보이지만, 내면은 그 어느 때보다 불안하고 산만하다. 자신의 감정과 생각을 한 문장으로 정리하지 못한 채 표류하는 이들이 늘어만 간다. 그 이유는 분명하다. 스마트폰, SNS, 그리고 정교한 알고리즘과 같은 기계들이 인간의 뇌를 끊임없이 점유하고 있기 때문이다. 이제 문제는 애착의 결핍을 넘어, 사고와 판단의 주도권 자체가 외부로 넘어가 버린 '전두엽 상실'의 위기다.

이 시대의 핵심 과제는 변연계의 안정을 넘어선 전두엽의 회복과 발달이다. 전두엽은 충동을 조절하고, 생각을 계획하며, 감정을 언어로 통합하고, "나는 무엇을 선택할 것인가"를 묻는 고귀한 자리다. 전두엽은 저절로 자라지 않는다. 근육이 저항을 통해 단단해지듯, 전두엽 역시 모호함을 견디고 질문을 던지는 '사유의 노동'을 통해서만 발달한다. 하지만 현대의 기술 환경은 생각할 틈을 주지 않은 채 즉각적인 보상(도파민)만 쏟아붓는다. 알고리즘이 내 취향을 대신 결정해 주는 시대에, 우리의 전두엽은 점차 '인지적 비활성' 상태로 빠져들고 있다.

그러므로 하루의 시작에 시를 읽고 쓰는 것은 단순히 정서를 달래는 행위가 아니다. 그것은 외부 자극이 뇌를 점령하기 전, 잠든 전두엽을 깨워 내 삶의 주도권을 탈환하는 의식이다. 쓰고 읽는 일은 뇌의 처리 속도를 늦추어(Slow Thinking), 타인의 사고를 내 언어로 통합하는 '인간만의 고유한 회로'를 가동시킨다.

문제는 우리가 발 딛고 있는 현대의 기술 환경이 전두엽이 개입할 틈을 허락하지 않는다는 점이다. 생각하지 않아도 답이 주어지고, 기다리지 않아도 자극이 쏟아지는 인공지능의 환경 속에서 전두엽은 점차 설 자리를 잃고 퇴화해간다. 스스로 사유하며 회로를 구축해야 할 뇌의 노동을 알고리즘이 대신해주기 때문이다.

그래서 지금은 의식적으로 몸과 말과 글을 다시 사용해야 하는 시대다. 손가락을 움직여 시를 쓰는 활동은 말운동신경과 전두엽을 동시에 자극하고, 입으로 시를 읊는 행위는 흩어진 생각의 파편들을 하나의 문장으로 묶어낸다. 특히 하루의 시작에 시를 읽고 자신에게 말을 건네는 일은, 외부 자극이 뇌를 점령하기 전에 전두엽이 깨어나 내 삶의 방향을 직접 선택하고 결정하는 시간이다. 쓰고 읽는 일은 생각의 속도를 늦추고, 타인의 사고를 깊이 있게 따라가며, 그것을 다시 '나의 언어'로 통합하게 만든다.

이제 읽고, 쓰고, 말하는 일은 지식 습득을 위한 학습의 차원을 넘어선다. 그것은 인공지능(AI)과 공존해야 하는 시대에 인간이 인간다움을 지키기 위해 반드시 붙잡아야 할 능력, 곧 스스로 생각하고 선택하는 힘이다. 사랑만으로 충분하지 않은 시대에 전두엽을 쓰는 삶은 치유를 넘어선 생존의 과제가 되었다. 우리는 더 이상 알고리즘에 떠밀려갈 수 없다. 생각하는 힘을 직접 쓰며, 스스로의 방향으로 살아가야 한다.

5. AI 시대의 인간 회복 과제로서의 시치유

지금까지 Part I에서 논의한 내용을 종합하면, 시치유는 단순한 심리 기법을 넘어 인간 존재의 본질을 회복하기 위한 필수적 실천임을 알 수 있다.

· 심리학적 관점에서 시는 감정을 정교하게 구조화하고 트라우마를 안전하게 언어화함으로써, 자기 이해의 지평을 넓히고 회복탄력성을 강화한다.

· 인문학적 관점에서 시는 인간을 고유한 사유의 주체로 세우며, 파편화된 삶의 경험 속에 숨겨진 의미를 새롭게 조직하도록 돕는다.

· 신경과학적 관점에서 시는 감정의 흥분(편도체)과 인지적 성찰(전전두엽)의 불균형을 완화한다. 특히 고도의 인지 자원을 동원해 정서를 재구성하는 과정은 뇌 회로를 건강하게 재구조화하는 실질적인 변화를 이끌어낸다.

이 세 가지 학문적 토대가 교차하는 지점에서, 시치유는 AI가 결코 흉내 낼 수 없는 인간만의 깊이 있고 회복적인 실천이 된다. 기술이 정답을 제시할 수는 있어도, 삶의 상처를 통과하며 얻어지는 '태도'와 '품격'까지 복제할 수는 없기 때문이다.

이제 Part I에서 다진 심리학, 인문학, 신경과학이라는 세 개의 기둥을 바탕으로, Part II에서는 시치유의 구체적인 원리와 방법론을 살펴보고자 한다. 시적 언어가 인간의 내면에서 어떻게 작동하는지, 그리고 읽기와 쓰기, 나누기라는 단계별 과정이 상담 현장에서 어떻게 실제적인 치유의 역동을 만들어내는지 탐구할 것이다.

시치유는 이제 명료한 이론의 영역을 지나, 뜨거운 삶의 실천 영역으로 들어선다.

Part Ⅱ

시치유의 원리와 방법

1장

시적 언어와 상징

1. 시치유의 핵심 원리

시치유의 원리는 특정 학자의 단일 이론에서 비롯된 것이 아니라, 하인즈와 하인즈베리, 마짜 등의 연구와 로젠블랫의 문학 반응 이론, 화이트와 앱스턴의 이야기치료 개념을 종합하여 정리할 수 있다. 이를 다섯 가지로 요약하면 다음과 같으며, 각 원리는 독립적으로 작용하기보다는 유기적으로 연결되어 치유 효과를 만들어낸다.

특히 외부화는 다른 모든 원리의 출발점이 된다. 내면의 정서를 밖으로 꺼내지 않고는 상징화도, 통합도, 공유도 불가능하기 때문이다. 따라서 시치유 과정에서 가장 먼저 안전한 환경에서의 정서 표현을 촉진하는 것이 중요하다.

1) 외부화 (Externalization)

시 쓰기를 통해 억압된 정서를 언어로 표현할 때, 내담자는 자신의 감정을 자기와 분리된 객관적 대상으로 바라볼 수 있다. 이것이 외부화다.

이 과정이 가능한 이유는 신경학적 메커니즘에 있다. 정서를 언어화하는 순간, 전전두엽의 배외측 영역이 활성화되어 편도체의 과도한 정서 반응을 조절한다. 배외측 영역은 사춘기 이후 크게 발달하는 사고하는 뇌 영역으로, 감정에 이름을 붙이는 '감정 명명화'의 신경학적 기초다. 감정에 이름을 붙이는 것만으로도 정서적 각성이 감소한다는 연구 결과가 있다(Lieberman et al., 2007). 다시 말해, 심리적으로 경험되는 객관화는 뇌에서 배외측이 편도체를 조절하는 신경생리적 과정이 언어화되는 것이다. 내담자가 시로 정서를 표현하면서 동시에 뇌의 상위 조절 기능이 활성화되어, 그 감정을 바라보고 재해석할 수 있는 심리적 거리를 확보하게 된다.

실천 예시를 들면, 내담자가 '나는 슬프다'를 '내 안에 무거운 돌이 있다'로 표현할 때, 슬픔은 '나'에서 분리되어 관찰 가능한 대상이 된다. 이 순간 배외측이 활성화되어 편도체의 반응을 조절하면서, 심리적으로는 그 무거운 돌을 들었다 놓았다 할 수 있는 거리감을 확보하는 것이다.

2) 상징과 비유 (Symbol & Metaphor)

직접적으로 말하기 어려운 감정과 경험을 비유와 상징을 통해 내담자는 안전하게 탐색할 수 있다. 시의 비유적 표현은 내면의 깊이를 드러내며, 방어기제를 낮추어 심층적 탐색을 돕는다.

이것이 가능한 이유는 뇌의 양쪽 반구가 서로 다른 방식으로 언어를 처리하기 때문이다. 비유와 상징을 처리할 때 우반구가 활성화되며, 특히 우측 측두엽과 전전두엽이 비유적 의미를 통합한다. 좌반구는 '나는 슬프다'와 같은 직접적이고 명확한 언어를 처리하지만, 우반구는 '어둠 속의 상자'와 같은 비유적 표현을 처리하면서 무의식적 정서에 직접 접근한다(Mashal et al., 2007). 다시 말해, 상징과 비유를 통해 표현할 때 내담자는 좌반구의 이성적 검열을 우회하고, 우반구의 직관적·정서적 처리를 활성화함으로써 심층에 있던 감정에 더 쉽게 닿을 수 있다. 이것이 '어둠 속의 상자'라는 표현이 단순한 이미지가 아니라 트라우마의 심층적 본질을 드러내게 하는 신경학적 작동 원리다.

실천 예시를 들면, 내담자가 트라우마를 '어둠 속의 상자'로, 회복을 '새벽의 첫 빛'으로 표현할 때, 고통스러운 기억은 직접적인 말로는 불가능했던 안전한 거리에서 다루어진다.

‘상자’라는 물리적 대상이 심리적 방어막이 되고, ‘새벽의 빛’이라는 이미지는 회복의 구체적 희망이 된다. 우반구의 비유적 처리가 이 둘을 동시에 가능하게 하는 것이다.

3) 반복과 구조 (Repetition & Structure)

시 읽기·쓰기의 반복적 행위와 시의 리듬·형식은 정서 안정과 자기 조절에 기여한다. 예측 가능한 구조는 혼란스러운 내면에 질서를 부여한다.

반복적인 시 경험은 정서 관련 뇌 회로의 신경가소성을 촉진해 정서 통합을 돕는다. 특히 리듬과 운율은 기저핵과 소뇌를 활성화하여 안정감을 제공하며, 규칙적 패턴은 전전두엽의 실행 기능을 강화한다. 또한, 반복 학습은 해마에서 편도체로의 정서 기억 재공고화(reconsolidation)를 촉진하여 트라우마 기억의 정서 강도를 조절한다.

실천 예시를 들면, 매일 아침 시 한 편을 필사하기나, 하이쿠, 소네트, 디카시 형식으로 글쓰기를 반복하면서 내면의 안정감을 키울 수 있다.

4) 정서 통합 (Emotional Integration)

긍정적·부정적 감정을 언어화함으로써 자기 정체성을 강화하고, 정서와 인지의 통합을 가능하게 한다. 분리되었던 감정 조각들이 하나의 내러티브로 엮인다.

정서 통합은 편도체(정서)-해마(기억)-전전두엽(인지)을 연결하는 신경회로의 통합적 작동을 통해 이루어진다. 시 쓰기는 이 세 영역을 동시에 활성화하여 정서적 기억을 인지적으로 재구성하고, 자전적 기억의 일관성을 높인다. 이 과정에서 디폴트 모드 네트워크(DMN)가 활성화되어 자기 성찰과 정체성 형성을 촉진한다.

실천 예시를 들면, 과거의 아픔, 현재의 분노, 미래의 희망을 하나의 시로 엮으면서 ‘나는 이런 사람이다’라는 통합된 자기상을 구성하는 것이다.

5) 상호작용과 공유 (Interaction & Sharing)

시를 읽고 쓰고 나누는 집단적 과정에서 내담자는 사회적 지지와 공감을 경험한다. 마짜(Mazza, 1999)는 이를 '상호작용적 모델(Interactional Model)'이라 명명하며 시치유의 핵심 원리로 강조하였는데, 이때 일어나는 타인의 반응은 내담자의 자기 이해를 확장하고 깊은 소속감을 제공한다.

이 과정이 일어나는 신경학적 기초는 뇌의 사회적 회로에 있다. 타인의 시를 들으면서 거울신경계가 활성화되어 공감과 정서적 공명이 일어난다. 동시에 사회적 연결감은 옥시토신 분비를 촉진하여 스트레스를 완화시킨다. 나아가 집단에서 자신의 시에 대해 긍정적인 반응을 받을 때, 복내측 전전두엽이 활성화되어 긍정적 자기 평가가 강화되고, 뇌의 보상 중추가 자극되어 자존감이 높아진다. 다시 말해, 타인의 공감적 반응은 단순한 심리적 위로가 아니라 뇌의 여러 영역이 동시에 작동하는 신경생리적 보상 체계다. 집단 시치유에서 경험되는 '나도 혼자가 아니다'라는 느낌, '내 경험이 의미 있다'는 확신은 거울신경계, 옥시토신, 보상 중추가 함께 활성화되는 신경학적 과정이 심리적으로 표현되는 것이다.

실천 예시를 들면, 집단 시치유 세션에서 한 참여자가 자신의 시를 낭독할 때, 다른 참여자들이 "저도 같은 감정을 느껴봤어요", "그 표현이 정말 공감돼요"라고 반응한다. 그 순간 낭독자는 자신의 시에 담긴 개인적 경험이 타인의 경험과 연결되어 있음을 깨닫고, 동시에 뇌의 거울신경계가 다른 사람들의 공감을 신경학적으로 처리하면서 깊은 소속감을 경험한다. 이것이 상호작용과 공유의 치유 힘이다.

2. 시적 언어의 심리적 작용

시의 언어는 사실 전달을 우선하는 일상어와 목적이 다르다. 일상어가 현상을 구분하고 정리하는 언어라면, 시는 의미를 압축해 감정을 흔들어 깨운다. 프랑스 시인 폴 발레리가 《해변의 묘지》에서 보여준 것처럼, 압축된 언어를 만날 때 독자는 머리보다 가슴이 먼저 반응한다. 시의 언어가 마음에 닿는 힘은 바로 이 응축과 울림이다.

1) 여백과 자기 경험 채우기

시는 모든 것을 말하지 않고 의도적인 여백을 남긴다. 신경과학적으로 볼 때, 뇌는 불완전한 정보를 만났을 때 이를 완결시키려는 '능동적 추론' 기전이 작동한다. 독자는 시의 빈자리에 자신의 기억과 상처를 투사(Projection)하여 그 공백을 채워 넣는다. 같은 시를 읽고도 서로 다른 장면이 떠오르는 이유가 여기에 있다. 이 여백은 상담에서 중요한 포인트가 된다. 내담자는 시의 빈자리에 자신의 말을 얹어, 스스로의 경험을 다시 바라본다. 직접 말하면 버거운 감정도 상징의 그늘 아래에서는 순한 모습을 드러낸다. 즉, 시의 여백은 내담자의 무의식이 검열을 피해 걸어 나오는 '안전한 광장'이 된다.

2) 감정의 흐름과 재명명

감정은 본래 흘러야 하는 에너지이지만, 적절한 단어를 찾지 못하면 신체 내부에 고여 만성적인 긴장을 유발한다. '먹먹하다', '시리다'와 같은 시적 표현을 만나는 순간, 모호했던 감정은 정서적 환기(Catharsis)를 경험하며 흐를 방향을 찾는다. 이는 뇌의 편도체 활성을 낮추고 미주신경을 자극하여 신체적 안정감을 회복시킨다. 문제를 바꾸는 대신 문제를 바라보는 시선을 바꾸는 이 과정은 존재의 의미를 다시 세우는 재명명(Relabeling)과 재구성(Reframing)의 핵심이다.

3) 낯설게 하기와 관점의 전환

시는 익숙한 고통을 낯선 비유로 보게 함으로써 인지적 전환을 일으킨다. "나는 우울하다"는 표현은 익숙한 절망에 가깝지만, "내 마음은 마른 우물이다"라고 말하는 순간 고통은 관찰 가능한 '사물'이 된다. 러시아 형식주의자 슈클로브스키(Shklovsky, 1917)가 주창한 '낯설게 하기(Defamiliarization)'는 시치유에서 매우 중요한 도구다. 이는 뇌과학적으로 자동화된 사고 회로를 끊고 새로운 신경 경로를 탐색하게 만드는 고도의 인지 작업이다. 내담자는 비유라는 낯선 거울을 통해 고착된 감정에서 벗어나 새로운 삶의 가능성을 발견하게 된다.

3. 수사법: 감정의 압축과 우회적 표현

시의 언어는 이성과 감성을 동시에 흔들어 깨우며, 사유의 깊이를 여는 장치로서 기능한다. 그 작용을 가장 뚜렷하게 드러내는 것이 비유, 환유, 그리고 의인화다.

1) 비유 (Metaphor)

비유는 설명하기 어려운 내면의 추상적 감정(원관념)과 눈에 보이는 구체적 사물(보조관념)이라는 서로 다른 두 대상을 연결하여 새로운 의미를 창조한다. 가령 '그의 마음은 얼어붙은 호수다'라는 구절은 차가움, 고립, 정지된 정서적 상태를 단번에 가시화한다. 이처럼 비유는 고통과 내담자 사이에 '심리적 완충지대'를 형성한다. 직접적인 고백이 주는 공포를 상징적 이미지로 감싸줌으로써, 내담자가 자신의 상처에 압도당하지 않고 안전하게 관찰할 수 있는 심리적 거리를 확보하게 하는 것이다.

2) 환유 (Metonymy)

환유는 특정 사물에 감정이 응축되는 현상으로, 사물의 일부나 속성을 통해 전체를 암시한다. 가령 '텅 빈 의자'라는 표현은 곧 부재와 상실, 외로움의 상징이 된다. 내담자가 환유적 언어를 사용하는 것은 직접 말하기 어려운 거대한 감정을 작은 사물을 통해 우회적으로 표현하는 방식이다. 이러한 환유적 언어를 정신분석적 관점으로 보면, 특정 사물에 자신의 리비도나 정서를 응집시킨 결과라 할 수 있다. 이때 '텅 빈 의자'는 단순한 가구가 아니라 내담자의 결핍된 대상관계를 투사하는 강력한 매개체가 된다. 상담사는 이러한 환유적 이미지를 단서 삼아 내담자의 마음속 깊은 곳에 숨겨진 욕구와 상처를 정밀하게 탐색할 수 있다.

3) 의인화 (Personification)

의인화는 인간의 속성을 사물이나 자연에 부여하는 기법이다. 가령 '바람이 나를 위로한다'라는 말은 극한의 외로움 속에서 세상과의 연결망을 복원하려는 무의식적 시도를 드러낸다. 내담자의 의인화 표현은 무생물이나 자연을 매개로 관계에 대한 갈망을 투사하는 경우가 많은데, 이는 자신의 고통을 알아주는 존재를 스스로 창조함으로써 정서적 결핍을 채우려는 심리적 생존 본능이다. 이처럼 무생물을 인격체로 대우하며 위로받는 행위는, 타인에게 받지 못한 돌봄을 스스로에게 제공하려는 자기 연민(Self-compassion)의 첫걸음이 된다. 의인화는 고립된 내담자가 다시 세상과 관계 맺기를 시도하는 치유적 가능성의 신호인 것이다.

수사법은 단순히 글을 멋지게 꾸미는 기술이 아니다. 상담사는 내담자가 자신도 모르게 흘린 마음의 파편들을 시적 언어로 가만히 엮어줄 뿐이다. 그렇게 제멋대로 흩어져 있던 고통이 시라는 그릇에 담겨 제 이름을 찾는 순간, 막혔던 마음은 뚫리고 비로소 치유는 시작된다.

4. 시적 상징: 무의식과 내면의 연결

상징은 무의식이 건네는 말이다. 프로이트는 이를 개인의 숨겨진 욕망이라 했고, 융은 인류 공통의 마음이 길을 내는 방식이라 했다. 시적 상징은 그래서 한 개인의 사연을 넘어 우리 모두의 이야기가 된다.

1) 상징 속에 숨은 마음 찾기

'배', '문', '숲' 같은 소재들이 시에 자주 등장하는 건 그 안에 길을 찾고, 경계를 넘고, 길을 잃었다가 다시 돌아오는 우리 마음의 지도가 그려져 있기 때문이다. "어두운 숲을 걷고 있다"는 말은 길을 잃은 두려움인 동시에, 어떻게든 길을 찾겠다는 간절한 의지이기도 하다. 상징은 말로 다 못 할 마음을 담는 그릇이며, 차마 직접 말하지 못한 진심을 꺼내놓는 출구가 된다.

2) 무의식에서 의식으로 건너가는 다리

무의식은 깊은 바닷속 같아서 그냥은 들여다보기 어렵다. 하지만 시적 언어를 빌리면 무의식과 의식 사이에 다리가 놓인다. "나는 갇혀 있다"는 짧은 묘사 한 줄이 튀어나오는 순간, 꾹 눌려 있던 무의식은 비로소 말을 걸기 시작한다. 막연한 불안이 구체적인 문장으로 변할 때, 우리는 '마음'이라는 깊은 바다를 눈으로 보고 다독일 수 있게 된다.

3) 삶을 다시 쓰는 상징의 힘

상징은 치유의 길을 내기도 한다. 내담자는 시를 쓰며 절망의 상징을 희망의 상징으로 바꿔 나간다. 낡은 상징을 버리고 새로운 상징을 찾는 과정은 곧 내 삶을 다시 서술하는 과정이다. 과거의 고통에 새로운 이름을 붙여주는 이 시적 체험을 통해, 내담자는 상처를 딛고 일어설 힘을 얻는다.

2장

시치유의 기본 구조

1. 시치유(Poetry Therapy)의 5단계

치유는 왜 단계가 필요할까? 시치유는 시적 언어와 상징을 상담에 도입하여, 내담자가 자기 감정을 탐색하고 성찰할 수 있도록 돕는 심리학적 개입이다. 시 한 편을 읽고 쓰는 것만으로도 치유가 일어날 수 있지만, 체계적인 단계를 거칠 때 더 깊고 지속적인 변화가 가능하다. 그러므로 안정성과 효과를 보장하기 위해 일정한 구조와 단계를 따라야 한다. 다만 내담자의 상황, 준비도, 심리적 상태에 따라 단계의 순서나 강도를 조정할 수 있으며, 상담사의 전문적 판단과 내담자의 필요에 맞춰 탄력적으로 적용하는 것이 중요하다.

니콜라스 마짜(Nicholas Mazza)는 시치료의 체계적 구조를 확립한 선구자로서, 치료 과정을 5단계로 정리했다. 마짜의 5단계 모델은 ① 도입(Introduction/Warm-up) → ② 인식(Recognition) → ③ 검토(Examination) → ④ 병치(Juxtaposition) → ⑤ 적용(Application to Self)으로 구성되며, 이는 오늘날 전 세계 시치료 실무의 표준 프레임워크로 자리 잡았다. 이 모델의 핵심은 내담자가 시를 통해 자신의 감정을 안전하게 인식하고(Recognition), 타인의 경험과 비교하며(Juxtaposition), 최종적으로 자기 삶에 적용(Application)하는 순환적 과정에 있다.

마짜는 특히 '병치(Juxtaposition)' 단계를 강조했는데, 이는 내담자가 시 속의 경험과 자신의 경험을 나란히 놓고 비교하면서 새로운 통찰을 얻는 과정이다. 예를 들어, 타인이 쓴 시를 읽으면서 '나도 그런 감정을 느꼈구나'라는 보편성을 발견하거나, 반대로 '나의 경험은 이와 다르구나'라는 차이를 인식하는 것 모두가 치유적 가치를 지닌다. 이러한 비교와 대조의 과정에서 내담자는 자신의 감정을 더욱 명확히 이해하게 된다.

학계에서 공통적으로 강조되는 독서치료의 구조는 준비, 성찰, 표현, 공유, 통합의 다섯 단계이다. 이 5단계의 기본 틀은 1960년대 리디(Leedy)의 연구(1969)에서 확인되며, 하인스와 하인스-베리(Hynes & Hynes-Berry, 1986) 및 프라이(Frye, 1987) 등에 의해 준비(Warm-up)부터 통합(Closure, Integration)으로 이어지는 구조로 정립되었다. 즉, 준비와 탐색에서 시작해 표현과 공유를 거쳐 통합으로 마무리하는 이 틀은 독서치료의 단계을 조직하는 공통된 원리이다.

이 교재에서는 마짜의 5단계 모델을 기반으로 하되, 리디의 연구와 하인스와 하인스-베리의 모델을 통합하여 한국 상담 현장에 적합한 도입(Warm Opening) → 탐색(Exploration) → 표현(Expression) → 공유(Sharing) → 통합(Integration)의 5단계 구조로 재구성하였다. 마짜의 '인식'과 '검토' 단계는 본 교재의 '탐색' 단계에, '병치' 단계는 '공유' 단계에, '자기 적용' 단계는 '통합' 단계에 각각 포함하였다. 이 단계 역시 고정적인 것이 아니라 상황에 따라 적절히 조절하여 유동적으로 진행할 수 있다.

아울러 미리 알려둘 것은, 첫 단계인 '도입'의 영어 표기이다. 시치유 첫 단계를 'Warm Opening(도입)'으로 표기한 이유는, 이 단계가 마음을 여는 과정이기 때문이다. 마짜는 이를 'Warm-up' 또는 'Introduction'으로 명명했으며, 심리상담이나 예술치료에서는 'Opening', 'Pre-Session' 등의 용어도 사용되지만, 각각의 뉘앙스는 조금씩 다르다. 'Introduction'은 일반적인 시작을 뜻하고, 'Warm-up'은 활동 중심의 신체적 준비를, 'Pre-Session'은 행정적 점검의 의미를 담고 있다. 반면 'Warm Opening'은 정서적 온기를 지닌 말로, 참여자가 안전한 분위기 속에서 자신의 마음을 자연스럽게 열도록 돕는다는 시치유의 본질과 가장 잘 맞는다.

1) 도입(Warm Opening)

내담자가 심리적 안전감을 느끼도록 돕는 과정이다. 이 단계는 라포(rapport) 형성과 치료적 계약(therapeutic contract)이 매우 중요하다. 내담자가 마음의 문을 여는 단계이므로 상담사가 만드는 첫인상과 분위기는 전체 단계의 성패를 좌우한다.

(1) 환경 조성과 안내

상담사는 단계의 목적과 진행 방식을 명확히 안내한다. 집단 상담의 경우 비밀 보장과 상호 존중의 원칙을 명시하며, "이 공간에서 나눈 이야기는 이 공간에만 머물러 있습니다"라는 확언을 통해 심리적 안전망을 구축한다.

(2) 워밍업 활동

긴장을 풀고 현재 순간에 집중하도록 돕는 활동이 필요하다.

- 간단한 체크인: "오늘 선생님의 마음 날씨는 어떤가요?"
- 호흡 명상: 3분간 호흡에 집중하기
- 감정 카드: 지금 내 마음과 가장 가까운 카드 선택하기

(3) 관계 형성의 시작

이 단계는 단순한 준비가 아니라 치료적 관계의 시작점이다. 상담사의 따뜻한 눈빛, 공감적 고개 끄덕임, "천천히 해도 괜찮아요"라는 허용적 언어가 내담자에게 '여기는 안전한 곳'이라는 메시지를 전달한다.

TIP: 도입 단계 첫 만남에서는 5분 이상 워밍업에 할애하는 것이 좋다. 긴장을 풀지 않은 상태에서 서둘러 진행하는 조급함은 오히려 역효과를 낳는다.

2) 탐색(Exploration)

도입을 통해 마음의 문을 연 내담자는 이제 자신의 정서를 의식화하는 탐색 단계로 나아간다. 이는 '인식(Recognition)'과 '검토(Examination)' 단계에 해당하며, 내담자가 시를 통해 자신의 감정을 발견하고 그 의미를 탐색하는 과정이다.

(1) 감정의 명명화

탐색 단계는 막연한 감정에 구체적인 이름을 붙이는 과정이다. 감정 단어 목록이나 감정 바퀴(emotion wheel)를 활용하여 "답답하다"는 느낌이 실은 '분노'인지 '슬픔'인지 '불안'인지를 구분하도록 돕는다. 감정을 명명하는 것 자체가 이미 치유의 첫걸음이다.

(2) 시를 통한 안전한 투사

시 읽기 활동을 통해 내담자는 자신의 감정을 안전하게 투사할 수 있는 매개를 얻는다. 이러한 '심리적 거리두기(psychological distancing)'를 통하여 시가 제공하는 비유적 언어가 직접적 자기 노출의 위험 없이 감정을 탐색하게 한다. 시 속의 이미지와 비유는 '내 이야기가 아니라 시인의 이야기'라는 심리적 거리를 제공하면서도, 동시에 자신의 감정을 간접적으로 표현하게 한다.

(3) 내면과의 대화

상담사는 "이 시의 어떤 부분이 선생ㄴㅁ의 마음과 닮았나요?" 또는 "시 속의 이 이미지가 선생님에게 어떤 의미인가요?"와 같은 탐색적 질문을 통해 내담자가 시와 자신의 경험을 연결하도록 돕는다. 이 과정에서 내담자는 자신도 몰랐던 감정의 결을 발견하게 된다.

TIP: 탐색 단계 "어떤 감정인가요?" 대신 "지금 선생님의 마음을 색깔로 표현하면 무슨 색깔에 가까운가요?"처럼 비유적 질문이 더 효과적이다.

3) 표현(Expression)

탐색한 감정을 이제 구체적인 언어, 즉 시적 언어로 옮기는 작업이 시작된다. 이 단계에서의 '창조적 표현(creative expression)'이 카타르시스를 넘어 자기 발견과 변화의 도구가 된다.

(1) 문학적 부담 낮추기

표현 단계에서 가장 중요한 것은 내담자가 '좋은 시를 써야 한다'는 부담에서 자유로워지는 것이다. 상담사는 "문학적 완성도는 필요 없습니다. 선생님의 마음을 담아내는 것이 중요합니다. 그러므로 선생님이 쓰신 시가 가장 좋은 시입니다"라고 명확히 안내하여 심리적 압박을 제거한다.

(2) 구체적 주제 제공

막연한 "자유롭게 써보세요"보다는 구체적인 틀을 제공하는 것이 좋다. 예를 들어, "지금 이 순간의 감정을 3줄로 써보세요", "선생님의 마음이 날씨라면 어떤 날씨인가요?", "지금 떠오르는 이미지 하나를 단어로 표현해보세요" 이렇게 범위를 좁혀 주면 내담자는 쓰기를 더 쉽게 시작할 수 있다.

(3) 과정 중심의 격려

완성된 시가 아니라 쓰는 과정 자체를 격려한다. "떠오르는 단어 하나만이라도 적어보세요", "많이 쓰지 않아도 괜찮아요"라는 말을 통해 내담자가 자신의 속도로 표현하도록 돕는다. 한 단어, 한 문장이라도 자신의 언어로 표현했다면 그것은 이미 의미 있는 성취이다.

TIP: 표현 단계 초보 내담자에게는 '3줄 시 쓰기'부터 시작한다. 각 내담자가 쓴 시, 그것이 가장 훌륭한 시다. 진정성 자체가 시치유의 가치다.

4) 공유(Sharing)

표현한 시를 상담사 또는 집단과 나누는 과정에서 개인적 경험은 관계적 경험으로 전환된다. 공유는 '병치(Juxtaposition)' 단계에 해당하며, 자신의 경험을 타인의 경험과 비교하고 대조하면서 새로운 의미를 발견하는 핵심 과정이다.

(1) 초대의 방식

공유는 강요가 아니라 초대여야 한다. "나누고 싶으신 분이 계시면 함께 들어보겠습니다"라는 부드러운 권유를 통해 자발적 참여를 이끌어낸다. 준비되지 않은 내담자에게 무리하게 공유를 요구하면 오히려 방어적 태도를 강화할 수 있다.

(2) 보편성의 경험

특히 집단 상담에서 공유 단계는 강력한 치유 효과를 발휘한다. 마짜가 강조한 '병치'의 힘은 바로 여기에 있다. '나만 그런 것이 아니다'라는 보편성(universality)의 경험을 통해 고립감을 해소하고, 다른 사람의 이야기 속에서 자신을 발견하게 된다. "저도 그런 경험이 있어요"라는 한마디가 큰 위로가 된다.

(3) 공감적 반영과 경청

상담사는 공유된 내용에 대해 공감적으로 반영하되, 평가나 해석을 하지 않는다. "선생님의 시에서 '닫힌 문'이라는 표현이 제 마음에도 울림을 주네요"처럼 구체적인 시어를 언급하며 공감을 표현한다. 비판 없는 경청을 통해 안전망을 구축하는 것이 핵심이다.

TIP: 공유 단계 집단에서 침묵이 길어질 때는 상담사가 먼저 "저는 이 부분이 마음에 와닿았습니다"라고 시작한다.

5) 통합(Integration)

통합 단계는 내담자가 경험한 내용을 상담 목표와 연결하고, 삶 속에서 적용할 수 있도록 정리하는 과정이다. 이는 '자기 적용(Application to Self)' 단계로, 시치유의 궁극적 목표인 '통찰을 행동으로 전환하기'가 이루어지는 결정적 단계이다. 이 단계는 경험을 의미로, 의미를 변화로 연결할 수 있도록 만드는 핵심 과정이다.

(1) 세 가지 통합 질문

상담사는 다음 질문을 통해 내담자의 통합을 돕는다. "오늘 시 쓰기를 통해 발견한 것은 무엇인가요?", "이 발견이 선생님의 일상에 어떤 의미가 있을까요?", "다음 주까지 작은 실천 하나를 정한다면요?" 등의 질문은 경험을 인지적으로 정리하고, 일상과 연결하며, 구체적 행동으로 전환하도록 돕는 구조화된 질문이다.

(2) 비유를 행동으로

비유는 변화의 촉매제이므로 시적 언어를 구체적 행동으로 전환하는 것이 치료의 핵심이다. 예를 들어, '나는 고인 물'이라고 표현한 내담자에게 "물이 흐르게 하려면 어떤 작은 변화가 필요할까요?"라고 질문하여 비유를 삶의 실천으로 전환하도록 돕는다. 시적 언어가 일상의 행동으로 이어질 때 진정한 변화가 시작된다.

(3) 지속적 치유를 위한 과제

단계 종료 후에도 치유가 이어지도록 구체적 과제를 제안한다. 예를 들면, 오늘 쓴 시를 매일 소리 내어 읽기, 일주일 동안의 감정 변화를 짧은 시로 기록하는 '시 일기', 시 속 핵심 구절을 손글씨로 써서 보이는 곳에 붙이기 등이다. 상담사는 내담자가 단계의 경험을 스스로 요약하고, 표현된 비유를 구체적 행동으로 전환하도록 돕는다.

TIP: 통합 단계에서는 '숙제'보다 '선물'이라는 표현을 사용한다. "다음 주까지 작은 선물을 스스로에게 주신다면요?"라고 운을 띄우며 과제에 대해 안내한다.

2. 시치유와 상담 통합 모델

시치유의 5단계(도입-탐색-표현-공유-통합)를 상담 과정의 3단계(초기-중기-종결)로 대응시키면 다음과 같이 정리할 수 있다. 이는 마치 씨앗을 심고(초기), 꽃을 피우며(중기), 열매를 맺는(종결) 과정과 같다. 그러나 이 역시 유동적으로 진행할 수 있다.

초기 단계(Initial Phase): 도입
중기 단계(Middle Phase): 탐색, 표현, 공유
종결 단계(Closing Phase): 통합

상담 단계	시치유 5단계	주요 활동	핵심 목표
초기 (Initial Phase)	도입 (Warm Opening)	시적 자극 제공 마음 열기	라포 형성 및 안전감
중기 단계 (Middle Phase)	탐색 (Exploration) 표현 (Expression) 공유 (Sharing)	시 읽기 필사 시 쓰기	카타르시스 자기 통찰
종결 단계 (Closing Phase)	통합 (Integration)	의미 부여 행동 변화 설계	삶으로의 적용과 성장

표 2 상담 흐름에 따른 시치유 5단계 통합 모델

※ 이 구조는 표준 모델이며, 내담자의 상태와 상황에 따라 유연하게 조절할 수 있다.

1) 초기 단계: 마음의 문을 여는 첫 만남

상담 초기는 내담자의 상태를 파악하고 함께 갈 목적지를 정하는 시간이다. 표준화된 검사도 좋지만, 내담자가 쓴 짧은 메모나 시 한 구절은 그 어떤 검사지보다 깊은 무의식의 지도를 보여준다. 이때 목표는 '불안을 시로 달래기'처럼 구체적이고 따뜻해야 한다.

(1) 내담자의 다각적인 마음 이해

초기 평가에서는 내담자의 정서 상태, 언어 능력, 대인관계 양상, 상담에 대한 기대 등을 다각도로 살펴야 한다. 표준화된 검사 외에도, 내담자가 직접 쓴 짧은 글이나 시는 의식적으로 말하지 못한 감정과 무의식적 상징을 드러내는 중요한 자료가 된다.

(2) 구체적이고 단계적인 목표 설정

목표 설정은 모호해서는 안 되며, 내담자와 상담사가 함께 합의한 구체적 목표가 필요하다. 예를 들면, '불안을 시로 표현하고, 이를 상담사와 공유하여 자기 조절 방법을 습득한다'라는 목표가 좋다. 또한, 목표는 단계적으로 설계되어야 한다. 초기에는 감정 표현, 중기에는 이해 및 재해석, 후기에는 행동 변화를 목표로 삼을 수 있다. 명확한 목표 설정은 내담자에게 변화의 확신을 주고 상담 과정을 신뢰하도록 만든다.

2) 중기 단계: 시와 함께 걷는 치유의 길

시를 읽고, 베껴 쓰고(필사), 직접 쓰는 과정은 시치유의 심장이다. 특히 필사는 시의 리듬을 내 몸에 새기는 작업이다. 손으로 한 자 한 자 옮겨 적다 보면 불안했던 뇌파(알파파)가 안정을 찾고, 감정의 속도도 차분해진다.

(1) 시 읽기: 안전한 투사와 울림

시 읽기는 자신의 이야기를 직접 드러내기 어렵더라도, 시 속의 인물이나 상황을 통해 우회적으로 감정을 표현할 수 있도록 심리적 안전을 제공한다. 상담사는 내담자의 상태, 목표, 발달 단계를 고려하여 적절한 시를 신중하게 선택해야 한다. 시를 읽은 후, "이 시의 어떤 부분이 선생님의 마음과 닮았나요?" 등의 탐색적 질문을 통해 내담자가 시와 자신의 경험을 연결하고 울림(resonance)을 경험하도록 돕는다.

(2) 시 필사

필사는 시의 언어를 눈으로 읽고 손으로 옮기며, 정서적 긴장을 완화시키는 과정을 포함한다. 반복적인 필사 행위는 전전두엽의 주의 집중 회로를 활성화하고, 불안과 긴장을 낮추는 알파파(α-wave) 리듬을 유도한다.

심리학적으로는 '리듬을 통한 자기조절(self-regulation)'의 효과가 있으며, 시의 어조와 리듬을 내면화함으로써 내담자는 감정의 속도를 조절할 수 있다. 또한, 필사는 타인의 문장에 내 마음을 살짝 얹어보는 연습이다. 내 글을 직접 쓰기 전, 시인의 손을 잡고 조심스레 걸음마를 떼는 과정과도 같다

(3) 시 쓰기: 주체적 언어화와 의미 창조

시 쓰기는 내담자가 내면의 혼란을 자신만의 언어로 정리하는 과정이다. 상담사는 “좋은 시는 바로 내가 쓴 시다”라고 안내하여 문학적 부담을 낮추고, “지금 선생님의 기분을 날씨에 비유해서 두 문장으로 써볼까요?”라는 구체적인 주제를 제공해 쓰기를 돕는다. 완성도 높은 시가 아니라 감정을 담아내는 진정성이 중요하며, 상담사는 내담자가 쓴 내용의 의미를 더 깊이 탐색하도록 질문한다.

3) 종결 단계: 시를 품고 일상으로

상담의 끝은 시가 삶이 되는 지점이다. 시 속의 '마른 나뭇잎'이 나의 '지친 마음'이었음을 깨닫는 데서 멈추지 않고, 그 나뭇잎이 거름이 되어 새싹을 틔우듯 일상에서 어떤 작은 행동을 할지 함께 찾아야 한다.

(1) 통합의 원리와 의미화

통합은 단계에서 경험한 감정, 통찰, 표현을 하나의 의미 있는 이야기로 엮어내는 과정이다.

· 연결 확인: 상담사는 내담자가 표현한 시의 핵심 구절과 상담 목표를 연결하고,

내담자가 이를 스스로 인식하게 돕는다. 예를 들어 시에서 '닫힌 문'이라는 표현이 실제 삶에서는 '관계 단절'을 의미한다는 것을 함께 발견한다.

· 행동 전환: 비유적 표현을 구체적 행동 가능성으로 전환하도록 유도한다. 예를 들어 '닫힌 문'을 다시 여는 첫걸음이 무엇인지 질문하여, 내담자가 '먼저 연락하기'와 같은 구체적 행동을 스스로 찾아내도록 돕는다.

· 자기 요약: "오늘의 경험이 선생님에게 어떤 의미인가요?"라는 질문으로 내담자가 스스로 의미를 찾아가며 자기 삶을 이해하는 주체가 되게 한다.

(2) 효과적인 피드백의 원칙

피드백은 평가가 아니라 안내가 되어야 한다. 문학적 성취가 아닌 정서적 탐색을 중심으로 이루어져야 하며, 다음 원칙을 따른다.

· 구체성: "좋은 시네요"보다는 "이 구절에서 선생님의 외로움이 생생하게 느껴집니다"처럼 구체적인 표현에 집중한다.

· 열린 질문 활용: "이것은 선생님의 분노를 의미하는군요" 대신 "이 이미지가 어떤 감정과 연결되어 있나요?"라고 물어 내담자 스스로 의미를 발견하도록 돕는다.

· 언어 존중: 내담자가 선택한 언어를 상담사가 임의로 다른 단어로 바꾸지 않고, 그 표현 자체의 의미를 함께 탐색한다. 예를 들어 내담자가 '마른 나뭇잎'이라고 표현했을 때, 상담사가 "그러니까 지쳐 있다는 말이군요"라고 해석해버리지 않는다. 대신 "마른 나뭇잎이 선생님에게 어떤 의미인가요?", "마른 나뭇잎의 어떤 모습이 지금의 마음과 닮았나요?"라고 물으며, 내담자가 선택한 그 언어 그대로의 의미를 함께 깊이 들여다본다.

· 변화의 틈새 발견하기: 현재 상태를 인정하되, "선생님의 시 속에 작은 빛의 흔적도

보입니다"처럼 시의 그늘 속에서도 긍정을 함께 찾아내며, 내담자가 스스로 내일의 희망을 꿈꾸게 돕는다.

(3) 종결과 후속 계획

종결은 상담의 끝이 아니라, 배운 것을 일상 속에서 실천하도록 안내하는 시점이다.

· 변화 확인 및 강화: 내담자의 작은 변화를 구체적인 언어로 확인해 주어 성장의 확신을 갖게 한다. 예를 들어 처음에는 불안을 "무서워요", "답답해요"라고만 표현하던 내담자가 이제 "불안은 나를 찾아온 손님"이라고 비유적으로 표현하게 된 변화를 인정하고 강화한다. 장기 상담의 경우, 초기에 쓴 시와 현재 쓴 시를 나란히 놓고 비교하며 변화를 시각적으로 확인한다.

· 일상으로의 연결: 단계 경험을 일상과 연결하는 구체적인 후속 과제를 제시한다. 예를 들어 오늘 단계에서 쓴 '나는 천천히 피어나는 꽃'이라는 핵심 구절을 매일 아침 소리 내어 읽거나, 다음 회기까지 매일 밤 감정 일기를 '오늘 내 마음은 ___같다'는 시적 표현으로 기록하도록 안내한다.

· 장기 목표 연결: 단기적 과제뿐 아니라 장기 목표를 확인한다. 예를 들어 3개월 후에는 "지금의 나에서 성장한 나의 이야기를 한 편의 시로 표현하기"라는 목표를 함께 세우며, 내담자가 상담사 없이도 스스로 시 쓰기를 통해 자기를 돌보는 능력을 키우도록 돕는다.

· 정서적 측면 다루기: 회기 종결이나 집단 종결 시 수반될 수 있는 아쉬움이나 이별의 감정을 인정하고 다루며, 다음 만남 또는 지속적 관계를 따뜻하게 확인한다.

3장

시 읽기 방법

1. 시 읽기를 통한 감정 인식

시 읽기는 자기 감정을 인식하는 자연스러운 출발점이다. 시를 읽다 보면 유독 마음을 파고드는 시어나 구절이 있다. 그 순간 독자는 시인의 목소리를 따라가지만, 그 끝에는 자신의 내면 목소리가 기다리고 있다. 심리학에서는 감정 인식 능력이 정서적 건강의 기초라고 강조한다.

메이어와 살로베이는 정서지능(EI)을 정의하면서, 자기 감정을 인식하고 정확하게 이름 붙일 수 있는 능력이 타인의 감정을 이해하고 관계를 건강하게 유지하는 데 필수적이라고 보았다. 감정을 알아차리는 힘이 부족하면, 그것을 다루는 힘도 약해진다. 이 이론을 대중화한 대니얼 골먼은 그의 저서 《EQ 감성지능》을 통해, 단순히 아는 것을 넘어 감정을 인식하고 조절하는 역량이 삶의 성패를 결정짓는 핵심이라고 강조했다. 즉, 감정을 인식하고 조절하는 능력이 곧 자기 성장의 핵심이라는 의미다.

상담 현장에서 이러한 연구는 매우 실천적인 의미를 가진다. 상담사가 내담자에게 "지금 기분이 어떠세요?"라고 직접 묻는다면, 내담자는 적절한 단어를 찾지 못해 침묵하거나 '몰라요'라는 방어 기제 뒤로 숨곤 한다. 그러나 시 한 구절을 함께 읽고 "이 표현이 마음에 어떤 울림을 주나요?"라고 물었을 때, 내담자는 훨씬 자연스럽게 자기 감정을 드러낸다. 시의 언어는 우회적이면서도 깊이가 있어서, 내담자가 방어를 내려놓고 감정과 마주하게 만든다. 감정 인식은 이렇게 문학적 경험을 통해 깨어난다.

사례를 들어 보자. 한 청소년 내담자는 불안의 이유를 설명하지 못했다. 그러나 김수영의 시 〈풀〉에서 '풀이 눕는다 / 비를 몰아오는 동풍에 나부껴 / 풀은 눕고 / 드디어 울었다 / 날이 흐려서 더 울다가 / 다시 누웠다'라는 구절을 읽은 뒤, 그는 "이 부분이 지금 제 마음 같아요. 저도 계속 쓰러지는 것 같아요"라고 조심스럽게 말했다. 시가 그의 감정을 대신 표현해 준 것이다. 이 순간 내담자는 막연했던 불안을 명확히 인식했고, 상담사는 그 지점을 출발점으로 삼아 구체적인 대화를 이어갈 수 있었다.

시 읽기를 통한 감정 인식에는 몇 가지 특징이 있다. 첫째, 시는 감정을 강요하지 않는다. 내담자가 스스로 느끼고 발견할 '숨 쉴 여백'을 준다. 둘째, 시의 언어는 거친 감정뿐 아니라 그 속에 숨은 미묘한 무늬(결)까지 드러낸다. 기쁨, 슬픔, 분노와 같은 기본 정서뿐 아니라, 그 사이의 복합적 감정들이 언어로 모습을 드러낸다. 셋째, 시를 통해 감정을 인식하는 과정은 자기 이해와 자기 수용으로 이어진다. 자신을 있는 그대로 바라보는 경험이야말로 치유의 시작이다.

상담사가 시 읽기를 활용할 때는 몇 가지 전략이 필요하다. 내담자의 연령과 상황에 맞는 시를 신중히 선택하고, 특정 구절에 머물러 그 울림을 나누도록 이끌며, 시 읽기 후에는 대화로 이어지는 것이 좋다. 이 세 가지가 연결될 때 내담자는 감정을 언어로 자연스럽게 풀어낼 수 있다. 이때 상담사는 시의 문학적 완성도보다, 내담자의 현재 마음 상태와 공명할 수 있는 '정서적 주파수'를 맞추는 데 집중해야 한다.

2. 비유와 상징을 통한 정서 탐색

인간의 감정 중에는 너무 복잡하거나 아파서 직접적인 말로 다 드러낼 수 없는 것들이 있다. 표현하기조차 버겁기 때문이다. 이때 시는 그 감정을 비유라는 부드러운 옷으로 갈아입게 한다. 이러한 우회적인 과정은 날것 그대로의 정서가 주는 충격을 완화해주며, 내담자로 하여금 비로소 무의식을 직면할 용기를 얻게 한다.

심리학적으로 무의식은 감정의 비밀장소나 다름없다. 그곳은 개인의 정체성과 삶의 경험이 얽힌 깊은 곳이며, 직접적인 언어로는 접근하기 어렵다. 칼 융(Carl Jung, 1964)은 상징이 무의식을 드러내는 언어라고 말했다. 그는 분석심리학에서 상징은 집단 무의식과 개인의 경험을 연결하는 통로이며, 억눌린 정서를 표현하고 치유로 이끄는 역할을 한다고 말했다. 시의 비유는 바로 그 역할을 제공한다.

상담 현장에서 비유는 종종 내담자의 방어를 완화시킨다. 직접적으로 "지금 외롭습니까?"라고 묻는다면 내담자는 움츠러들 수 있다. 그러나 시 속에서 '텅 빈 의자'라는 표현을 함께 읽고 "이 구절이 어떤 느낌을 주나요?"라고 물으면, 내담자는 더 자연스럽게 외로움의 정서를 꺼내놓을 수 있다. 비유와 상징은 그 어떤 언어보다 더 부드럽게 마음의 문을 연다.

이러한 비유와 상징을 활용한 무의식 탐색에는 몇 가지 원리가 있다. 첫째, 상징은 내담자의 언어로 존중되어야 한다. 상담사가 임의로 의미를 규정하기보다는, 내담자가 자기 경험을 통해 의미를 찾아가도록 기다려야 한다. 둘째, 상징은 반복될 때 그 의미가 더 선명해진다. 내담자가 여러 시에서 반복적으로 같은 이미지를 선택한다면, 그 상징은 그의 무의식적 주제를 드러내는 중요한 단서가 된다. 셋째, 상징을 탐색하는 과정은 자기 성찰로 이어진다. 무의식적 정서를 언어화하는 순간, 내담자는 그것을 외면하지 않고 자기 삶의 일부로 받아들일 수 있다.

사례를 들면, 한 성인 내담자는 상담 과정에서 자주 '바다'라는 낱말을 언급했다. 처음에는 막연한 동경으로 이야기했지만, 상담사가 "바다가 선생님에게 어떤 의미인가요?"라고 물었을 때 내담자는 잠시 침묵했다. 그리고 "아버지가 어부셨어요. 어릴 때 바다에서 함께 보낸 시간이 제 유일한 행복이었어요"라며 눈물을 흘렸다. 상담이 진행되면서 내담자는 바다가 단순한 풍경이 아니라 아버지에 대한 그리움, 그리고 상실의 슬픔을 담고 있다는 사실을 스스로 깨달았다. 이처럼 상징은 내담자가 자기 무의식을 해석하고, 숨겨진 감정을 찾아 새롭게 바라보게 한다.

상담사가 시 속 비유와 상징을 활용할 때 중요한 것은 해석이 아니라 경청이다. 내담자가 선택한 낱말이 어떤 의미를 갖는지 묻고, 그 대답을 존중하는 과정 자체가 치유이다. 상담사는 내담자가 자기 무의식을 안전하게 탐색할 수 있도록 동행하는 역할을 해야 한다. 이처럼 내담자가 선택한 단어 하나에는 수면 아래 빙산처럼 거대한 삶의 서사가 숨어 있다.

3. 리듬과 구조를 통한 정서 조절

시의 행과 연, 반복과 간격, 그리고 리듬이 만들어내는 구조는 독자의 호흡과 정서를 조율한다. 우리가 시를 읽을 때 자연스럽게 속도가 느려지고, 특정 단어에서 멈추며, 때로는 리듬에 맞춰 호흡이 바뀌는 이유가 여기에 있다. 이 과정은 미학적 즐거움에 그치지 않고, 정서적 균형과 조절에 깊이 관여한다.

심리학적으로 리듬은 감정과 밀접하게 연결되어 있다. 불안한 사람은 호흡이 짧고 빠르며, 안정된 사람은 호흡이 길고 고르다. 시의 리듬은 이러한 호흡을 조절하는 역할을 한다. 짧은 행의 반복은 긴장감을 높이고, 길고 유연한 문장은 마음을 차분히 가라앉힌다. 내담자가 시를 낭독하면서 호흡을 맞추는 순간, 그는 자신의 불규칙한 정서를 언어의 리듬을 통해 안정시킬 수 있다. 상담사가 이를 의도적으로 활용하면, 시 낭독은 정서 조절을 위한 효과적인 도구가 된다.

시의 구조 또한 정서 조절에 중요한 기능을 한다. 반복되는 구절은 예측 가능성을 주어 내담자에게 안정감을 준다. 이는 심리치료에서 강조하는 '안정적인 지주(Holding environment)' 역할을 하는 것과 같은 원리다. 시의 규칙적인 구조는 감정의 범람을 막아주는 튼튼한 둑이 되어준다.

내담자가 혼란스러운 감정 속에 있을 때, 반복되는 구조와 일정한 리듬은 그에게 새로운 균형을 제시한다. 반대로, 행간의 여백이나 리듬의 변화는 긴장된 감정을 드러내고 해소하는 장치로 작용한다. 상담 장면에서 이러한 구조적 특징을 분석하고 음미하는 것은 내담자의 감정을 이해하고 다루는 좋은 출발점이 된다.

사례를 보자. 한 성인 내담자는 이별 뒤에 찾아온 지독한 우울감으로 자신의 감정을 어떻게 표현해야 할지 몰라 힘겨워했다. 상담사가 김소월의 〈진달래꽃〉을 함께 낭독하자, 그는 한동안 침묵하다 눈물을 흘리며 억눌렸던 슬픔을 조금씩 꺼내놓기 시작했다.

낭독 후 상담사가 “이 시의 반복되는 표현들이 어떻게 느껴지셨나요?”라고 묻자, 내담자는 “계속 돌고 도는 것 같았어요. 그런데 그게 이상하게 위로가 돼요”라고 말했다. 〈진달래꽃〉 특유의 규칙적인 3음보 리듬이 마치 일정한 보폭으로 걷는 발걸음처럼 내담자의 가쁜 호흡을 진정시켜 준 것이다.이처럼 시어의 반복과 변주가 만들어낸 리듬감은 내담자가 감정을 안전하게 풀어낼 수 있는 공간을 열어주었다. 덕분에 내담자는 형체 없던 슬픔을 혼자 감당하는 대신, 정돈된 언어의 구조 속에 실어 보낼 수 있게 되었다. 이후 그는 이별의 감정을 훨씬 더 구체적으로 마주하며 표현하기 시작했다.

리듬의 치유적 힘은 음악치료의 원리와도 깊이 맞닿아 있다. 시치유를 학문적으로 체계화한 잭 리먼(Jack Leedy, 1969) 등의 선구자들이 강조했듯,, 음악이 심장 박동과 호흡을 조절하는 것처럼 시의 운율 또한 인간의 생리적 리듬과 조화롭게 상호작용한다. 이는 다른 사람의 낭송을 듣는 경험보다 강력하나. 시 낭송은 내담자가 자기 정서를 스스로 조율하는 자기 훈련의 과정이 될 수 있다.

상담사가 시의 구조와 리듬을 활용할 때는 내담자의 정서 상태에 맞는 시를 선택하고, 가능하면 소리 내어 낭독하도록 격려하며, 낭독 후 그 경험을 대화로 이어가는 것이 효과적이다.

4. 자기 공감 형성

많은 사람들이 타인의 감정에는 민감하면서도 정작 자기 감정에는 무심하다. 때로는 자기 감정을 인정하지 못하거나, 그것을 부정하려는 태도를 보인다. 진정한 치유는 타인의 공감에서만 오지 않는다. 자기 감정을 수용하고 존중하는 경험, 곧 자기 공감(self-compassion)에서 시작된다. 시 읽기는 이러한 자기 공감을 가능하게 한다.

심리학에서는 자기 공감을 자기 연민과 구분한다. 크리스틴 네프(Kristin Neff, 2003)는 자기 공감을 자신의 고통을 회피하지 않고 있는 그대로 직면하며, 스스로에게 따뜻한 이해를 건네는 태도라고 설명한다. 또한, 그것이 나 혼자만의 불행이 아니라 모든 인간이 공유하는 보편적인 경험임을 인식하는 것이라고 보았다. 곧 자기공감이란 잘못이나 실패를 겪을 때 자신을 과도하게 비난하는 대신, 인간으로서 불완전함을 인정하고 자신을 위로하는 능력을 말한다. 상담 장면에서 자기공감은 내담자가 스스로를 돌보는 힘을 기르는 중요한 과정이다.

시 읽기는 자신을 좀 더 이해하며, 자신에게 더 가까이 다가가는 일이다. 내담자가 시 속의 구절과 자신의 감정을 연결하는 것은 그가 시인의 마음을 지나 자기 감정을 새로운 시선으로 바라보게 되었음을 뜻한다. 예를 들어, 나태주의 〈풀꽃〉에서 '자세히 보아야 예쁘다, 오래 보아야 사랑스럽다'라는 구절을 읽으며, 내담자는 여지껏 자신을 전혀 돌보지 않았다는 사실과 자신 역시 꽃이라는 사실을 알아차렸다. 그것은 시인의 시선을 빌려와 미처 발견하지 못했던 자신을 새롭게 발견하는 경험이자, 메말랐던 마음의 땅에 스스로 따스한 볕을 쬐어주는 연습이다.

이러한 자기 공감 형성은 정서 조절과도 연결된다. 자신의 감정을 억압하거나 부정하는 태도는 불안과 우울을 증폭시킨다. 반대로 감정을 수용하고 공감하는 태도는 정서적 균형을 되찾게 한다. 시는 이러한 태도를 자연스럽게 길러 준다. 시 속의 언어는 정답을 강요하지 않는다. 대신 내담자가 자신의 감정을 가만히 들여다볼 수 있도록 넉넉한 여백을 열어준다. 상담사가 시 읽기를 통해 내담자가 자기 감정을 확인하도록 돕는다면, 내담자는 자신을 있는 그대로 받아들이는 경험을 하게 된다.

5. 상담현장에서의 시 읽기 활용

시 읽기는 상담 현장에서 내담자의 감정을 탐색하고 자기 이해를 촉진하는 중요한 기법으로 활용된다. 그러나 효과적으로 쓰이기 위해서는 단순히 시를 낭독하는 것에 그쳐서는 안 된다. 상담사는 내담자의 상황과 정서 상태를 세심하게 고려하여 시 읽기를 설계해야 하며, 그 과정 전체가 상담의 맥락 속에서 의미 있게 연결되어야 한다.

1) 시의 선택

내담자의 연령, 문화적 배경, 삶의 경험에 맞는 시를 고르는 것이 상담 효과를 좌우한다. 청소년 내담자에게는 이해하기 쉽고 직관적인 표현을 가진 시가 적절하다. 반면, 성인 내담자에게는 삶의 복잡한 감정을 성찰하게 하는 깊이 있는 시가 필요하다. 또한, 내담자가 이미 알고 있는 시는 친숙함을 주어 상담 참여를 촉진할 수 있고, 낯선 시는 새로운 관점을 열어 주어 자기 성찰의 기회를 제공할 수 있다.

2) 읽기 방식

읽기 방식이 상담의 분위기를 결정한다. 낭독 할 때는 시의 특정 구절이 내뱉는 숨을 함께 고르며, 그 울림이 내담자의 내면에 닿을 때까지 충분한 시간을 두고 머무는 것이 효과적이다. 때로는 내담자 스스로 읽게 하여 자기 목소리로 시를 경험하게 하는 것이 좋다. 목소리를 통한 낭독은 내담자가 언어와 리듬을 신체적으로 체험하게 하며, 그 과정에서 감정이 자연스럽게 드러난다.

3) 대화의 확장

시 읽기 후 상담사가 "이 구절이 마음에 어떻게 다가오나요?"라고 묻는다면, 내담자는 자기 감정을 직접 설명하게 된다. 이는 감정을 느끼는 데서 멈추지 않고, 언어로 표현하며 재구성하는 경험을 가능하게 한다. 하인즈와 하인즈-베리(Hynes & Hynes-Berry, 1994)가 강조했듯, 시치유의 핵심은 텍스트 자체보다 그 텍스트를 매개로 일어나는 내담자와의 상호작용에 있기 때문이다. 그러므로 상담사가 주도적으로 해석하기보다는, 내담자가 스스로 의미를 찾도록 기다리는 태도가 중요하다.

4) 상담사의 태도

상담사는 시를 도구적으로 사용하기보다, 내담자의 정서를 존중하는 매개로 활용해야 한다. 시는 상담사가 해석을 강요하는 자료가 아니라, 내담자가 자신의 감정을 자유롭게 탐색할 수 있도록 열어주는 자료가 되어야 한다. 따라서 상담사의 질문은 열려 있어야 하고, 내담자의 반응은 있는 그대로 존중되어야 한다.

한 중년 내담자는 깊은 상실감을 겪고 상담실을 찾았다. 상담사는 정호승의 〈수선화에게〉를 함께 읽으며, '울지 마라, 외로우니까 사람이다'라는 구절을 내담자와 나누었다. 내담자는 "우는 것이 부끄럽고 창피해서 숨기고 싶었는데, 사람이니까 울어도 된다라고 말해주는 것 같아서 편안해요"라고 했다. 내담자는 자기 감정을 언어로 확인하고 자신의 슬픔이 인간적인 것임을 확인받았다.

상담 현장에서 시 읽기를 적용할 때, 적절한 시 선택, 낭독 방식, 대화 확장, 그리고 상담사의 태도가 유기적으로 연결되어야 한다. 그렇게 될 때 내담자가 자신의 감정을 인식하고, 자기 이해와 성장을 경험하는 치료적 과정으로 자리 잡는다. 시는 상담실 안에서 내담자가 자기 마음을 만나는 가장 따뜻한 길이 될 수 있다.

4장

시 쓰기 방법

1. 감정 통제와 수용

시 쓰기는 문학적 창작 활동이지만, 자기 이해와 감정의 언어화를 가능하게 하는 데 더 깊은 의미가 있다. 인간은 누구나 감정을 가지고 살아가지만, 많은 내담자들은 자신의 감정을 제대로 설명하지 못해 상담 장면에서 침묵하거나 모호한 표현에 머물곤 한다. 이때 시 쓰기는 내담자가 감정을 구체적이고 안전하게 언어화할 수 있도록 돕는다.

1) 감정의 언어화와 수용

심리학적으로 감정의 언어화는 정서 조절과 자기 성찰의 핵심이다. 윌헬름 라이히는 억압된 감정이 신체와 마음의 긴장을 불러온다고 보았고, 이를 풀어내기 위해서는 감정을 밖으로 드러내야 한다고 강조했다. 시 쓰기는 이러한 감정 표현을 상징적 언어로 안전하게 표출하게 한다. 내담자는 직접적으로 "나는 두렵다"라고 말하지 않아도, '어둠 속에서 길을 잃은 아이 같다'라고 시적으로 표현함으로써 동일한 정서를 전할 수 있다. 이러한 간접적 표현은 방어를 줄이고, 감정을 있는 그대로 바라보게 한다.

이야기 치료의 관점에서도 시 쓰기는 중요한 의미를 가진다. 앞서 언급한 화이트와 엡스턴(White & Epston, 1990)의 논의처럼 개인의 이야기를 재구성하는 과정이 정체성 회복과 치유를 가능하게 하기 때문이다. 시 쓰기는 내담자가 자신의 감정을 언어로 정리하고, 삶의 사건을 새로운 이야기로 배열하는 내러티브적 도구다. 글로 표현된 감정은 기록이 되고, 그 기록은 자기 이해의 근거가 된다. 시는 감정을 일시적인 파동으로 흘려보내지 않고, 의미 있는 언어로 남겨 준다.

시 쓰기를 통한 감정 언어화에는 몇 가지 특징이 있다. 첫째, 감정은 상징과 비유를 통해 표현되기 때문에 내담자는 안전하게 자기 감정을 다룰 수 있다. 둘째, 시의 짧은 구조와 응축된 언어는 감정을 압축해 담아내므로, 내담자는 핵심적 정서를 더 쉽게 확인할 수 있다. 셋째, 쓰기 과정에서 감정은 외부화되어 객관적 시선으로 바라볼 수 있게 된다. 다시 말해, 내면에서 떠다니던 감정을 종이 위로 옮겨 놓으면, 알 수 없었던 감정을 눈으로 명확하게 확인할 수 있다. 이로써 자기의 감정을 이해하게 된다.

사례를 들어 보면, 한 대학생 내담자는 "화가 난다"는 말을 반복했지만 구체적인 감정을 설명하지 못했다. 그러나 시 쓰기 활동에서 '내 안의 불씨가 바람에 흔들리듯 자꾸만 번져 간다'라는 표현을 했다. 이 시적 언어는 그가 무의식적으로 느끼는 분노가 불안정한 상황에서 느끼는 무력감과 불안의 감정을 동시에 경험하고 있음을 보여 주었다. 상담사는 이 시적 언어를 단서로 내담자가 가진 복합적 감정을 더 깊이 탐색할 수 있었다.

시 쓰기를 상담 현장에서 적용할 때는 몇 가지 전략이 필요하다. 우선 내담자에게 지나치게 문학적인 완성도를 요구하지 말아야 한다. 시 쓰기는 창작이 아니라 자기 표현의 과정이기 때문이다. 둘째, 특정한 주제를 제시하는 것이 효과적이다. "오늘 하루를 색깔로 표현한다면요", "지금 마음을 날씨로 표현한다면요?"와 같은 질문은 내담자가 감정을 구체적으로 언어화하도록 돕는다. 셋째, 내담자가 특별히 거부하지 않는다면, 시 쓰기 후 내담자가 쓴 시를 함께 읽고 이야기를 나누는 것이 좋다.

이처럼 시 쓰기는 감정의 언어화를 통해 내담자가 자기 감정을 새롭게 이해하고 수용하도록 돕는다. 말로 설명하기 어려운 감정을 상징과 비유로 표현할 때 치유의 문턱에 들어선 것이다. 시는 개인의 내적 세계를 밖으로 드러내는 언어이자, 자기 이해의 길을 함께 걸어가 주는 삶의 동행자다. 상담에서 시 쓰기를 활용할 때, 내담자는 자신도 몰랐던 감정을 발견하고, 그것을 언어로 정리하며, 더 넓은 자기성찰로 나아갈 수 있다.

2) 트라우마 회복과 재구성

이러한 감정 언어화의 원리는 더욱 복합적이고 깊은 심리 상태에서도 적용된다. 특히 트라우마와 같은 깊은 상처를 다룰 때, 시 쓰기는 더욱 중요한 역할을 한다. 트라우마는 인간의 마음에 깊은 상처를 남긴다. 사고, 학대, 상실과 같은 충격적 사건은 시간이 지나도 흔적을 지우기 어렵다. 내담자들은 그러한 경험을 말하지 못하고 대부분은 침묵한다. 그러나 말하지 못한다고 해서 감정이 사라지는 것은 아니다. 오히려 표현되지 못한 기억과 감정은 내면에서 왜곡된 방식으로 반복되어, 불안·우울·신체화 증상으로 나타나곤 한다. 상담 현장에서 시 쓰기는 이러한 트라우마 경험을 안전하게 드러내고 새로운 의미로 재구성할 수 있는 길을 제시한다.

심리학적으로 트라우마 회복의 핵심은 안전한 환경에서의 표현과 통합이다. 트라우마 분야의 세계적 권위자인 베셀 반 데어 콜크(Van der Kolk, 2014)는 그의 저서 《몸은 기억한다》에서 트라우마 경험이 언어화되지 못하고 신체에 각인될 때, 그것이 얼마나 파괴적인 영향을 미치는지 설명한다. 그는 압도적인 공포가 뇌의 언어 중추를 마비시킨다고 보았으며, 신체적·상징적 표현을 통해 경험을 언어화하고 통합하는 과정이 필요하다고 강조했다. 시 쓰기는 파편화된 기억과 감정을 비유와 상징으로 담아내고 내담자는 그 과정을 통해 새로운 이야기로 재구성할 수 있다.

시 쓰기를 통한 트라우마 회복에는 몇 가지 단계가 있다. 첫째, 감정의 외부화이다. 내담자가 직접 사건을 서술하기보다 비유와 상징을 통해 감정을 표현할 때, 그는 안전하게 상처를 드러낼 수 있다. 둘째, 기억의 재구성이다. 시 속에서 과거 사건은 새로운 맥락과 의미를 얻으며, 내담자는 그 경험을 다시 바라보며 직면할 수 있는 힘을 가진다. 셋째, 자기 정체성의 강화이다. 사고와 같은 사건은 혼자만 살아남았다는 죄책감에 시달리게 만든다. 이때 시 쓰기는 살아남은 사람, 의미를 찾는 사람으로 자신을 재인식하게 한다.

사례를 들어 보면, 한 청소년 내담자는 오토바이 사고 이후 반복되는 악몽과 불안을 호소했다. 약 4회기의 시치료 활동 후 내담자는 '시간 속에 멈춘 나'라는 표현을 적었고, 이어 '다시 걸어가고 싶다'라는 문장을 덧붙였다. 이 짧은 시는 사고 경험을 단순한 공포로 남기지 않고, 회복과 소망으로 재구성한 것이다. 시 쓰기는 그에게 통제력을 되찾는 경험을 주었고, 이는 그의 학창 생활에 중요한 전환점이 되었다. 이후 내담자는 "시를 쓰면서 사고가 제 인생의 전부가 아니라는 걸 알았어요. 저는 그 사고를 겪은 사람이지만, 그것만이 저는 아니에요"라고 말했다.

상담사가 시 쓰기를 활용할 때는 몇 가지 주의가 필요하다. 트라우마 경험을 다룰 때 내담자가 그 사건에 다시 압도되지 않도록, 상담사는 안전한 환경을 보장하고 글쓰기를 천천히 진행해야 한다. 또한, 내담자가 쓴 시를 해석하기보다, 그 언어가 내담자에게 어떤 의미인지 묻고 존중하는 태도가 필요하다. 시 쓰기는 내담자의 자기 표현이자 자기 해석의 과정이지, 상담사의 해설 자료가 아니기 때문이다.

시 쓰기를 통한 트라우마 회복은 단순히 과거를 기록하는 것이 아니라, 그 경험에 새로운 의미를 부여하고 자기 정체성을 재구성하는 과정이다. 내담자가 상처를 언어로 드러낼 때, 그것은 더 이상 혼자 짊어져야 할 무게가 아니라 이해하고 받아들일 수 있는 삶의 한 부분이 된다.

2. 이야기 재구성

인간은 누구나 자신의 삶을 서사(narrative)로 엮어가는 존재다. 삶에서 마주치는 한 사람의 서사, 즉 여러 경험은 어떤 해석을 입느냐에 따라 남다른 의미를 지니게 된다. 그러나 때로는 상처와 혼란 속에서 경험은 파편처럼 흩어지고, 삶의 이야기는 단절된다. 상담에서 중요한 것은 내담자가 자신의 경험을 다시 연결하고 새로운 의미로 재구성하는 일이다. 시 쓰기는 이 과정을 가장 밀도 있게 돕는 방법 중 하나다.

이야기치료의 화이트와 엡스턴(White & Epston, 1990)은 개인의 정체성이 고정된 것이 아니라, 스스로 만들어가는 이야기 속에서 끊임없이 구성된다고 보았다. 이 과정에서 중요한 것은 고통을 자신과 분리해 바라보는 '외재화'다. 예를 들어 "나는 공허하다"는 말은 내담자 자신을 공허함 그 자체로 묶어버리지만, 이를 "텅 빈 방에 시계 소리만 들린다"라고 시적으로 옮기면 공허함은 내담자 밖의 풍경이 된다. 이렇게 시를 쓰는 과정에서 내담자는 자기 감정과 적절한 거리를 두게 되며, 자신의 상태를 객관적으로 바라보는 힘을 얻고 자기 이해의 폭을 넓힐 수 있다.

시는 짧지만 압축된 서사 구조를 지니며, 내담자는 그 속에서 삶의 사건을 새롭게 배열하고 의미를 부여한다. 이는 "나는 왜 이런 일을 겪었는가"라는 질문에서 "이 경험을 통해 나는 무엇을 배우고 어떻게 달라졌는가"라는 질문으로 전환하게 한다.

이러한 시 쓰기를 통한 이야기 재구성에는 몇 가지 단계가 있다. 첫째, 사건의 표현이다. 내담자는 시를 통해 자신의 경험을 압축된 언어로 기록한다. 둘째, 감정의 의미화이다. 시적 언어는 경험 속 감정을 단순한 반응이 아니라 상징적 의미로 드러낸다. 셋째, 새로운 이야기로 엮는다. 내담자는 같은 사건을 다른 관점에서 다시 쓰며, 자기 정체성을 새롭게 규정한다. 이 과정은 자기 삶을 주체적으로 다시 살아가는 경험으로 이어진다.

사례를 들어 보면, 한 성인 내담자는 이혼 이후 삶이 무너졌다고 느꼈다. 그러나 시치료 과정에서 시 쓰기를 제안하자, '무너진 벽돌 사이로 새싹이 돋아난다'라는 표현을 적었다. 내담자의 삶은 외부적으로 무너진 것처럼 보였지만, 내면에는 살고자 하는 열망의 씨앗이 있다. 인간은 어떤 상황이 와도 살고자 몸부림치는 존재다. 삶이 무너졌다는 것은 다시 일어서고 싶다는 반증일 수 있다. 시 쓰기는 인간이 가진 고유한 생에 대한 열망, 그 씨앗을 찾아내어 틀 수 있도록 만드는 계기가 된다. 이후 상담 과정에서 내담자는 "벽돌은 무너졌지만, 그 자리에 다른 것을 쌓을 수 있다는 걸 깨달았어요"라고 말하며 새로운 삶의 계획을 세우기 시작했다.

상담사가 시 쓰기를 적용할 때는 내담자가 느끼는 경험의 무게를 존중해야 한다. 시는 강요할 수 있는 글쓰기가 아니라, 내담자가 스스로 자기 이야기를 찾아가는 과정이다. 상담사는 시의 문학적 완성도에 주목하지 않고, 그 속에 담긴 감정과 의미를 존중해야 한다. 또한, 내담자가 시를 통해 드러낸 새로운 이야기를 상담 과정 속에서 충분히 확장해 나가야 한다.

시 쓰기를 통한 이야기 재구성은 과거의 상처를 새로운 서사로 전환하는 힘을 가진다. 내담자가 자신의 경험을 다시 쓸 때, 그것은 단순한 기억의 반복이 아니라 의미의 창조가 된다. 시는 삶의 파편을 모아 하나의 이야기로 엮는 실이 되며, 그 이야기 속에서 내담자는 새로운 자기를 만난다.

3. 상담 목표 통합 전략

상담은 내담자가 원하는 변화를 향해 나아가는 체계적 과정이다. 따라서 시 쓰기를 상담에서 효과적으로 활용하려면, 상담의 목표와 긴밀히 통합하는 전략이 필요하다. 상담의 구체적 목표와 자기 이해, 정서 조절, 관계 회복, 정체성 형성에 맞게 설계될 때 커다란 효과를 볼 수 있다.

1) 자기 이해의 목표 통합

상담 초기 단계에서 내담자는 "그냥 힘들어요", "뭔가 불안해요"처럼 모호한 표현으로 자신의 문제를 설명하는 경우가 많다. 이는 감정의 실체를 명확히 인식하지 못하거나, 그것을 표현할 언어를 찾지 못하기 때문이다. 이때 시 쓰기는 내담자가 자신의 내면을 조용히 탐색하도록 안내한다.

상담사는 앞서 다룬 비유적 표현인 계절, 날씨, 색깔 등을 '자기 이해'라는 상담 목표와 연결해 활용할 수 있다. 예를 들어, "지금 선생님의 마음을 계절로 표현한다면 어떤 계절인가요? 그 계절의 풍경을 3~5줄로 써보세요.", "오늘 선생님의 감정을 날씨에 비유한다면 어떤 날씨인가요? 그 속의 선생님은 어떤 모습인가요?"

이러한 질문은 내담자가 자신의 정서적 상태와 욕구를 비유적으로 드러내도록 하는 과정이다. 예를 들어, 우울감을 호소하는 내담자가 '겨울. 해가 지지 않는 긴 밤. 창문에 성에가 끼어 밖이 보이지 않는다.'라고 썼다면, 상담사는 이 표현 속에서 내담자가 느끼는 고립감, 막힌 미래, 차가운 정서적 온도를 파악할 수 있다. 이처럼 시적 비유는 내담자의 경험을 더 입체적으로 드러낸다.

이 과정을 통해 상담사는 내담자의 문제를 명확히 이해하고, '감정 인식 능력 향상, 정서적 고립감 완화, 외부 세계와의 연결 회복'과 같은 구체적 상담 목표를 설정할 수 있다.

2) 정서 조절의 목표 통합

상담 중기에는 내담자가 불안, 분노, 우울과 같은 강렬한 감정을 건강하게 다루는 능력을 키우는 것이 핵심 목표가 된다. 많은 내담자들은 부정적 감정을 억압하거나 회피해 왔기 때문에, 감정을 인정하고 표현하는 것 자체에 어려움을 겪는다. 이때 시 쓰기의 활용은 감정을 억누르지 않으면서도 안전한 방식으로 표출할 수 있도록 해준다.

시 쓰기가 정서 조절에 효과적인 이유는 세 가지다. 첫째, 감정을 언어와 이미지로 전환하는 과정에서 내담자는 자신의 감정과 일정한 거리를 확보하게 된다. 둘째, 비유와 상징을 통해 감정을 객관화하면서 압도적이던 감정을 다룰 수 있는 크기로 축소할 수 있다. 셋째, 반복적인 시 쓰기를 통해 감정 인식과 표현이 하나의 기술로 체화된다.

예를 들어, 분노 조절에 어려움을 겪는 내담자에게 "선생님의 분노를 동물에 비유한다면 어떤 동물인가요? 그 동물의 움직임을 묘사해 보세요"라는 과제를 줄 수 있다. 내담자가 '우리 안을 맴도는 호랑이 / 발톱을 세우고 / 나갈 곳을 찾아 / 철창을 긁는다'라고 쓴다면, 상담사는 내담자의 분노가 갇혀 있는 감정이며, 출구를 찾지 못해 더욱 강렬해지고 있음을 이해할 수 있다.

이후 상담에서는 '호랑이가 안전하게 에너지를 쓸 수 있는 방법'을 함께 탐색하는 식으로 정서 조절 전략을 구체화할 수 있다. 상담사는 이러한 시 쓰기 과제를 회기마다 또는 특정 감정이 촉발되는 상황에서 반복적으로 활용함으로써, 내담자가 감정을 인식하고 표현하고 조절하는 일련의 과정을 하나의 기술로 체득하도록 지원할 수 있다. 이는 내담자의 감정 표출과 더불어 스스로 정서를 관리할 수 있는 자기 효능감을 높이는 결과로 이어진다.

3) 관계 회복의 목표 통합

많은 내담자들은 가족, 친구, 동료와의 관계에서 경험한 갈등과 상처로 상담실을 찾는다.

그러나 관계 문제는 직접적으로 말하기 어려운 경우가 많다. 상대방을 비난하는 것처럼 들릴까 두렵거나, 자신의 책임을 인정하기 힘들거나, 복잡하게 얽힌 감정을 명확히 설명할 언어를 찾지 못하기 때문이다. 이때 시 쓰기는 갈등을 직접적으로 서술하지 않고도 비유와 상징을 통해 관계의 본질을 드러낼 수 있게 한다.

예를 들어, 부모와의 소원한 관계로 고통받는 내담자가 '부서진 다리 위에 서 있다 / 건너편이 보이지만 / 발을 내딛을 수 없다'라고 쓴다면, 상담사는 이 표현을 통해 세 가지를 이해할 수 있다. 첫째, '부서진 다리'는 관계가 단절되어 있다는 사실이며, 둘째, '건너편이 보인다'는 여전히 연결에 대한 바람이 있다는 것, 셋째, '발을 내딛을 수 없다'는 표현은 구체적인 행동으로 옮기기 어려운 심리적 장벽이 존재한다는 것이다.

이후 상담 과정에서 내담자가 '작은 널빤지 하나를 / 조심스럽게 놓아본다 / 흔들리지만 / 발 하나는 올려놓을 수 있다'라고 쓴다면, 이는 관계 회복에 대한 내담자의 변화된 태도와 구체적인 시도 가능성을 보여주는 신호가 된다. 상담사는 이를 바탕으로 "작은 널빤지는 구체적으로 어떤 행동일까요?", "발 하나를 올려놓을 만큼 안전하다고 느낀 이유는 무엇인가요?"와 같은 질문을 통해 실제 관계 회복 전략을 함께 모색할 수 있다.

관계 회복은 대화 기술이나 행동 변화만으로 해결되지 않는다. 내담자 내면의 두려움, 기대, 바람이 먼저 명료화되어야 한다. 시 쓰기는 이러한 복잡한 내적 상태를 구체적 이미지와 언어로 드러내어, 상담사와 내담자가 함께 관계 회복이라는 목표를 향해 나아갈 수 있는 명확한 지도를 그릴 수 있게 해준다.

4) 정체성 형성과 성장의 목표 통합

상담의 후반부에는 내담자가 자신의 삶을 새로운 시각에서 바라보고, 변화된 자기 모습을 확인하며, 앞으로의 방향을 설정하도록 돕는 것이 핵심 목표가 된다. 이 단계에서 시 쓰기는 내담자가 자신의 이야기를 재구성하고, 새로운 정체성을 언어로 선언하는 계기가 된다.

심리학자 댄 맥아담스(McAdams, 1993)는 인간이 자신의 삶을 하나의 이야기로 구성하며, 이 '생애 서사(life narrative)'가 정체성의 핵심을 이룬다고 말한다. 상담 초기 내담자가 '나는 여전히 상처 속에 있다', '나는 실패한 사람이다'라는 서사를 가지고 있었다면, 반복적인 시 쓰기를 통해 이 서사는 점진적으로 변화할 수 있다.

예를 들어, 상담 초기에 '깨진 유리 조각 / 내 안에 박혀 / 걸을 때마다 아프다'라고 썼던 내담자가, 상담 후반부에 '상처는 아물어 흉터가 되고 / 흉터는 내가 살아온 지도다 / 나는 이제 절뚝이지 않고 걷는다'라고 쓴다면, 내담자가 자신을 '상처받은 피해자'에서 '역경을 견뎌낸 생존자'로 재정의하고 있음을 보여준다.

상담사는 이러한 서사의 변화를 내담자와 함께 확인하고, "처음에 쓴 시와 지금 쓴 시를 비교해 볼 때, 무엇이 달라졌나요?", "이 변화가 실제 삶에서는 어떻게 나타나고 있나요?"와 같은 질문을 통해 변화를 구체화해야 한다. 내담자가 자신의 성장을 언어로 확인할 때, 상담 목표의 성취는 상담사의 평가가 아니라 내담자 본인의 실감 있는 경험이 된다.

상담의 마무리는 새로운 자아를 선언하는 과정이다. 시 쓰기를 통해 내담자는 과거의 파편을 모아 현재의 자신을 긍정하고, 미래를 향한 새로운 생애 서사를 완성해 나간다. 이는 내담자가 상담실 문을 나선 뒤에도 스스로 삶을 가꾸어 나갈 수 있는 내면의 힘이 된다.

4. 상담사의 전략적 역할

시 쓰기가 상담 목표와 효과적으로 통합되기 위해서는 상담사의 전략적 개입이 필수적이다. 상담사는 시 쓰기 과제를 제시하고 결과물을 읽는 수동적 역할에 머물러서는 안되며, 다음과 같은 적극적 역할을 수행해야 한다.

1) 목표 지향적 해석

내담자가 쓴 시를 문학적으로 평가하는 것이 아니라, 상담 목표의 맥락에서 해석해야 한다. '나는 빈 방에 혼자 있다'라는 구절을 읽었을 때, 상담사는 "외로움을 잘 표현했네요"에 그치지 않고, "이 빈 방의 느낌이 지난주 이야기했던 관계에서의 고립감과 연결되는 것 같은데, 어떻게 생각하세요?"처럼 상담 목표, 즉 관계 회복과 연결해야 한다.

2) 의미 발견의 촉진

상담사는 내담자가 자신이 쓴 시에서 스스로 의미를 발견하도록 돕는 질문을 던져야 한다. "이 시를 쓰면서 어떤 감정이 들었나요?", "이 이미지는 선생님에게 무엇을 말해주나요?", "이 시 속에서 가장 중요한 단어는 무엇인가요?"와 같은 질문은 내담자가 수동적 작성자에서 능동적 해석자로 전환하도록 돕는다.

3) 실천적 연결

시에서 드러난 통찰을 실제 삶에서 실행하도록 해야 한다. "시에서 '다시 문을 열고 싶다'고 하셨는데, 실제로 선생님의 삶에서 열고 싶은 문은 무엇인가요?", "이 시에 나타난 변화의 바람이 선생님의 일상에서는 어떤 작은 움직임으로 나타날 수 있을까요?"처럼, 비유를 구체적 행동으로 전환하도록 격려해야 한다.

4) 변화의 추적과 지지

여러 회기에 걸쳐 작성된 시들을 함께 검토하면서 내담자의 변화 과정을 인정하고 지지해야 한다. "처음에는 어둠에 대한 이미지가 많았는데, 최근에는 빛과 움직임에 대한 표현이 늘어났네요. 이 변화가 의미하는 것은 무엇일까요?"와 같은 피드백은 내담자에게 자신의 성장을 확인시켜 준다.

5) 안전한 환경 조성

시 쓰기는 내담자의 깊은 감정을 드러내는 과정이므로, 상담사는 판단하지 않고 수용하는 태도를 유지해야 한다. 내담자가 쓴 내용이 문법적으로 완벽하지 않거나 시의 형식을 갖추지 않았더라도, 그 속에 담긴 진심을 존중하는 것이 중요하다.

6) 적절한 개입 시점 파악

내담자가 시 쓰기에 저항을 보이거나 과도하게 방어적일 때는 강요하지 않고, 다른 방법을 시도하거나 시기를 조정해야 한다. 반대로 내담자가 적극적으로 참여할 때는 더 깊은 탐색을 유도할 수 있다.

이렇게 시 쓰기는 상담 목표를 추상적 수준에서 구체적 경험과 변화의 길로 이끌어 준다. 그리고 자기 이해, 정서 조절, 관계 회복, 정체성 형성이라는 상담의 주요 목표들은 모두 시 쓰기를 통해 내담자의 내면에서 언어로 형상화되고, 그 언어는 다시 실천적 변화를 위한 출발점이 된다.

무엇보다 내담자가 쓴 시는 문학적 텍스트라기보다는 자기 이해와 성장을 향한 실천적 기록이다. 그것은 내담자가 자신의 삶을 새롭게 구성하고, 상담사와 함께 변화의 여정을 확인하는 증거이다. 상담에서 시 쓰기를 목표와 전략적으로 통합할 때, 내담자의 삶을 근본적으로 재구성하는 깊이 있고 의미 있는 변화를 이끌어 낼 수 있다.

5장

시 나누기 방법

1. 나누기 기법과 심리학적 의미

시 나누기 기법(Sharing Technique)은 내담자가 시를 읽거나 작성한 경험을 다른 사람과 공유하며 사회적 공감과 자기 이해를 촉진하는 상담적 전략이다. 이는 하인즈와 하인즈 베리(Hynes & Hynes-Berry, 1986)의 상호작용적 시치료 모델을 이론적 토대로 하며, 미국 시치료학회(NAPT)의 실천적 틀을 결합한 통합적 기법이다.

상담에서 '나누기'란 자신의 감정을 언어화하고 타인과 공유함으로써 정서적 통찰과 회복을 촉진하는 과정을 의미한다. 심리학적으로는 사회적 지지(social support) 이론과 깊이 연결되어 있으며, 특히 시치료에서는 시 읽기와 쓰기 활동을 마무리하는 핵심 단계이다. 여기에는 세 가지 심리학적 원리가 작동한다.

첫째, 사회적 지지와 보편성이다. 코헨(Cohen, 2004)은 사회적 지지가 정서적 안정에 결정적임을 강조했다. 집단상담의 대가 얄롬(Yalom, 1995) 또한 '나만 이런 것이 아니구나'라는 보편성(universality)이 치유의 핵심 요인이라고 보았다. 나누기를 통해 내담자는 고립감에서 벗어나 깊은 위로를 얻는다.

둘째, 자기 노출(self-disclosure)을 통한 정서적 해소다. 페니베이커(Pennebaker, 1997)의 연구에 따르면, 자신의 경험을 언어로 드러내는 행위는 인지적 재구성을 촉진한다. 내면의 갇혀 있던 감정이 관계 속에서 언어화되는 순간, 정서적 통합이 일어나며 상담의 효과는 극대화된다.

셋째, 공감을 통한 의미의 확장이다. 예를 들어, 집단 상담에서 한 내담자가 고백한 소외의 경험이 다른 구성원들의 공감과 만날 때, 개인의 고통은 보편적 위로로 승화된다. 이처럼 나누기는 개인적 기록인 시를 우리 모두의 이야기로 확장하는 치유의 마침표가 된다.

이처럼 나누기 기법은 감정의 언어화, 자기 노출, 사회적 지지가 맞물리는 과정이다.

2. 개인 상담에서의 적용

개인 상담에서 나누기 기법은 내담자가 시를 통해 자신의 내적 경험을 안전하게 드러내고, 상담사와 함께 그 의미를 탐색하며 자기 이해를 심화시키는 과정이다. 시치료의 맥락에서 나누기는 특히 중요한데, 내담자가 시를 읽거나 쓴 이후 자신의 내적 경험을 안전하게 공유하도록 이끌어 주기 때문이다.

1) 심리적 안정감 확보

내담자가 자신의 시를 읽고 상담사 앞에서 감정을 나누려면, 비판받지 않을 것이라는 확신이 필요하다. 상담사는 경청과 공감을 통해 내담자의 말이 존중받고 있음을 확인시켜 주어야 한다. 로저스(Rogers, 1957)가 강조한 무조건적 긍정적 존중(unconditional positive regard)은 이 과정의 핵심이다. 내담자가 상담사를 신뢰할 때, 자신이 평소 표현하지 못했던 감정을 시를 매개로 드러낼 수 있다.

2) 언어적·비언어적 단서 활용

내담자는 감정을 직접적으로 드러내지 못하는 경우가 많다. 이때 상담사는 시 속 비유와 상징, 반복되는 표현을 주의 깊게 읽어내야 한다. 예컨대 내담자가 '어둡고 긴 터널'을 반복적으로 쓴다면, 그것은 우울이나 불안을 상징할 수 있다. 상담사는 이러한 상징을 질문으로 이어가며 내담자의 감정을 더 깊이 탐색하게 한다. 나누기는 내담자가 자신의 언어로 표현하지 못한 부분까지 상담사와 함께 탐색하는 과정이다.

3) 점진적 자기 노출 유도

모든 내담자가 처음부터 깊은 감정을 나눌 수 있는 것은 아니다. 상담사는 시의 한 구절이나 단어를 선택해 그 의미를 묻는 방식으로 점진적 접근을 시도할 수 있다. 작은 노출에서 시작해 점차 확장되도록 돕는 것이 효과적이다. 이는 내담자가 자기 감정을 과도하게 노출하다가 오히려 불안을 경험하는 것을 예방한다.

4) 먼저 반영(reflection) 하기

나누기 과정에서 상담사가 성급히 해석하거나 조언을 제공하면, 내담자는 방어적 태도를 보일 수 있다. 반면, 상담사가 내담자의 언어를 그대로 비추는 '반영'은 심리적 안정감을 형성하고 자기 표현을 지속시키는 힘이 된다.

예를 들어 "그 구절을 쓸 때 마음이 어땠나요?" 대신 "그 구절을 읽으니 마음이 꾹꾹 눌러 담겨 있는 듯 느껴지네요. 그 문장에 머물 때 어떤 기분이 드시나요?"라고 건네는 식이다. 반영은 내담자가 스스로 자기 감정을 알아차리게 돕는 가장 효과적인 기술이다.

5) 감정 조율과 정리 단계

나누기가 끝난 후 상담사는 내담자가 표현한 감정을 다시 정리해 주어야 한다. "오늘 나눈 이야기 속에서, 불안과 동시에 희망이 있다는 것을 알게 되었네요."와 같은 요약은 내담자가 자기 감정을 객관적으로 바라보고 균형 있게 이해하도록 돕는다. 이는 상담의 다음 목표를 설정하는 기초가 된다.

예를 들어, 한 직장인 내담자는 '나는 유리창 너머에 서 있다'라는 시를 썼다. 그는 상담에서 이 구절을 나누며, 타인과 소통이 단절된 듯한 외로움을 털어놓았다. 상담사는 "유리창이라는 표현이 담고 있는 감정을 조금 더 이야기해 주실 수 있나요?"라고 질문했다. 내담자는 점차 자기 이야기를 풀어냈고, 직장 내 관계에서의 소외감을 구체적으로 인식하게 되었다. 이 과정을 통해 내담자는 막연했던 '외로움'의 실체를 확인하고, 왜 그렇게 느꼈는지를 비로소 깊이 있게 이해하게 되었다.

개인 상담에서 나누기 기법은 내담자의 감정을 있는 그대로 드러내고, 그것을 상담 목표와 연결하는 과정이다. 시 쓰기와 읽기가 내면의 재료를 제공한다면, 나누기는 그것을 상담의 언어로 정리하고 변화를 향한 동력으로 바꾸는 과정이다. 상담사는 내담자가 나눈 이야기를 존중하며, 그것을 자기 이해와 성장의 자원으로 활용할 수 있도록 안내해야 한다.

3. 집단 상담에서의 적용

집단 상담에서 나누기는 개인 상담과는 다른 차원의 치유적 의미를 지닌다. 개인의 내면적 체험이 집단의 장 속에서 공유될 때, 말은 마음을 통해 이동하고, 이동한 그 말을 담은 마음들이 서로 닿으며 치유의 흐름을 만들어 낸다. 시치료에서 시 읽기와 쓰기는 개인적 작업으로 시작되지만, 나누기 과정에서 그 의미가 배가된다. 집단 구성원들은 서로의 시를 듣고 공감하며, 자신이 느낀 정서를 다시 언어로 확인하는 과정을 거친다.

1) 집단의 안전한 분위기 조성

집단 상담은 여러 명의 참가자로 구성되기에 심리적 노출에 대한 불안이 커질 수 있다. 따라서 상담사는 규칙을 명확히 설정해야 한다. 예를 들어 '타인의 이야기를 비판하지 않는다', '공유된 이야기는 집단 밖으로 옮기지 않는다'와 같은 기본 규범을 확인시키는 것이다. 이러한 규범은 내담자들에게 보호받는 환경을 제공하며, 그 속에서 자유로운 나누기가 가능해진다. 얄롬(Yalom, 1995)이 제시한 집단 상담의 치료적 요인 중 '응집력(cohesion)'은 바로 이러한 안전한 분위기 속에서 형성된다.

2) 나누기의 구조화

집단에서 발언이 무작위로 이어지면 집중력이 분산되기 쉽다. 따라서 상담사는 시 쓰기 후 나누기를 단계적으로 설계해야 한다. 예컨대 시 낭독, 느낀 점 간단히 말하기, 서로의 시에 대한 공감적 피드백 주기, 전체 경험을 집단적으로 성찰하기의 순서로 진행할 수 있다. 이러한 구조화는 집단이 산만해지지 않도록 하며, 모든 참가자가 고르게 참여하도록 돕는다.

3) 보편성과 차이의 경험 제공

집단 상담에서 중요한 치유 요인 중 하나는 '나만 그런 것이 아니었다'는 알아차림이다. 얄롬(Yalom, 1995)이 강조한 '보편성(Universality)'은 서로 다른 사람들이 비슷한 주제를 시로 표현할 때 극대화된다. 이를 통해 내담자는 자신이 고립된 존재가 아님을 알게 된다. 서로 다른 사람들이 비슷한 주제를 시로 표현했을 때, 내담자는 자신이 고립된 존재가 아님을 알게 된다. 동시에 서로 다른 해석과 표현을 접하면서, 각자의 차이를 인정하고 존중하는 태도도 배울 수 있다. 나누기는 집단 속에서 보편성과 차이를 함께 경험하도록 돕는 과정이다.

4) 상호작용적 피드백 유도

개인 상담에서는 상담사가 주된 피드백 제공자이지만, 집단 상담에서는 구성원 간의 피드백이 중요하다. 상담사는 "누구의 시에서 어떤 부분이 마음에 남았나요?"와 같은 질문을 던져 서로의 경험을 반영하게 한다. 이 과정에서 구성원들은 청자가 아니라 적극적 참여자가 되며, 공감 능력과 대인관계 기술을 동시에 훈련할 수 있다.

5) 집단의 에너지를 활용한 정서적 해소 지원

집단에서 시를 나누다 보면 눈물을 흘리거나 감정을 강하게 표현하는 순간이 찾아온다. 이는 억눌린 감정이 집단적 공감 속에서 해방되는 과정이다. 상담사는 이러한 순간을 억제하지 말고, 집단 전체가 함께 감정을 수용하도록 돕는다. 한 사람의 눈물이 집단 전체의 공명으로 퍼져나갈 때, 개인의 아픔은 모두의 치유로 승화된다. 이것이 집단 나누기가 가진 가장 강력한 힘이다.

예를 들어, 한 청소년 집단 프로그램에서 '내가 가장 두려워하는 것'이라는 주제로 시 쓰기를 진행했다. 나누기 시간에 한 학생은 "나는 늘 시험지 앞에서 얼어붙는다"라는 문장을 공유했고, 다른 학생들은 고개를 끄덕이며 공감했다. 이후 또 다른 학생은 "나는 부모님의 싸움이 두렵다"라는 시를 발표했다. 집단은 서로 다른 두려움을 공유했지만, 두려움이라는 공통된 정서를 함께 다루면서 서로를 지지할 수 있었다. 이 과정은 각자가 자기 문제에 대해 덜 외롭게 느끼게 했고, 집단적 치유의 경험을 가능하게 했다.

집단 상담에서 나누기 기법은 집단이 가진 응집력과 상호작용을 활용한 심리적 치유 과정이다. 시치료에서 집단 나누기는 참가자들이 서로의 거울이 되어, 자신의 경험을 더 깊이 이해하고, 동시에 타인을 통해 확장된 공감과 위로를 얻는 기회가 된다. 상담사가 이를 적절히 구조화하고 이끌어 갈 때, 집단은 개인이 혼자서는 도달하기 어려운 치유의 깊이에 도달하게 된다.

4. 단계별 진행과 상담 설계

상담 장면에서 나누기 기법은 우연히 일어나는 대화가 아니라, 상담사가 의도적으로 설계하고 안내해야 하는 과정이다. 특히 시치유에서는 시 읽기와 쓰기 이후 나누기 단계가 내담자의 경험을 정리하고 의미화하는 핵심 과정이 되므로, 체계적 설계가 필수적이다. 이를 위해 나누기 기법은 보통 네 단계로 나누어 적용할 수 있다.

1) 도입 단계

이 단계는 안전감을 형성하는 단계이다. 나누기 기법은 내담자가 자신의 내적 경험을 공개하는 과정이므로, 무엇보다 심리적 안전이 확보되어야 한다. 상담사는 규칙을 확인하고, 비밀 보장과 비판 금지를 강조한다. 개인 상담에서는 경청과 공감적 태도로, 집단 상담에서는 집단 규범을 통해 안정된 분위기를 조성한다. "이곳에서 나누는 모든 것은 존중받고, 밖으로 옮겨지지 않는다"는 확인은 내담자에게 신뢰를 심어준다.

2) 표현 단계

표현 단계는 자기를 언어화하는 단계이다. 이 단계에서 내담자는 시를 읽거나 쓴 경험을 직접 나눈다. 상담사는 강요하지 않고, 내담자가 원하는 만큼만 공유할 수 있도록 배려해야 한다. 때로는 시 전체를 낭독하기보다, 가장 마음에 남은 한 줄을 선택해 이야기하게 하는 것도 효과적이다. 작은 표현에서 시작해 점차 확장할 수 있도록 돕는 것이 안전하다. 이 과정에서 내담자는 자신의 감정을 객관화하고, 언어로 드러내는 해방감을 경험한다.

3) 탐색 단계

탐색 단계는 정서와 의미를 확장하는 단계이다. 상담사는 내담자가 표현한 시적 언어 속에서 핵심적인 비유나 상징을 주목하고, 그것을 탐색하도록 질문한다. 예컨대 내담자가 '끝없는 사막'이라는 표현을 썼다면, 상담사는 "그 사막이 지금 어떤 마음을 닮았나요?"라고 물을 수 있다. 이러한 탐색은 내담자가 자신의 감정을 더 깊이 이해하도록 이끌며, 억압된 정서를 안전하게 드러내게 한다. 집단 상담에서는 타인의 공명하는 목소리를

통해 개별적 정서가 보편적 의미로 확장되는 치유적 전환이 일어난다

4) 정리 단계

정리 단계는 의미를 통합하고 상담 목표와 연결하는 단계이다. 상담사는 내담자가 말한 내용을 요약하면서 "오늘 나눈 이야기는 불안뿐 아니라 새로운 희망을 찾으려는 마음도 담고 있었네요"와 같이 의미를 통합해 준다. 또한, "이 경험을 앞으로 어떻게 활용하고 싶나요?"와 같은 질문을 통해 나누기 기법을 상담 목표와 연결한다. 이는 내담자가 자기 표현에서 멈추지 않고, 실제 삶의 변화로 나아가도록 돕는다.

이상의 네 단계는 나누기 기법을 위한 절차가 아니라, 상담사가 내담자의 정서 흐름을 따라가면서 탄력적으로 조율해야 하는 과정이다. 특히 상담사는 나누기 기법이 감정 해소(catharsis)에서 끝나지 않도록 주의해야 한다. 감정의 표출만으로는 인지적 재구성이나 행동의 변화로 이어지기 어렵기 때문이다. 중요한 것은 내담자가 나눈 경험이 자기 이해와 성장, 그리고 상담 목표와 연결되도록 이끄는 것이다.

Part Ⅲ

대상별 · 주제별 시치유

1장

아동·청소년 시치유와 상담

1. 발달 특성과 시치유 적용

아동·청소년기는 인간 발달에서 정서와 인지가 급격히 변화하는 시기다. 이 시기에는 애착 욕구와 불안이 중요한 요인으로 작용한다. 부모와의 관계, 또래 관계의 불안정, 학업 스트레스 등으로 인해 정서적 기복이 크게 나타난다.

에릭슨(Erikson, 1968)은 아동기를 '근면성 대 열등감', 청소년기를 '정체성 대 역할 혼란' 단계로 보았다. 아동은 능력에 대한 확신을 형성해야 하고, 청소년은 사회적 역할 속에서 자기 정체성을 확립해야 한다. 그러나 이 과정에서 정서적 불안정이 자주 나타난다. 아동은 언어적 표현 능력이 미숙하여 감정을 행동으로 드러내는 경우가 많고, 청소년은 사춘기의 정서적 기복과 자율성 추구로 인해 갈등을 경험하기 쉽다. 따라서 상담 현장에서는 이들의 발달 특성을 이해하고, 감정을 건강하게 표현하도록 돕는 일이 핵심 과제가 된다.

비고츠키(Vygotsky, 1978)는 언어가 사고와 정서 발달의 핵심 매개임을 밝혔다. 아동·청소년이 시를 통해 감정을 언어로 표현하면, 자기 이해와 타인 이해가 동시에 촉진된다. 또한, 메이어와 살로베이(Mayer & Salovey, 1997)가 제시한 정서지능 이론에 따르면, 감정을 인식하고 표현하는 능력은 사회적 적응과 자기 효능감을 높이는 핵심 요소다. 시치유 활동은 이러한 능력을 자연스럽게 길러 준다.

최근에는 아동·청소년의 정서 문제가 사회적 차원에서도 뚜렷하게 드러나고 있다.

국내 한 언론 보도에 따르면, 최근 수년간 항우울제를 처방받는 초등학생과 중·고등학생이 급증했으며, 정신과 약물을 복용하는 17세 이하 청소년이 크게 늘어났다고 한다. 전문가들은 조기교육과 학업 스트레스, 정서 장애의 확산을 주요 원인으로 지적하며, 학교와 지역사회가 연계된 조기 개입과 심리치료 대책의 필요성을 강조한다.

아동·청소년 시치유의 체계적 접근은 마짜(Mazza, 1999, 2003)의 연구에 기반한다. 그는 발달 단계별 접근과 수용적, 표현적 양식을 구분하여 5단계 치료 모델을 제시했으며, 특히 아동·청소년에게 시가 '심리적 거리두기(Psychological Distancing)'를 통해 안전한 자기 표현의 도구가 된다고 강조했다. 이 장에서는 그의 이론적 틀을 한국 상담 현장에 맞게 재해석하여 적용한다.

시치유는 발달 단계에서 나타나는 정서적 어려움을 다루는 상담적 자원으로 기능한다. 아동에게는 반복과 운율이 살아 있는 동시가 효과적이다. 단순한 언어와 의인화된 표현을 통해 감정을 쉽게 끌어낼 수 있기 때문이다. 청소년에게는 정체성, 관계, 미래를 주제로 한 시가 더 적합하다. 그들은 시를 읽으며 자기 경험을 투사하고, 시 쓰기를 통해 내적 혼란을 구조화할 수 있다. 상담사는 연령과 언어 수준을 고려하여 시의 길이와 난이도를 조정하고, 아동에게는 놀이처럼, 청소년에게는 자기 탐색의 언어처럼 시를 경험하도록 안내한다.

뇌과학 연구에서 아동기의 언어 경험은 전두엽과 측두엽 발달을 촉진한다. 정서를 언어로 다루는 훈련은 편도체의 과잉 반응을 줄이고, 안정된 정서 반응을 가능하게 한다. 청소년기의 시적 글쓰기는 해마와 전전두엽 회로를 활성화해 자기 성찰과 정서 조절 능력을 강화한다. 반복적이고 누적된 시 경험은 뇌의 신경가소성을 높여 장기적 정서 회복력으로 이어진다.

상담 현장에서는 단계별 적용이 가능하다. 아동 상담에서는 그림책과 시를 읽고 그림이나 색을 활용해 감정을 표현하도록 이끌 수 있다. 청소년 상담에서는 자기 경험을 시로 쓰게 하고, 상담사가 “이 시 속에서 가장 강한 감정은 무엇인가?”, “다른 시각에서 본다면 어떻게 달라질까?”와 같은 질문을 던져 의미 탐색을 돕는다. 집단 상담에서는 시를 함께 나누고 서로의 경험에 반응하는 과정을 통해 사회적 공감과 정서적 안정이 동시에 강화된다.

이처럼 아동·청소년의 발달 특성을 고려한 시치유는 단순한 문학 활동을 넘어 정서적 회복과 자기 이해, 정체성 탐색을 지원하는 중요한 상담 자원이 된다. 시는 아동에게는 놀이의 언어가 되고, 청소년에게는 자기 고백의 언어가 된다. 상담사가 발달 단계에 맞추어 이를 적용할 때, 시는 삶을 지탱하는 치유적 언어로 자리매김한다.

2. 시 읽기·쓰기 방법과 효과

아동·청소년 상담에서 시 읽기는 단순한 학습 활동이 아니라 정서 탐색과 자기 이해를 촉진하는 중요한 과정이다. 비고츠키가 강조했듯, 언어는 사고와 정서 발달의 매개이다. 시 읽기를 통해 아동·청소년은 자기 감정을 언어화하며, 그 과정에서 인지적 성숙과 정서적 성장이 동시에 이루어진다. 상담사는 발달 단계와 정서 상태를 고려해 적절한 읽기 방법을 선택하고 지도해야 한다.

1) 시 읽기 방법

(1) 작품 선택

아동에게는 짧고 반복적이며 의인화가 많은 동시, 리듬이 분명한 작품이 적합하다. 언어적 난이도가 낮아 이해가 쉽고, 놀이처럼 읽을 수 있어 정서적·심리적 부담을 줄인다. 청소년에게는 정체성, 관계, 미래를 주제로 한 작품이 효과적이다. 자기 성찰이나 사회적 문제를 다루는 시는 청소년이 자신의 고민을 안전하게 투사할 수 있는 공간을 제공한다.

(2) 낭독

시를 소리 내어 읽는 과정에서 리듬과 억양이 감정을 자극한다. 아동은 낭독을 통해 말과 감정을 연결하고, 청소년은 자기 목소리를 통해 감정을 직접 드러낼 수 있다. 상담사는 시를 함께 읽으면서 내담자의 억양, 속도, 목소리 변화를 관찰하여 정서 상태를 파악한다.

(3) 반복 읽기

같은 시를 여러 번 읽게 하여 매번 달라지는 감정 반응을 확인한다. 첫 번째는 단순 이해, 두 번째는 정서적 반응, 세 번째는 자기 경험과의 연결로 이어지도록 유도한다. 반복적 읽기는 내담자의 정서를 점진적으로 탐색하고 구조화하는 효과가 있다.

(4) 역할 읽기: 투사적 낭독(Projective Reading)

이 단계는 시 속 화자나 인물이 누구인지 떠올리며 그에 맞는 목소리의 톤과 억양으로 읽는 방식이다. 나는 이러한 행위가 스토리텔링이자 내담자의 무의식을 목소리에 실어 보내는 과정이라는 점에 주목하여, 이를 '투사적 낭독(Projective Reading)'이라 명명하고자 한다. 이는 독서치료의 선구자 캐럴라인 슈로데스(Caroline Shrodes)가 강조한 '동일시와 투사'의 원리가 낭독이라는 역동적인 신체 행위와 결합한 형태이다.

예를 들어, 시의 화자가 엄마라면 엄마의 어조로, 친구라면 친구의 톤으로 읽는다. 이는 내담자가 화자와 맺고 있는 심리적 관계나 평소의 정서 상태를 엿볼 수 있는 중요한 단서가 된다. 같은 '엄마'의 목소리라 하더라도 어떤 학생은 날카롭고 가시 돋친 듯 표현하고, 어떤 학생은 납덩이를 매단 듯 무겁게 표현하는데, 이 미묘한 음성의 결이 바로 상담사가 주목해야 할 지점이다.

또한, 시가 방언(사투리)으로 쓰였다면 고유한 억양을 살려 낭독할 수 있다. 상담사는 내담자가 선택한 목소리의 색깔과 억양을 관찰하며 그 안에 담긴 정서적 단서를 발견하고, 이를 자기 성찰로 연결해 줄 수 있다. 특히 내담자가 특정 인물의 목소리를 낼 때 활성화되는 뇌의 거울신경계(Mirror Neuron) 반응은 타인의 입장과 감정을 헤아리는 조망 수용 능력으로 확장되기도 한다. 이러한 투사적 낭독은 텍스트에 투영된 자신의 감정을 목소리로 직접 확인하며 자연스럽게 치유의 과정으로 이어진다.

(5) 반응 공유

낭독 후 즉시 열린 질문을 제시한다. "어떤 구절에서 마음이 멈췄는가?", "어떤 표현이 가장 와닿는가?", "그 구절에서 떠오른 기억은 무엇인가?"와 같은 질문은 내담자가 감정을 명확히 언어화하도록 돕는다. 상담사는 이를 확장시켜 성찰의 기회를 제공할 수 있다.

(6) 매체 통합

아동은 시 읽기 후 그림 그리기나 색칠하기로 감정을 표현할 수 있다. 청소년은 읽은 시를 바탕으로 일기나 짧은 글을 기록하며 자기 성찰을 심화시킨다. 다른 표현 매체와 결합하면 감정 탐색이 다각도로 확장된다.

2) 시 쓰기 방법

아동·청소년에게 시를 쓰게 하는 일은 단순한 글쓰기 훈련을 넘어, 감정을 표현하고 삶의 경험을 언어로 조직하는 중요한 과정이 된다. 쓰기는 읽기와 달리 내면의 목소리를 직접 밖으로 꺼내는 작업이기에, 상담 현장에서 특히 큰 힘을 발휘한다. 비고츠키가 말했듯, 언어는 사고와 정서의 발달을 매개한다. 아동·청소년이 시를 쓰는 경험은 자신의 생각과 감정을 구조화하고, 이를 다시 사회적 맥락 속에서 이해하는 계기가 된다.

(1) 자유 글쓰기 방식

아동에게는 특정 형식에 구애받지 않고 떠오르는 생각이나 감정을 짧게 쓰게 하는 것이 효과적이다. 형식적 제약이 없을 때 감정의 흐름이 자연스럽게 드러나며, 내담자는 자신의 마음을 안전하게 외부화할 수 있다. 예를 들어 "오늘 나는 …"으로 시작하는 문장을 이어 쓰게 하면, 무의식적 정서가 시적 언어로 흘러나온다.

(2) 구조화된 글쓰기 방식

청소년에게는 특정한 형식을 제시하는 것이 도움이 된다. 삼행시, 오행시, 혹은 "나는 …이다"로 시작하는 자기 진술문을 시로 확장하는 방식이 대표적이다. 구조화된 틀은 불안정한 청소년의 감정을 안전하게 담아낼 수 있는 그릇이 되며, 정체성 탐색에도 기여한다.

(3) 상징 활용 방식

시 쓰기 과정에서 비유나 상징을 적극적으로 도입하면, 직접 표현하기 어려운 감정이 분명하고 뚜렷이 드러난다. 아동은 동물이나 사물에 감정을 투사하여 시를 쓰게 하고, 청소년은 상징적 이미지(예: 거울, 길, 계절)를 통해 자신의 고민을 간접적으로 표현할 수 있다. 이는 정신분석적 관점에서 무의식의 언어를 상담 장면에 적용하는 방법이기도 하다.

(4) 집단 쓰기와 나누기 방식

여러 명이 함께 주제어를 정하고 돌아가며 시를 한 줄씩 이어 쓰는 방법은 아동·청소년 모두에게 유익하다. 아동은 놀이처럼 참여하면서 집단 속에서 정서적 안정감을 얻고, 청소년은 친구들과의 글쓰기 속에서 공감과 소속감을 경험한다. 이렇게 완성된 공동시는 나눔 과정에서 또 다른 정서적 울림을 제공한다.

(5) 상담과 통합하는 방식

상담사가 시 쓰기를 단순한 창작 활동이 아니라 상담 목표와 연결하도록 설계하는 것도 중요하다. 예를 들어, 불안을 주제로 한 내담자에게는 "불안에게 편지 쓰기" 같은 과제를 제시할 수 있다. 이는 정서의 대상을 언어화함으로써 자기 이해와 감정 조절을 촉진한다. 또한, 작성된 시는 상담 기록으로 활용되어 내담자의 변화를 추적하는 근거가 된다.

3) 시 읽기·쓰기의 통합적 효과

시 읽기와 쓰기를 통합적으로 활용할 때, 아동·청소년의 정서 발달과 자기 이해는 더욱 깊어진다. 뇌과학 연구에 따르면, 시 읽기는 산문 읽기와는 다른 뇌 활성화 패턴을 보인다. 제만 등(Zeman et al., 2013)의 fMRI 연구는 시 읽기가 정서와 인지를 통합하는 뇌 영역을 활성화함을 보여주었다. 시 낭독은 전두엽과 측두엽을 동시에 활성화하여 언어 이해와 정서 반응을 연결하고, 반복 읽기는 편도체의 과잉 반응을 안정시켜 감정 조절을 돕는다.

시 쓰기 역시 독특한 뇌 활동 패턴을 나타낸다. 류 등(Liu et al., 2015)은 시 창작 과정에서 창의성과 정서가 통합되는 뇌 연결망을 확인했다. 시 쓰기는 전두엽을 활성화하여 계획과 자기 통제 기능을 강화하고, 해마와 편도체의 연결을 통해 기억과 감정의 통합을 돕는다. 특히 청소년기에는 신경가소성이 활발하기 때문에 반복된 읽기와 쓰기 경험이 장기적 정서 안정과 회복탄력성 향상으로 이어진다.

곧 아동·청소년 대상의 시 읽기와 쓰기 방법은 자유로움과 구조화, 상징과 집단 경험, 그리고 상담 목표와의 통합까지 다양하게 설계할 수 있다. 상담사는 발달 단계와 정서적 상태에 맞추어 이러한 방법을 적절히 선택해야 하며, 그렇게 할 때 시 읽기와 쓰기는 단순한 문학 활동을 넘어 자기 이해와 정서 회복을 이끄는 치유적 언어로 기능하게 된다.

3. 집단 시치유 활용 전략

집단 상담은 아동·청소년에게 중요한 경험의 장을 제공한다. 개인 상담이 1대1 관계 속에서 자기 성찰과 내적 탐색에 집중한다면, 집단 상담은 또래와의 상호작용을 통해 사회적 기술을 배우고, 정서적 지지를 경험하며, 공동체적 소속감을 형성하게 한다. 시치유를 집단 상담에 적용하는 일은 시가 가진 집단적 울림과 공감의 힘을 활용한다는 점에서 의미가 크다.

1) 집단 상담의 특성과 시치유

에릭슨이 청소년기를 '정체성 대 역할 혼란'의 시기라고 규정했듯, 이 시기의 청소년은 자신이 누구인지, 어디에 속해야 하는지에 대한 질문을 끊임없이 던진다. 집단 시치유는 이런 정체성 탐색 과정에서 또래와 함께 시를 읽고 쓰고 나누며 자신을 비춰보게 한다. 아동에게도 또래 집단은 중요한 사회적 배움터다. 시를 함께 낭독하고 놀이처럼 시를 만들어가는 과정에서 아이들은 타인의 감정을 이해하고 협력하는 법을 배운다.

2) 구체적 진행 방식

집단 상담에서 시치유를 적용할 때는 몇 가지 단계적 접근이 필요하다.

(1) 도입 단계: 처음 만날 때의 서먹서먹함을 부드러운 분위기로 바꾸기 위해 짧은 동시 낭독이나 짧은 시 구절 나누기를 활용한다. 이는 참여자의 긴장을 풀고 안전한 분위기를 조성한다.

(2) 탐색 단계: 함께 시를 읽고, 각자 마음에 와닿는 구절에 표시하거나 낭독한다. 이후 그 이유를 간단히 이야기하게 하여 자기 감정과 타인의 감정을 비교하고 이해하도록 돕는다.

(3) 표현 단계: 주제를 정해 각자가 짧은 시를 쓰거나, 돌아가며 한 줄씩 이어 쓰는 협력적 글쓰기를 진행한다.

(4) 공유 단계: 완성된 시를 집단 안에서 읽으며 서로의 경험을 공유한다. 상담사는 단순한 평가 대신 "이 부분에서 어떤 마음을 느꼈나요?"와 같은 열린 질문을 던져 성찰을 유도한다.

(5) 통합 단계: 활동을 마무리하며 오늘의 경험을 한마디로 표현하게 하거나, 기억에 남는 구절을 다시 낭독하게 하여 오늘의 수업 과정을 통합한다.

3) 효과와 심리학적 근거

집단 시치유는 반두라(Bandura, 1977)의 사회적 학습 이론과 맞닿아 있다. 그는 아동·청소년은 또래의 반응을 관찰하고 모방하여 자기 행동을 조정한다고 하였다. 시를 나누는 과정에서 또래가 자신의 감정을 솔직히 드러내는 것을 보며, 자신도 안전하게 표현할 수 있다는 확신을 얻는다. 또한, 집단 내 상호작용은 사회적 지지망(social support network)으로 작동하여 불안을 완화하고 자존감을 높인다. 청소년기 집단은 때로 갈등과 비교를 낳기도 하지만, 상담사가 적절히 조율하면 건강한 자기 인식과 타인 이해로 전환된다.

4) 뇌과학적 관점

집단 안에서 시를 함께 낭독하거나 나눌 때, 뇌의 거울신경세포(mirror neurons)가 활성화된다. 이는 타인의 표정과 감정을 공감하는 신경학적 기제다. 아동은 시를 함께 읽으며 또래의 감정 상태를 자연스럽게 학습하고, 청소년은 타인의 경험을 내면화하면서 자기 성찰을 확장한다. 반복된 집단 시치유 경험은 뇌의 사회적 인지 회로를 강화하고, 대인관계 기술과 정서 조절 능력을 동시에 발전시킨다.

5) 상담사의 역할: 뇌회로의 재구성을 돕는 촉진자

집단 시치유에서 상담사의 역할은 단순한 진행자가 아니라, 참여자의 내면 신호를 이끌어내고 새로운 신경 경로를 탐색하도록 돕는 촉진자(facilitator)이다. 상담사는 각 참여자가 시라는 거울 속에서 자신을 발견하고, 타인의 고통과 기쁨에 공감하며 사회적 뇌를 활성화하도록 돕는다.

또한, 상담사는 집단 내에서 누군가 소외되지 않도록 분위기를 조율하며, 갈등이 발생할 경우 이를 즉각적인 스트레스 반응(편도체 활성화)에 머물게 하지 않고 시적 표현으로 전환(Reframing)하여 긍정적 학습과 정서적 통합의 기회로 삼는다.

예를 들어, 아동·청소년 집단 상담 중 한 학생이 다른 학생의 시 낭독을 듣고 "그게 뭐야? 재미없는데."라며 공격적이거나 냉소적인 반응을 보일 수 있다. 이때 상담사는 이를 훈육의 대상으로 삼기보다, 다음과 같은 시적 언어를 통해 집단의 에너지를 즉각적으로 전환할 수 있다.

"너도 별이다 / 나도 별이다 / 우리 모두는 빛나는 별이다"
너의 표현도 별이다 / 나의 표현도 별이다 / 우리 모두의 표현은 빛나는 별이다"

이러한 상담사의 '시적 개입'은 참여자의 방어기제를 낮추고, 정서적 유대를 돕는 호르몬인 옥시토신 분비를 촉진하여 공동체적 안정감을 형성한다.

아동·청소년 집단 상담에서 상담사의 핵심 역할은 이러한 공동체적 회복과 성장의 신경학적 환경을 조성하는 것이다. 상담사는 시를 함께 읽고 쓰고 나누는 과정에서 각 참여자가 자신은 물론 타인 역시 소중한 존재임을 뇌의 깊은 곳으로부터 경험하도록 촉진한다. 상담사의 세심한 개입과 분위기 조율을 통해 창출된 집단적 치유 경험은 아동·청소년의 정체성 형성, 사회적 기술 습득, 그리고 회복탄력성이라는 튼튼한 뇌 회로 구축으로 이어진다.

4. 특수 상황에서의 시치유 적용

상담 현장에서 만나는 아동·청소년은 모두 비슷한 발달 과정을 거치지만, 각자의 환경과 경험은 크게 다르다. 특히 가정 해체, 학대, 학교 부적응, 학습 부진, 장애와 같은 특수 상황에 놓인 아이들은 일반적인 발달 과제 외에 추가적인 심리적 부담을 안고 살아간다. 이들에게 시치유는 단순한 감정 표현의 수단을 넘어, 자기 이해와 회복을 돕는 안전한 언어적 공간이 된다.

1) 이혼 및 가정 해체 상황의 아동

부모의 갈등과 이별을 경험하는 아동은 세상이라는 안전망이 사라졌다는 유기 불안(버려졌다는 감각)과 모든 상황이 자신의 잘못이라는 자기 비하적 인지 왜곡을 겪기 쉽다. 이러한 만성적 스트레스 상황은 아이의 뇌를 늘 비상사태(투쟁-도피 반응)로 몰아넣어, 정서 조절과 고차원적 사고를 담당하는 전전두엽의 기능을 약화시킨다.

시치유는 이처럼 얼어붙은 아이들의 내면을 녹이는 '안전한 언어적 완충지대'가 되어준다. 예를 들어, 직접적으로 말하기 힘든 고통을 '이별에게 편지 쓰기'나 '슬픔이라는 이름의 구름'과 같이 상징화된 대상으로 설정하여 표현하게 한다.

이러한 시적 상징화는 두 가지 차원에서 뇌회로를 재구성한다. 첫째, 감정을 직접 대면하는 대신 '시적 언어'라는 필터를 거치게 함으로써, 감정을 담당하는 편도체의 과잉 활성화를 막고 정서적 안전을 확보한다. 둘째, 감정을 문자로 객관화(언어화)하는 과정에서 좌뇌와 우뇌가 통합적으로 작동하여, 내적 긴장을 완화하고 상처받은 자아를 객관적인 시선으로 바라볼 수 있는 거리를 만들어준다. 이 과정을 통해 아이는 '나의 잘못'이라는 왜곡된 프레임에서 벗어나, 자신의 삶을 새롭게 정의하는 힘을 얻게 된다.

2) 학대 경험 아동: 억압된 감정의 해방과 자기 목소리의 복원

신체적·정서적 학대를 지속적으로 경험한 아동은 생존을 위해 자신의 감정을 철저히 차단하는 '심리적 마비(Psychological Numbness)' 상태에 빠지기 쉽다. 이 아이들에게 직접적인 감정 표현은 곧 위험(보복이나 거부)을 의미하기 때문에, 전전두엽은 감정을 억압하고 편도체는 늘 과각성된 상태로 머물러 있다. 따라서 이들에게는 직접적인 질문보다 시라는 '우회적이고 안전한 통로'가 반드시 필요하다.

시치유의 초기 단계에서는 그림책 속 시나 짧은 동시를 매개체로 활용한다. 아이는 시 속의 주인공이나 사물에 자신을 투사함으로써, '나의 이야기'가 아닌 '시 속의 이야기'라는 안전한 거리 뒤에 숨어 억압된 감정을 조금씩 흘려보낸다.

상담사는 아이가 선택한 단어나 짧은 구절 속에서 '정서적 단서(Emotional Cue)'를 발견해야 한다. 예를 들어, 아이가 비 오는 날의 우울함을 노래한 시에서 특정 단어에 머문다면, 그것은 아이의 얼어붙은 뇌 회로가 조금씩 반응하기 시작했다는 신호다.

이후 과정은 아이가 자신의 목소리를 되찾는 신경학적 재활 과정과 같다. 단어에서 문장으로, 짧은 동시에서 자신의 서사가 담긴 시로 글의 길이를 확장해 나가는 것은, 억압되었던 자기 표현 회로를 다시 연결하는 작업이다. 이 과정을 통해 아이는 타인에 의해 정의된 '피해자'라는 정체성에서 벗어나, 자신의 고통을 언어로 다스릴 줄 아는 '자기 삶의 서술자'로 성장하게 된다.

3) 학교 부적응 및 또래 관계 어려움

학교 부적응이나 또래 관계에서 어려움을 겪는 청소년은 깊은 고립감과 분노, 그리고 자존감의 붕괴를 동시에 경험한다. 이 시기의 청소년 뇌는 사회적 배제를 신체적 통증과 동일한 경로로 인식하며, 이는 '세상에 나 혼자뿐'이라는 절망적 회로를 고착화한다.

이때 시치유는 자신의 파편화된 경험을 안전하게 객관화하고, 타인과 다시 주파수를 맞출 수 있는 강력한 매개가 된다. 청소년들은 자신이 겪는 외로움과 고통을 시적 언어로 치환하고, 집단 상담 속에서 이를 공유하며 나의 아픔이 고립된 섬이 아니라 타인과 깊게 연결된 '공명(Resonance)'의 지점임을 확인한다. 이러한 보편적 서사의 발견은 사회적 지지망을 형성하는 신경학적 토대가 되며, 위축되었던 자아 정체성을 건강하게 회복시키는 데 결정적인 역할을 한다.

4) 학습 어려움을 겪는 아동: '실패의 뇌'에서 '효능감의 뇌'로

학업 성취가 낮은 아동은 반복된 실패 경험으로 인해 학습과 보상을 담당하는 도파민 회로가 위축되어 있다. 새로운 과제 앞에서 뇌는 이를 도전이 아닌 '위협'으로 인식하며, 이는 학교 생활 자체를 회피하게 만드는 학습된 무기력으로 이어진다.

시치유는 인지적 부하를 최소화하면서도 즉각적인 성취 경험을 제공하는 가장 우아한 대안이다. 정답이 없는 시의 세계에서 짧은 한 줄을 완성하는 행위는 아이에게 '나도 무언가를 창조할 수 있는 존재'라는 작은 성취감을 선사한다. 이때 상담사는 '완벽한 시'라는 결과물보다 '마음을 담아낸 용기'에 주목해야 한다. 이러한 지지는 아이의 뇌 속에 잠들어 있던 자기 효능감(Self-efficacy) 회복의 신경 경로를 활성화하며, 위축되었던 전전두엽이 다시 세상을 향해 작동하도록 돕는 마중물이 된다.

5) 장애 아동·청소년: 감각의 확장과 고유한 존재의 증명

발달장애나 언어 장애를 가진 아동에게 시치유는 언어 교육과 함께 서로 어긋나 있는 감각들의 주파수를 맞춰준다. 단어와 그림을 결합하거나, 시 특유의 리듬과 반복을 활용하는 활동은 언어 중추를 자극할 뿐만 아니라 정서적 안정을 돕는 뇌의 리듬감을 회복시킨다.

시의 '리듬(Rhythm)'은 생존을 담당하는 뇌간(Brainstem)의 기저 리듬을 안정시켜, 정서적 조율(Attunement)을 돕는다. 특히 집단 시치유 과정에서 자신의 작은 신호(단어, 몸짓, 그림)가 타인에게 '의미'로 수용되는 경험은, 장애라는 틀 안에 갇혀 있던 자아가 타자와 연결되는 사회적 뇌(Social Brain)의 확장을 이끌어낸다. 이는 아이들이 자신의 존재감을 실감하며, 자신만의 고유한 언어를 만들어가는 소중한 밑거름이 된다.

6) 신경생물학적 관점: 정서적 하이재킹을 멈추는 시의 힘

특수 상황에 놓인 아동·청소년은 만성적 스트레스로 인해 이성이 감정에 의해 완전히 점령당하는 '정서적 하이재킹(Emotional Hijacking)' 상태를 자주 경험한다. 이는 비행기가 테러범에게 납치(Hijacking)당하듯, 뇌의 조종권이 이성적인 전전두엽에서 본능적인 감정 중추인 편도체로 순식간에 넘어가 버리는 현상을 의미한다.

이러한 상태가 되면 뇌는 합리적 판단을 멈추고 오직 '생존'을 위한 공격이나 회피 반응만을 보인다. 예를 들어, 학교에서 친구가 내 시를 보고 살짝 웃었을 뿐인데, 자존감이 낮거나 고립감을 느끼던 아이는 그것을 나를 향한 '비웃음'으로 인지한다. 그 순간 전전두엽은 마비되고 편도체가 조종간을 뺏으면서, 아이는 갑자기 소리를 지르거나 책상을 밀치는 통제 불능 상태에 빠진다. 이는 우리가 운전 중 누군가 갑자기 끼어들었을 때 순간적으로 눈앞이 붉어지며 끝까지 쫓아가 보복 운전을 하려 하는 상태와 같은 원리다.

중요한 것은 이러한 행동이 아이의 성격이 나빠서가 아니라, 뇌의 비상벨이 과도하게 울려 이성을 마비시켰기 때문이라는 것이다. 시치유는 이렇게 폭주하는 뇌에 '언어'라는 브레이크를 밟게 하는 역할을 한다. 격한 감정이 신체적 폭발로 이어지기 직전, 우리 뇌에는 '언어적 창(Linguistic Window)'이라 불리는 약 0.2~0.5초의 짧은 찰나가 존재한다.

이 짧은 순간은 뇌과학적으로 편도체(감정의 센터)와 전전두엽(이성의 센터)이 주도권을 놓고 격렬하게 다투는 '운명의 시간'이다. 이때 "슬퍼요" 혹은 "마음이 따가워요"와 같이 내면을 묘사할 시적 단어를 고르게 되면, 뇌의 조종권은 다시 전전두엽으로 돌아온다. 단어를 고르는 그 짧은 망설임이 뇌과학적으로는 감정의 하이재킹을 막는 결정적 승부처가 되는 셈이다. 이처럼 시 쓰기는 아이들에게 고통스러운 감정으로부터 한 걸음 물러설 수 있는 '잠시 멈춤'의 시간을 선물한다.

버클런드 등(Burklund et al., 2014)의 fMRI 연구는 이러한 과정을 과학적으로 뒷받침한다. 감정을 언어로 명명하는 과정(Affect Labeling)이 편도체의 과잉 반응을 즉각적으로 억제하고 전전두엽을 활성화한다는 점을 증명했기 때문이다. 최근 레쿠치 등(Grecucci et al., 2024)의 연구 역시 반복적인 시적 경험이 뇌 회로의 통합적 상호작용을 강화하여, 결과적으로 외부 자극에 유연하게 대응할 수 있는 심리적 유연성을 높아주는 '신경학적 다리'가 된다는 것을 보여준다.

2장

성인·중년 시치유와 상담

1. 삶의 특성과 시치유의 필요성

성인기와 중년기는 청소년기의 급격한 변화를 지나 새로운 발달 과제를 맞이하는 시기다. 에릭슨(Erikson, 1968)은 성인 초기를 '친밀감 대 고립감', 중년기를 '생산성 대 침체성'의 단계로 설명했다. 이 시기 성인은 타인과 깊은 관계를 맺고 사회에 기여해야 하는 책무를 지니며, 이를 달성하지 못할 경우 깊은 외로움과 무력감에 빠지게 된다.

1) 성인기의 발달 특성

성인기는 직업적 성취, 가정 형성, 부모 역할 등 다층적인 과제를 안고 있다. 이미 형성된 정체성을 바탕으로 새로운 사회적 역할을 수행해야 하지만, 직업적 불안정이나 관계의 갈등은 견고해 보이던 자아를 흔들어 놓는다.

특히 현대 사회의 치열한 경쟁 속에서 성인들은 자신의 감정을 돌볼 여유를 잃어버린 채 '기능하는 존재'로만 살아가기 쉽다. 사회적 책임감 때문에 "힘들다"는 직접적인 호소조차 사치로 느낄 수 있다. 이럴 때 시는 방어기제를 건드리지 않는 우회적이고 안전한 언어를 제공한다.

예를 들어, '저녁이 온다'는 시적 구절을 만날 때, 내담자는 비로소 사회적 가면을 벗고 그 문장 뒤에 숨겨두었던 자신의 피로와 고립감을 투사한다. 직접 말하기 힘든 생존의 고단함을 시라는 그릇에 담아냄으로써, 억눌린 정서는 비로소 안전한 배출구를 찾게 된다.

2) 중년기의 발달 특성

중년기(40대~60대)는 인생의 반환점으로, "내가 이룬 것은 무엇인가?", "남은 생은 어떤 의미인가?"라는 본질적인 질문과 마주하는 시기다. 이 시기 성인은 신체적 노화와 더불어 자녀의 독립(빈 둥지 증후군), 부모의 죽음과 같은 급격한 관계의 상실을 경험한다.

절히 애도하지 못할 경우, 억압된 슬픔은 만성적인 허무감이나 '중년의 위기'로 번진다. 자신의 고통을 표현할 언어를 잃은 중년은 정서적 마비 상태에 빠지거나, 신체화 증상(원인 모를 통증 등)을 겪으며 삶의 의미를 상실하기도 한다.

3) 시치유의 필요성

시치유는 성인·중년기의 심리적 요구에 효과적으로 대응한다.

첫째, 시는 삶을 되돌아보는 언어를 제공한다. 시적 회상은 과거에서 의미를 발견하고 현재와 연결하도록 돕는다.

둘째, 중년기에 겪는 죽음이나 이별의 고통은 너무 무거워 직접 대면하기 어렵다. 시치유는 '저녁', '낙엽', '노을'과 같은 상징을 통해 소멸이 아닌 성숙의 관점에서 상실을 수용하도록 돕는다.

셋째, 시치유는 생산성의 회복을 가능하게 한다. 자신의 지혜와 경험을 시로 남기는 행위는 에릭슨이 강조한 '생산성'의 실천이다. 이는 자신의 삶이 헛되지 않았음을 증명하는 신경학적 보상이 되어 침체된 자아를 깨운다

넷째, 시는 과거 경험과 현재의 책임, 미래의 불안을 동시에 짊어진 성인에게 내적 갈등을 조율할 수 있는 상징적 언어를 제공한다.

4) 신경생물학적 근거

성인·중년기의 스트레스는 편도체를 과활성화하여 이성적 판단을 흐리게 한다. 버클런드 등(Burklund et al., 2014)의 연구처럼, 시를 통해 감정에 이름을 붙이는 과정은 편도체를 진정시키고 전전두엽을 활성화한다

또한, 레쿠치 등(Grecucci et al., 2024)이 강조했듯, 반복적인 시 읽기와 쓰기는 전전두엽-편도체-해마 간의 연결을 강화한다. 이는 과거의 상처 입은 기억(해마)을 현재의 성숙한 시선(전전두엽)으로 재해석하여 감정과 기억을 통합하는 힘을 준다. 중년기에도 뇌의 신경가소성은 살아있으므로, 시치유는 뇌 회로를 정서적 안정과 회복탄력성 중심으로 재편하는 훌륭한 전략이 된다.

성인·중년 상담에서 시치유는 감정을 안전하게 표현하고, 삶의 의미를 재발견하며, 내적 갈등을 언어화하는 데 효과적인 상담 전략이다. 시를 통해 자기 목소리를 되찾을 때, 위기는 성숙으로 전환되고, 삶은 더 깊은 의미를 지니게 된다.

2. 자기 정체성과 삶의 의미 탐색

성인·중년기의 중요한 발달 과제 가운데 하나는 자기 정체성의 재구성이다. 청소년기에 형성된 정체성은 성인기에 들어 사회적 역할과 책임을 통해 시험받는다. 직업인, 배우자, 부모, 사회 구성원으로서의 위치는 자아 개념을 확장하거나 흔들 수 있다. 특히 중년기는 삶의 반환점을 지나는 시기로, 지금까지의 삶을 평가하고 남은 시간을 어떻게 살아갈지를 고민하게 한다. 이 과정에서 많은 성인이 "나는 누구인가?", "나는 무엇을 위해 살아왔는가?"와 같은 실존적 질문에 맞닥뜨린다.

1) 의미치료와 시치유

프랭클(1946)은 인간이 고통 속에서도 삶의 의미를 발견할 수 있을 때 살아갈 힘을 얻는다고 했다. 그의 의미치료(logotherapy)는 인간이 의미를 추구하는 존재임을 강조한다. 시치유는 이러한 의미 발견 과정을 언어적·상징적 차원에서 가능하게 한다.

시치유는 실존적 질문에 직접적인 해답을 제시하지 않는다. 그러나 시를 읽고 쓰는 과정은 내담자가 자기 삶을 언어로 성찰하며, 의미를 재발견하도록 돕는다. 예를 들면, '길'이나 '거울'과 같은 시적 상징은 내담자에게 자기 인생의 여정을 성찰하게 하고, '너' 혹은 '우리'라는 표현은 관계 속에서 자신의 위치를 새롭게 확인하게 한다. 내담자가 시 속에서 자기 경험을 다시 서술할 때, 그는 단순히 과거를 되풀이하는 것이 아니라 새로운 의미를 부여하며 현재와 미래를 위한 내적 자원을 마련한다.

2) 유한성과 죽음의 재해석

중년기의 의미 탐색은 죽음과 유한성의 인식과도 맞닿아 있다. 노화, 자녀의 성장, 부모의 죽음을 경험하면서 성인은 시간의 유한함을 실감한다. 이때 시는 죽음을 공포로만 인식하지 않고, 삶의 깊이를 더하는 계기로 재해석하게 돕는다. '낙엽'이나 '저녁'과 같은 상징은 소멸이 아니라 '순환'의 의미를 품고 있으며, 이를 통해 내담자는 자기 존재를 더 넓은 맥락 속에 위치시킨다.

3) 신경생물학적 근거

개인이 자기 삶의 이야기를 언어로 구성할 때 전전두엽과 디폴트 모드 네트워크(Default Mode Network, DMN)가 활성화된다. 앤드류스-한나 등(2014)의 연구에 따르면, DMN은 자기 성찰, 자전적 기억 회상, 미래 계획, 타인에 대한 이해에 중요한 역할을 한다. 시를 읽고 쓰는 경험은 이러한 회로를 자극하여 내담자가 자기 삶의 의미를 정리하고, 새로운 방향성을 설정하도록 돕는다.

4) 상담 적용 방법

성인·중년 상담에서 의미 탐색을 위한 시치유는 다음과 같이 적용될 수 있다.

첫째, 시 읽기 단계에서는 정체성이나 의미를 다룬 시를 함께 읽고 각자가 느낀 감정을 공유한다. 예를 들이, 윤동주의 〈서시〉나 정호승의 〈수선화에게〉는 자기 성찰과 존재 의미를 탐색하는 데 효과적이다. 내담자는 〈서시〉에 투영된 화자의 고뇌를 보며 자신의 내면을 객관화하여 들여다보고, 〈수선화에게〉가 건네는 고독에 대한 긍정적 수용을 통해 현재의 상실감을 새로운 의미로 재정의하게 된다. 이처럼 시의 비유적 표현은 내담자의 억눌린 감정을 터뜨려 주는 마중물이 되어, 평소 말로 표현하기 어려웠던 깊은 내면의 서사를 자연스럽게 이끌어낸다. 결과적으로 내담자는 타인의 언어라는 거울에 자신의 경험을 비춰보며 치유의 실마리를 찾게 된다.

둘째, 시 쓰기 단계에서는 '나의 이름', '내가 걸어온 길', '나의 40년, 50년, 60년'과 같은 주제를 제시하여 자신의 삶을 하나의 서사(Narrative)로 재구성하게 한다. 글쓰기 과정에서 내담자는 자기 경험을 재구성하며 새로운 통찰을 얻게 된다. 상담사는 "이 시에서 가장 중요한 단어는 무엇인가요?", "이 표현이 선생님에게 어떤 의미인가요?"와 같은 질문을 통해 의미 탐색을 심화시킨다.

셋째, 나누기 단계에서는 완성된 시를 집단이나 상담사와 공유하며, 서로의 의미 탐색 과정을 확인하고 공감한다. 이는 사회적 지지를 통해 정체성 재구성 과정을 더욱 강화한다. 특히 중년 집단 상담에서는 비슷한 발달 과제를 겪는 비슷한 연령대 간의 경험 공유가 보편성(universality) 경험을 제공하여 치유 효과를 높인다.

넷째, 통합 단계에서는 내담자가 발견한 의미를 일상과 연결하도록 돕는다. "오늘 발견한 의미를 이번 주 동안 어떻게 실천할 수 있을까요?"와 같은 질문은 시치유 경험이 추상적인 위로에 머물지 않고, 구체적인 삶의 변화로 이어지게 한다.

결론적으로, 성인·중년기의 시치유는 자기 정체성을 확립하고 삶의 의미를 재발견하게 돕는 강력한 상담 전략이다. 시는 내담자가 자기 존재를 언어로 성찰하게 하며, 삶의 유한성 속에서도 빛나는 가치를 발견하도록 이끈다. 이러한 성찰의 과정은 내담자가 삶의 후반기를 더욱 깊이 있고 성숙하게 영위할 수 있도록 지탱하는 힘이 된다.

3. 집단 시치유와 사회적 공감 강화

성인·중년기는 개인적 성취와 가족 책임을 넘어 사회적 관계망 속에서 자신을 확인하는 시기다. 그러나 직장 내 경쟁, 가족 내 갈등, 사회적 고립은 정서적 부담을 가중시키고 고립감을 심화시킨다. 집단 시치유는 이러한 문제를 완화하며, 시의 언어를 매개로 참여자 간 공감과 지지를 촉진하는 효과적인 개입 방식이다.

1) 집단 시치유의 의의

집단 시치유는 참여자가 시를 함께 읽고 쓰며 자신의 경험을 나누는 과정에서 사회적 유대와 정서적 안정감을 회복하게 한다. 시 속 비유와 상징은 특정 개인의 경험을 넘어, 집단 전체가 공감할 수 있는 공통의 언어를 제공한다. 예를 들어, 한 참여자가 '어둠 속의 작은 불빛'이라는 표현을 나눌 때, 다른 참여자들은 저마다의 경험 속에서 좌절과 희망을 떠올리며 공감을 형성한다.

2) 구체적 진행 방식

집단 시치유의 구조는 일반 집단 상담과 유사하지만, 시가 중심 매체가 된다.

(1) 도입 단계: 짧은 시 구절이나 낭독으로 정서적 준비를 돕는다.

(2) 탐색 단계: 각자가 선택한 시를 낭독하거나 함께 읽으며 감정 반응을 확인한다.

(3) 표현 단계: 정해진 주제에 따라 참여자가 짧은 시를 쓰고 낭독한다.

(4) 공유 단계: 다른 참여자가 들은 느낌과 기억을 공유하며 공감을 확장한다.

(5) 통합 단계: 집단 전체가 이번 회기의 정서를 정리하고 일상에 적용할 방안을 모색한다.

3) 공감 강화의 심리학적 근거

집단 시치유에서 공감이 촉진되는 이유는 두 가지다.

첫째, 반두라(1977)의 사회학습이론에 따르면 개인은 타인의 경험과 반응을 관찰하며 새로운 정서를 학습한다. 한 참여자가 상실의 경험을 시로 표현하면, 다른 이들도 용기를 얻어 자신의 감정을 드러내게 된다.

둘째, 비유적 언어는 직접적 진술보다 더 안전하고 수용적인 심리적 거리를 제공하기에, 타인의 감정을 보다 편안하게 받아들일 수 있게 한다. 레이코프와 존슨(1980)은 비유가 단순한 언어적 장치가 아니라 우리가 세계를 이해하고 경험하는 방식 자체를 구조화한다고 주장하였다. 시치유에서 비유는 참여자들이 복잡한 감정을 공유 가능한 형태로 표현하도록 돕는다.

4) 신경생물학적 근거

집단 시 낭독과 공유 과정에서는 거울신경세포(mirror neurons) 체계가 활성화되어 타인의 감정을 자신의 경험처럼 공감하게 된다. 이아코보니(2009)는 거울신경세포가 타인의 행동과 감정을 관찰할 때 활성화되어, 마치 자신이 그 경험을 하는 것처럼 반응하게 한다고 설명하였다.

시 속 비유와 상징이 언어적 자극으로 주어질 때, 청자의 뇌에서는 정서 반응을 담당하는 편도체와 의미 해석 및 통제를 담당하는 전전두엽의 상호작용이 일어난다. 이 과정은 집단 내 정서적 동조를 강화하고, 서로의 경험을 안전하게 공유하도록 돕는다. 반복된 집단 시치유 경험은 사회적 유대와 정서적 회복력을 장기적으로 강화한다.

5) 중년기 집단 시치유의 특수성

중년기는 지나온 삶의 성취와 실패를 재점검하며, 부모의 상실, 자녀의 독립, 신체적 쇠퇴와 같은 급격한 생애 전환점에 직면하는 시기다. 이 시기의 집단 시치유는 사회적 역할 변화에서 오는 고립감을 완화하고, "내가 여전히 의미 있는 존재"라는 자기 효능감을 회복하는 데 중요한 역할을 한다.

특히 자신의 삶을 시로 회고하고 타인과 나누는 과정은, 과거의 성취와 현재의 상실을 하나의 완성된 서사로 엮어내는 '의미의 통합' 기회를 제공한다. 이는 에릭슨(Erikson)이 제시한 중년기 발달 과업인 '생산성 대 침체성'을 긍정적으로 해결하도록 도울 뿐만 아니라, 궁극적으로는 인생 전체를 수용하는 '자아통합(Ego Integrity)을 향한 여정'의 발판이 된다. 집단 구성원들은 서로의 시 속에서 삶의 보편적 고뇌를 발견하는 동시에, 자신만의 고유한 삶의 궤적이 지닌 가치를 재확인하며 건강한 노년기를 준비하는 심리적 동력을 얻게 된다.

6) 상담사의 역할

집단 시치유에서 상담사는 촉진자(facilitator)로서 다음과 같은 역할을 수행한다.

첫째, 집단 내 균형을 유지한다. 특정인의 경험이 집단을 압도하지 않도록 조율하며, 침묵하는 참여자가 있다면 부드럽게 참여를 유도한다. "아직 나누지 않은 분의 시도 듣고 싶습니다"와 같은 초대는 강요가 아닌 격려가 되어야 한다.

둘째, 공감적 분위기를 조성한다. 참여자 간 비판이나 평가가 일어나지 않도록 하고, "이 시에서 어떤 부분이 선생님에게 울림을 주었나요?"와 같은 긍정적 질문을 유도한다.

셋째, 갈등을 성찰의 기회로 전환한다. 집단 내에서 의견 차이나 긴장이 발생할 경우, 이를 시적 언어로 재해석하게 하여 부정적 경험마저 학습의 계기로 만든다. "이 긴장감을 색깔로 표현한다면 어떤 색일까요?"와 같은 질문은 갈등을 완화하고 성찰을 촉진한다.

넷째, 집단의 발달 단계를 이해한다. 초기에는 신뢰 형성에 집중하고, 중기에는 깊은 공유를 독려하며, 종결기에는 경험을 통합하여 일상으로의 전이를 준비하도록 돕는다.

성인·중년기의 시치유와 상담은 사회적 고립을 완화하고, 공감과 지지를 통해 정서적 회복력을 강화하는 효과적인 상담 방법이다. 시를 매개로 한 집단 경험이야말로 개인의 성찰을 넘어 관계의 치유로 확장되며, 참여자들이 더 깊은 사회적 연결감과 삶의 의미를 발견하도록 지원한다.

3장

노년기 시치유와 상담

1. 노년기의 특성과 시치유 필요성

노년기는 신체적·심리적 변화를 동시에 겪는 시기다. 은퇴로 인한 사회적 역할의 상실, 자녀의 독립으로 인한 가족관계의 변화, 그리고 건강 문제와 신체 기능 저하가 겹치면서 개인은 삶 전체를 돌아보고 의미를 재구성해야 하는 과제 앞에 선다. 에릭슨은 노년기를 '자아 통합 대 절망'의 단계로 설명하였다. 이는 평생의 삶을 긍정적으로 수용하며 통합할 때 심리적 안정이 가능하지만, 그렇지 못하면 후회와 절망 속에 머물 수 있음을 의미한다.

1) 노년기의 정서적 특성

노년기의 정서는 복합적이다. 과거의 성취와 관계에 대해 감사하는 마음이 있는가 하면, 배우자의 죽음이나 친구와의 이별로 인한 외로움, 건강 약화로 인한 무력감이 동시에 자리한다. 따라서 상담에서는 단순히 부정적 정서를 줄이는 데 머물지 않고, 내담자가 삶을 재해석하며, 의미를 새롭게 발견하도록 돕는 것이 핵심이 된다.

2) 심리학적 근거

시치유의 심리학적 근거는 두 가지로 설명할 수 있다.

첫째, 삶에 대한 회고와 재구성이다. 버틀러(1963)는 노년기의 회상(life review)이 단순한 과거 회상이 아니라 삶의 의미를 재평가하고 통합하는 발달적 과정임을 밝혔다. 시 쓰기는 이러한 회상을 구조화하여 경험을 상징적 언어로 외부화하고, 감정을 정리하며,

새로운 의미를 부여하는 과정이 된다.

둘째, 강점 기반 접근이다. 셀리그만((Seligman, 2011)은 노년기에도 강점과 긍정적 경험에 초점을 맞출 때 웰빙이 향상된다고 강조한다. 노년기 내담자가 시적 언어를 빌려 삶의 역경을 이겨낸 '생존의 연대기'를 재구성함으로써, 자기효능감을 회복하고 심리적 탄력성(Resilience)을 강화한다.

3) 신경생물학적 근거

노년기의 뇌는 여전히 변화와 학습 능력을 유지하고 있다. 시 읽기와 쓰기는 전두엽을 자극하여 자기 성찰을 촉진하고, 해마를 활성화하여 기억을 재구성하며, 편도체의 정서 반응을 안정시킨다. 버클런드 등(2014)의 연구에서 확인되었듯이, 감정을 언어화하는 과정은 정서 조절 회로를 활성화한다. 그리고 반복적인 언어 활동은 신경가소성을 촉진하여 정서 회복력을 높인다.

4) 인지장애와 시치유

주요신경인지장애(치매)와 관련된 연구들은 시와 같은 문학적 중재가 뇌와 마음을 동시에 지원하는 효과적 방법임을 보여준다. 코헨-만스필드 등(Cohen-Mansfield et al., 2010)은 시 낭독과 쓰기가 주요신경인지장애 환자의 정서 안정과 사회적 상호작용을 촉진한다고 보고하였다. 킬릭과 하이트(Killeen & Haight, 2001)는 시를 통한 회상 활동이 주요신경인지장애의 의사소통 능력과 정서 표현을 향상시킨다고 밝혔다.

경도인지장애나 초기 단계에서는 짧고 반복적인 시, 후렴이 있는 시, 그리고 방언 지역 정서를 담은 시가 효과적이다. 이러한 시는 잠들어 있던 기억 네트워크를 자극하여, 논리적 대화로는 접근하기 어려웠던 깊은 내면의 감각과 원초적 기억을 깨우는 불씨가 된다.

5) 상담 현장에서의 적용

개인 상담에서는 내담자가 자신의 삶을 주제로 짧은 시를 작성하도록 하고, 상담사는 “이 시 속에서 가장 마음이 머무는 단어는 무엇인가?”, “그 단어가 선생님의 삶과 어떤 연결을 갖는가?”와 같은 질문을 통해 의미를 탐색하도록 돕는다.

집단 상담에서는 작성한 시를 나누고 서로의 경험을 들으며 공감함으로써 사회적 지지를 경험하게 된다. 이러한 과정은 노년기의 고립감을 줄이고, 함께 살아온 세대적 경험을 공유하며 소속감을 강화하는 데 기여한다.

인지장애가 있는 내담자의 경우, 상담사는 시 낭독 직후의 즉각적인 정서 반응에 집중해야 한다. 긴 문장보다는 한 줄의 짧은 시 구절이나 그림, 몸짓 등 비언어적 표현을 결합한 시치유를 유도하는 것이 효과적이다. 이러한 구조화된 지지는 노년기 내담자에게 ‘여전히 소통 가능하다’는 자존감을 심어주며 정서적 안정을 제공한다.

노년기의 시치유는 단순한 과거의 복기가 아니다. 그것은 삶의 조각들을 모아 하나의 아름다운 무늬로 엮어내는 창조적 수용의 과정이다. 성취와 상실, 감사와 후회를 시라는 그릇에 함께 담아낼 때, 비로소 노년의 삶은 절망을 넘어 빛나는 자아 통합으로 완성된다.

2. 삶의 회고와 정서 통합

노년 상담에서 삶의 회고(life review)는 자신의 과거 경험을 정리하고 현재의 삶과 연결하는 과정으로 이해된다. 버틀러가 밝힌 것처럼, 노년기의 회상은 단순한 기억 소환이 아니라 의미 부여와 정서 조절을 동반할 때 비로소 심리적 안정에 이르게 된다. 토른스탐(Tornstam, 2005)은 노년기의 발달 과제를 '노년초월(gerotranscendence)'로 설명하며, 이는 개인이 과거를 단순히 회상하는 것을 넘어 삶 전체를 통합하고 우주적·초월적 관점에서 자신을 이해하는 심리적 과정을 뜻한다.

1) 시 읽기와 이야기 재구성

시 읽기는 회고 과정을 촉진하는 효과적인 매개체다. 시는 언어의 압축성과 비유적 특성을 지니며, 일상 언어로는 다루기 어려운 정서를 간접적으로 표현할 수 있게 한다.

심리학적으로 볼 때, 정서 통합은 이야기 치료(narrative therapy)의 핵심 원리와 맞닿아 있다. 화이트와 엡스턴(1990)은 개인이 자신의 이야기를 재구성할 때 문제 중심의 서사에서 벗어나 새로운 의미를 발견할 수 있다고 하였다. 시를 매개로 한 자기 서사의 재구성은 과거의 후회나 상실감을 '삶이라는 전체 문맥 속의 필연적 조각'으로 수용하게 하며, 이를 통해 고통스러운 기억을 치유적 자산으로 변모시킨다.

또한, 피터슨과 셀리그만(2004)의 긍정심리학 관점에서 볼 때 시 읽기는 감사, 회복력, 삶의 의미를 발견하는 기회를 제공하며, 노인이 자신이 지닌 강점과 가치 있는 경험을 재확인하도록 지원한다.

2) 신경생물학적 근거

시 낭독은 전두엽을 자극하여 자기 성찰과 인지 조절을 촉진하고, 해마를 통해 기억을 재구성하며, 편도체의 정서 반응을 안정시킨다. 노스오프 등(Northoff et al., 2006)의 연구는 자기 참조적 사고(self-referential thinking)가 내측 전전두엽 피질을 활성화한다는 것을 보여주었다. 특히 시적 비유와 상징은 직접적인 고통에 직면하기보다 '비유적 완충 지대'를 제공함으로써, 내담자가 압도되지 않고 복잡한 감정을 다룰 수 있는 심리적·인지적 여유를 확보하게 한다. 반복적 시 읽기 활동은 신경가소성을 강화하고, 장기 기억 회상과 정서적 안정에 긍정적 효과를 미친다.

3) 상담 현장에서의 적용

개인 상담에서는 내담자가 자신의 삶과 관련된 시를 선택하거나 상담사가 추천한 시를 읽도록 하고, 그 구절에서 떠오르는 감정을 자유롭게 표현하게 한다. 상담사는 "이 구절이 떠올린 장면은 무엇인가요?", "이 단어가 선생님 삶과 어떤 연결을 갖고 있을까요?"와 같은 질문을 던져 회고적 경험과 현재 정서를 연결한다.

예를 들어, 정지용의 〈향수〉는 노년기 내담자에게 고향과 젊은 시절의 감각을 생생하게 소환하는 촉매제가 된다. 이때 상담사는 단순히 과거의 사실을 묻기보다, "그 시절의 풍경 속에서 지금의 선생님에게 말을 건네는 단어는 무엇인가요?"와 같은 질문을 통해 과거의 긍정적 에너지를 현재의 자아로 통합하도록 돕는다.

집단 상담에서는 이러한 회고가 '공동의 기억'으로 확장된다. 참여자들은 타인의 시적 고백 속에서 자신의 삶을 교차 확인하며, 개인의 고립된 슬픔을 보편적인 인생의 풍경으로 승화시킨다. 이는 노년기의 고립감을 실질적으로 완화하는 강력한 치유 기제가 된다. 이는 노년기의 외로움을 완화하고 삶의 긍정적 의미를 강화하는 데 효과적이다.

이처럼 시 읽기는 언어, 정서, 기억을 동시에 자극하여 개인이 과거를 새로운 의미로 조직하고, 삶의 긍정적·부정적 경험을 통합적으로 수용하게 돕는다. 결과적으로 노년기 내담자에게 과거와 현재, 개인과 사회를 잇는 심리적 징검다리가 되어 정서적 회복과 자아 통합을 실질적으로 견인하는 효과적인 상담 전략이 된다.

3. 의미 재구성과 자아 통합

노년기 상담에서 시 쓰기는 자기 표현과 삶의 재구성 방법으로 활용된다. 노년기는 에릭슨이 말한 발달 과업인 자아 통합(self-integrity)에 직면하는 시기다. 지나온 삶의 다양한 경험과 성취, 기쁨뿐만 아니라 상실과 후회까지 하나로 통합하지 못하면 절망감에 빠지기 쉽다. 시 쓰기는 이러한 삶의 사건을 언어와 상징으로 표현하여 객관화하고, 새로운 의미를 부여하는 과정을 돕는다.

1) 이야기 재구성과 시 쓰기

이야기 치료는 경험을 외부화하고 의미를 재구성하는 과정을 통해 심리적 회복과 자아 통합을 지원한다. 시 쓰기는 바로 이 이야기 재구성의 가장 압축적이고 상징적인 방식이다.

한 노년기 내담자가 '빈 의자'라는 제목의 시를 썼다. 그는 그 시를 통해 먼저 세상을 떠난 배우자에 대한 그리움을 표현했지만, 상담사의 "이 빈 의자가 지금의 선생님에게 어떤 의미를 주나요?"라는 질문을 통해 단순한 상실감에서 벗어나, 여전히 남아 있는 가족과의 관계, 그리고 자신이 지닌 기억의 힘을 긍정적으로 재해석할 수 있었다. 이처럼 짧은 시적 글쓰기는 과거 사건을 새로운 맥락 속에서 다시 바라보게 한다.

2) 강점 기반 접근

긍정심리학적 접근에서 시 쓰기는 강점 재발견의 기회를 제공한다. '내 삶의 작은 승리들'이라는 제목으로 시를 쓴 한 내담자는 평생을 돌이켜보며 크고 작은 성취들을 언어화하였다. 상담사가 "이 중 지금의 선생님을 가장 지탱하게 해주는 힘은 무엇인가요?" 라고 묻자, 그는 젊은 시절 자녀 교육에 최선을 다한 경험을 떠올리며 자신이 여전히 의미 있는 존재임을 확인하게 되었다.

3) 신경생물학적 근거

시 쓰기는 전두엽의 실행 기능, 측두엽의 언어 처리, 해마의 기억 통합, 편도체의 정서 반응 회로를 동시에 활성화한다. 리버만 등(2007)의 연구는 감정을 언어로 표현하는 과정이 정서 조절 회로를 강화한다는 것을 보여주었다. 특히 비유적 표현과 시적 구조는 뇌의 인지와 정서 통합을 강화하여 정서 안정과 회복력을 높인다.

4) 상담 현장에서의 적용

개인 상담에서는 내담자에게 삶의 한 장면을 주제로 시를 쓰게 한 뒤, 상담사가 반영적 질문을 던진다. "이 시 속에서 가장 선명하게 떠오르는 기억은 무엇인가요?", "선생님의 현재 삶과 이 경험은 어떻게 이어져 있나요?"와 같은 질문은 내담자가 과거와 현재를 연결하고 새로운 의미를 발견하도록 돕는다.

집단 상담에서는 참가자들이 자신이 쓴 시를 서로 낭독하고, 서로의 경험을 공감하며 사회적 지지를 경험한다. 한 노년기 집단 프로그램에서는 참가자들이 '나의 계절'이라는 주제로 시를 썼는데, 각자가 자신을 봄, 여름, 가을, 겨울에 비유하며 이야기를 풀어냈다. 시를 나누는 과정에서 참가자들은 서로의 삶의 여정을 존중하고, 자신 또한 의미 있는 공동체의 일원임을 확인하였다.

5) 기존 시를 활용한 자극

익숙한 시를 활용하는 것은 내담자의 마음 문을 여는 효과적인 전략이다. 나태주의 〈풀꽃〉은 존재 자체의 소중함을 일깨워 자존감을 회복시키며, 박목월의 〈나그네〉는 삶의 여정을 구름과 달의 흐름에 비유함으로써 내담자가 자신의 인생을 초연하고 관조적인 시선으로 바라보도록 돕는다.

시 쓰기는 글쓰기 활동을 넘어, 과거의 상실과 현재의 후회를 수용 가능한 서사로 바꾸는 '연금술적 과정'이다. 이를 통해 노년기 내담자는 정서적 안정을 얻고, 조각난 삶의 경험들을 '나'라는 하나의 커다란 이야기로 통합하며, 남은 생을 긍정적으로 설계할 수 있는 내적 자원을 확보하게 된다.

6) 평가와 피드백

상담사는 시 쓰기 과정을 단순한 활동으로 끝내지 않고, 평가와 피드백으로 확장해야 한다. 초기 단계와 후기의 시적 표현을 비교하여 감정 단어 사용, 상징적 표현, 회고적 서술의 변화를 살펴보면, 내담자가 삶의 의미를 어떻게 재구성했는지 확인할 수 있다.

중요한 것은 피드백이 평가가 아니라 안내의 역할을 해야 한다는 점이다. 상담사는 문학적 완성도를 평가하는 관찰자가 아니라, 의미의 발견을 돕는 동반자가 되어야 한다. 그러므로 "잘 썼습니다"라는 기능적 칭찬보다는, "이 시 속의 새로운 발견이 선생님의 오늘을 어떤 빛으로 비추고 있나요?"와 같이 내담자의 주관적 통찰을 심화하는 질문을 던져야 한다.

삶의 의미 재구성을 위한 시 쓰기는 노년기 시치유의 핵심 방법이다. 시 쓰기는 과거와 현재를 이어주고, 상실과 후회를 수용하며, 미래를 긍정적으로 설계하도록 돕는다. 이는 정서적 안정, 자아 통합, 사회적 연결, 삶의 의미 향상이라는 다차원적 효과로 이어지며, 노년기 내담자에게 효과적인 회복의 방법이 된다.

4. 사회적 지지와 공동체 경험

노년기 집단 시치유는 은퇴와 상실로 위축된 사회적 관계망을 재건하고, 고립감을 완화하는 실천적인 개입 방법이다. 시라는 공통의 매개를 통해 참여자들은 단절되었던 사회적 연결감을 회복하며, 정서적 지지 체계를 스스로 구축하게 된다.

1) 심리학적 근거: 세대적 보편성과 사회적 확인

노년기 집단 상담의 핵심은 '보편성(Universality)'의 경험에 있다. 얄롬(Yalom, 2020)이 강조했듯, 자신의 고통이 나만의 것이 아님을 깨닫는 것만으로도 강력한 치유가 시작된다. 특히 노년기는 신체적 쇠퇴와 사별 등 공통의 발달적 위기를 겪는 시기이므로, 시 속의 비유를 통해 서로의 삶을 비춰보는 과정은 '사회적 확인(Social Validation)'의 기능을 한다. 이는 중년기의 정체성 탐색과는 달리, 인생 전체를 함께 긍정하고 수용하는 '집단적 자아통합'의 과정이라는 점에서 심리학적 특수성을 지닌다.

2) 신경생물학적 근거: 옥시토신 활성화와 사회적 뇌의 유지

인간의 뇌는 평생에 걸쳐 사회적 자극을 필요로 한다. 집단 내에서 시를 낭독하고 타인의 정서에 공명할 때, 뇌에서는 유대감 형성을 돕는 호르몬인 옥시토신(Oxytocin)이 분비된다(Keeler et al., 2015). 이는 노년기에 흔히 나타나는 고립감과 우울감을 상쇄하는 생물학적 기제로 작용한다. 또한, 타인의 시적 서사를 해석하고 공감하는 활동은 전전두엽과 측두엽의 기능을 자극하여(Zeman et al., 2013), 노화로 인해 위축되기 쉬운 '사회적 뇌(Social Brain)'의 네트워크를 활성화하고 신경가소성을 유지하도록 돕는다(Lieberman, 2007).

3) 상담 현장에서의 적용

집단 상담에서는 참여자들이 시를 소리 내어 읽고 각자의 경험을 나누며 공감하는 과정을 통해 실질적인 사회적 지지를 경험한다. 한 참여자가 '그 시절'의 상실을 회상하며 시를 낭독할 때, 다른 참여자들이 보여주는 깊은 끄덕임과 공감의 언어는 강력한 치유

기제가 된다. 상담사는 “이 시의 어느 구절이 우리 모두의 삶을 대변하고 있을까요?”와 같은 질문을 통해 개인의 서사를 공동체의 서사로 확장함으로써 노년기의 외로움을 완화하고 삶의 긍정적 의미를 강화한다.

4) 집단 시치유의 구조

상담 현장에서 집단 시치유는 다음과 같은 구조로 운영될 수 있다.

(1) 도입 단계(Warm Opening)

짧은 시 낭독이나 워밍업 활동으로 심리적 안정감을 조성한다. “오늘 기분을 날씨에 비유한다면요?”와 같은 간단한 질문으로 마음을 여는 대화로 시작한다.

(2) 시 읽기·쓰기 단계(Reading & Writing)

공통 주제(예: 나의 보물, 가장 행복했던 순간, 내 인생의 사계절)를 중심으로 먼저 짧은 시를 함께 읽고, 각자에게 울림이 되는 구절을 나눈다. 이후 그 감정과 연결된 자신만의 시를 써 내려간다. 노년기 참여자의 경우에는 짧고 구조화된 과제를 제시하면 부담 없이 표현할 수 있다.

(3) 공유 단계(Sharing)

참여자들이 돌아가며 자신의 시를 낭독한다. 이때 강요하지 않고 자발적 참여를 존중한다.

(4) 공감과 피드백 단계(Empathic Exchange)

“이 시를 들으며 어떤 감정이 떠올랐나요?”, “선생님의 경험과 닿는 장면은 무엇인가요?”와 같은 질문으로 집단 구성원 간의 정서적 교류를 깊게 만든다.

(5) 통합 단계(Reflective Closure)

오늘 경험한 단계를 정리하고, 각자가 얻은 통찰을 간단히 나눈다. 필요하다면 짧은 감상문이나 감사의 문장으로 단계를 마무리한다.

5) 노년기 집단의 특수성

노년기 집단 시치유는 몇 가지 특수성을 고려해야 한다. 첫째, 청력이나 시력 저하를 고려하여 천천히 큰 소리로 말하고, 글씨 크기를 조정한다. 둘째, 장시간 집중이 어려울 수 있으므로 한 시간 내외로 단계를 구성한다. 셋째, 인지 기능이 다양하므로 각자의 속도를 존중하며, 완성도보다 참여 자체에 의미를 둔다.

6) 효과

집단 시치유를 통해 노년기 내담자는 다음과 같은 효과를 경험한다. 첫째, 자신의 경험을 객관화하고 언어로 표현하는 능력이 향상된다. 둘째, 다른 사람과 정서적으로 연결되며, 고립감과 외로움이 감소한다. 셋째, 집단 내에서 자신의 가치를 재확인하고 소속감을 느낀다. 넷째, 타인의 삶의 이야기를 들으며 자신의 삶을 새로운 관점에서 바라보게 된다.

실제 사례를 보면, 한 노인복지관의 집단 시치유 프로그램에서 참여자들은 '내 인생의 한 장면'을 주제로 시를 썼다. 한 참여자가 '손주의 웃음소리'에 대한 시를 낭독하자, 다른 참여자들도 가족과의 소중한 순간들을 떠올리며 웃었다. 이 경험은 참여자들이 자신의 삶이 여전히 의미 있고, 사랑하는 사람들과 연결되어 있다는 것을 확인하는 계기가 되었다.

노년기 시치유와 상담은, 정서 회복과 사회적 지지망 강화라는 심리사회적 과제를 해결하는 효과적인 방법이다. 특별히 집단 속에서의 시 읽기와 나눔은 개인의 자존감과 소속감을 높이고, 삶의 의미를 재발견하게 하는 중요한 경험이 된다.

4장

주제별 시치유

1. 우울 증상과 시치유

우울은 정서적 무기력, 부정적 자기 평가, 동기 저하 등으로 나타나며, 상담 현장에서 가장 빈번하게 다루는 증상 가운데 하나다. 시치유는 우울 정서를 단순히 완화하는 것을 넘어, 내담자가 자신의 감정을 외부화하고 재구성할 수 있도록 돕는 과정이다.

1) 심리학적 근거

인지행동치료(Cognitive Behavioral Therapy: CBT)는 우울의 핵심을 자동적 부정 사고와 인지 왜곡에서 찾는다. 벡(Beck, 1979)은 우울증 환자가 자기 자신, 세상, 미래에 대한 부정적 인지 삼제(cognitive triad)를 지니고 있다고 설명했다. 시 읽기와 쓰기는 이러한 왜곡된 자기 대화를 비유와 상징 속에 담아내도록 유도함으로써, 자기 비판적 사고를 안전하게 외부화하고 관점 전환을 가능하게 한다.

특히, 내담자가 '나는 무가치하다'는 사고에 머무를 때, 짧은 시 한 편은 동일한 경험을 다른 시각으로 바라보는 기회를 제공한다. 긍정심리학에서는 감사, 희망, 성취 경험을 중심으로 시를 창작하도록 이끌어, 자기 효능감 회복과 정서적 활력을 촉진한다.

2) 신경생물학적 근거

우울 증상은 뇌의 감정 조절 네트워크(Emotion Regulation Network)가 불균형해진 상태로 이해할 수 있다. 해먼(Hamann, 2012)과 레이슨 등(Raison et al., 2018)에 따르면,

우울증은 정서 중추인 변연계와 인지 제어 중추인 전두엽 사이의 '기능적 연결성(Functional Connectivity)'이 약화된 결과이다. 실제로 우울증 환자의 뇌에서는 정서 반응을 주도하는 편도체가 비정상적으로 과활성화되는 반면, 이를 하향식(Top-down)으로 조절해야 할 배외측 전전두엽(dlPFC)의 통제력은 감퇴한다. 디아즈-마르사 등(Diaz-Marsa et al., 2020)은 만성적인 우울이 기억과 맥락화를 담당하는 해마의 신경가소성을 저하시켜 정서적 무력감을 고착시킨다고 보고하였다.

시치유는 이러한 뇌의 불균형을 회복하는 강력한 개입 기제가 된다. 시 읽기와 쓰기 활동은 전두엽의 실행 기능을 자극하여 변연계의 과잉 반응을 억제하고, 파편화된 기억을 상징적 언어로 결합하여 해마의 기억 회상을 통합하는 효과를 낸다. 버클런드 등(Burklund et al., 2014)의 연구에서 확인되었듯이, 감정을 언어라는 그릇에 담아내는 '감정의 이름 붙이기'과정은 정서 조절 회로를 직접적으로 활성화한다.

나아가 비유와 상징을 해석하는 고차원적 사고 활동은 뇌의 신경가소성을 촉진하여, 우울로 인해 경직된 사고 회로를 유연하게 재배선한다. 이처럼 고통을 시적 언어로 구조화하는 행위는 뇌의 시스템을 재정비함으로써, 내담자가 정서적 항상성을 되찾고 심리적 탄력성을 회복하도록 돕는 결정적인 신경학적 기제로 작용한다.

3) 상담 적용 방법

개인 상담에서는 다음과 같은 접근이 효과적이다.

첫째, 감정 인식과 언어화다. 우울한 내담자는 자신의 감정을 정확히 인식하지 못하는 경우가 많다. "지금 이 순간 선생님의 마음을 색깔로 표현한다면요?"와 같은 질문으로 시작하여, 점차 "그 색깔이 담고 있는 이야기를 세 줄로 써보세요"로 확장한다.

둘째, 부정적 사고의 외부화다. '내 안의 무거운 돌'과 같은 제목으로 우울감을 시로 표현하게 한 후, "이 돌이 말을 한다면 무엇이라고 할까요?", "이 돌을 가볍게 만드는 방법은 무엇일까요?"와 같은 질문으로 거리두기를 유도한다.

셋째, 강점과 자원 재발견이다. '내가 극복한 어려움', '나를 지탱해 준 작은 것들'과 같은 주제로 시를 쓰게 하여, 부정적 서사에서 벗어나 자신의 강점을 재확인하도록 돕는다.

넷째, 관점 전환이다. 우울한 상황을 다룬 시를 읽은 후, "만약 이 시의 화자가 10년 후 이 순간을 돌아본다면 어떤 생각을 할까요?"와 같은 질문으로 시간적 거리를 두고 재해석하게 한다.

4) 주의사항

우울 증상이 심각한 경우, 시치유만으로는 충분하지 않을 수 있다. 상담사는 내담자의 상태를 지속적으로 평가하고, 필요시 약물치료나 다른 전문적 개입을 병행해야 한다. 또한, 자살 사고가 있는 경우, 시치유를 진행하기 전에 안전 계획을 수립하고 위기 개입을 우선해야 한다.

시치유는 우울한 내담자가 자신의 감정을 언어화하고, 부정적 사고 패턴을 외부화하며, 새로운 관점에서 자신을 바라볼 수 있도록 돕는 효과적인 방법이다. 상담사가 내담자의 상태에 맞추어 적절히 활용할 때, 시치유는 우울 증상 완화와 자기 효능감 회복에 기여한다.

2. 불안 증상과 시치유

불안은 미래에 대한 과도한 염려와 신체적 긴장, 사고의 경직성으로 나타나며 삶의 반경을 위축시킨다. 시치유는 형체 없는 두려움을 상징이라는 '안전한 용기(Container)'에 담아냄으로써 내담자가 심리적 주도권을 회복하도록 돕는다.

1) 심리학적 근거: 인지적 탈융합과 정서 조절

불안의 핵심은 자신의 부정적 생각과 자신을 동일시하는 '인지적 융합' 상태에 있다. 내담자가 불안을 구체적인 이미지나 비유로 표현하는 행위는 수용전념치료(ACT)에서 강조하는 '인지적 탈융합(Cognitive Defusion)'을 유도한다. 즉, '나는 불안하다'가 아니라 '내 안에 불안이라는 그림자가 있다'라고 표현함으로써 고통과 객관적 거리를 확보하게 된다.

그로스(Gross, 2014)의 정서조절 모델에 따르면, 시 쓰기는 자신의 주의를 불안한 미래에서 현재의 창작 활동으로 전환하는 '주의 분산'과 상황을 다르게 해석하는 '인지적 재평가' 전략을 동시에 활성화한다. 이를 통해 막연한 공포는 다룰 수 있는 언어적 실체로 구조화된다.

2) 신경생물학적 근거: 편도체 하이재킹 완화와 연결성 회복

신경생물학적으로 불안은 위험을 감지하는 변연계의 편도체가 이성적 사고를 마비시키는 '편도체 하이재킹(Amygdala Hijacking)' 현상과 관련이 깊다. 에트킨 등(Etkin et al., 2011)은 불안장애 환자에게서 정서를 억제하는 전전두엽과 편도체 사이의 하향식 통제(Top-down control) 회로가 약화되어 있음을 밝혀냈다.

시치유는 이러한 신경망의 연결성을 강화한다. 감정을 비유로 치환하는 고차원적 인지 과정은 복측전전두엽(vmPFC)을 활성화하여 과각성된 편도체를 진정시킨다. 또한, 시 특유의 운율과 반복적 리듬은 미주신경(Vagus Nerve)을 자극하여 부교감 신경계를 활성화함으로써 불안으로 인한 신체적 긴장을 완화하는 생물학적 안정화 효과를 제공한다.

3) 상담 적용 방법: 외부화와 자원 강화

상담 현장에서는 불안을 객관화하고 통제 가능한 자원을 찾는 데 주력한다.

· 불안의 시각화와 외부화: "그 불안은 어떤 질감을 가졌나요?"와 같은 질문을 통해 불안을 시적 이미지(예: 뾰족한 가시, 무거운 안개)로 형상화하게 한다. 이는 내담자가 불안의 지배에서 벗어나 그것을 관찰하는 '주체'가 되게 한다.

· 통제 가능성 탐색: 불안한 상황을 묘사한 시에서 "이 시 안에서 선생님의 손으로 바꿀 수 있는 단어는 무엇인가요?"라고 질문하여 무력감을 효능감으로 전환한다.

· 안전 기지(Secure Base) 구축: '가장 평안했던 기억'이나 '나만의 은신처'를 주제로 시를 쓰게 하여 불안이 엄습할 때 돌아갈 수 있는 심리적 안전 기지를 시각화한다.

· 호흡과 리듬의 결합: 시의 행간과 운율을 호흡과 맞추어 천천히 낭독하게 함으로써, 신체적 이완과 심리적 안정을 동시에 꾀한다.

4) 주의사항: 안정화가 우선인 개입

심각한 불안이나 공황장애를 겪는 내담자에게 무리한 시 쓰기는 오히려 증상을 자극할 수 있다. 상담사는 내담자가 현재의 감각에 집중할 수 있도록 돕는 '접지 기법(Grounding techniques)'을 시치유와 병행해야 하며, 특히 외상 후 스트레스 장애(PTSD)의 경우 침투적 기억으로부터 내담자를 보호할 수 있는 충분한 심리적 안전망이 확보된 상태에서 조심스럽게 접근해야 한다.

3. 상실(애도)과 시치유

상실은 소중한 대상의 부재를 넘어, 내담자의 세계관과 자아 정체성이 붕괴되는 위기를 동반한다. 시치유는 파편화된 슬픔의 조각들을 상징적 무늬로 엮어냄으로써, 상실의 고통을 삶의 일부로 통합하고 새로운 의미를 부여하는 '의미 재구성(Meaning Reconstruction)'의 과정을 지원한다.

1) 심리학적 근거: 서사적 재구성과 지속되는 유대

나이마이어(Neimeyer, 2001)에 따르면 애도의 본질은 '상실에 의미를 부여하는 과정'이다. 시는 비유와 상징을 통해 고통을 직접 마주하기 어려운 내담자에게 안전한 거리(Psychological Distance)를 제공하며, 말로 다 할 수 없는 비탄을 언어라는 그릇에 담아내게 한다.

또한, 긍정심리학과 현대 애도 이론은 '지속되는 유대(Continuing Bonds)'에 주목한다. 이는 대상을 잊는 것이 아니라, 시적 형상화를 통해 고인과의 관계를 내면화하고 새로운 심리적 연결 형태를 구축하는 것이다. 감사와 회상을 주제로 한 시 쓰기는 부정적 정서에 함몰된 내담자가 삶의 연속성을 회복하도록 돕는다.

2) 신경생물학적 근거: 사회적 통증의 완화와 기억의 통합

신경과학 연구에 따르면, 정서적 상실은 신체적 통증과 동일한 뇌 부위(전대상피질)를 활성화한다. 에트킨과 웨이저(Etkin & Wager, 2007)의 메타분석은 전전두엽과 편도체 회로가 정서 조절의 핵심임을 확인해 준다. 상실로 인해 마비되거나 과열된 이 회로는 시적 언어화 과정을 통해 재조정된다.

특히 시 읽기와 쓰기는 일화적 기억(사건)을 담당하는 해마와 감정적 의미를 처리하는 복측전전두엽을 동시에 자극한다. 이는 상실과 관련된 고통스러운 기억을 맥락화하고 통합하여, 뇌가 '압도당하는 상태'에서 '이해하고 수용하는 상태'로 전이되도록 돕는 생물학적 기제가 된다.

3) 상담 적용 방법: 애도 서사의 완성

상실의 단계와 내담자의 수용 정도에 따라 단계적으로 접근한다.

· 애도의 언어화(미완의 대화): 편지 형태의 시 쓰기를 통해 차마 전하지 못한 고백이나 원망을 쏟아내게 함으로써 정서적 완결(Closure)을 돕는다.

· 지속되는 유대의 구체화: "그 사람이 내 안에 남긴 향기는 무엇인가요?"와 같은 질문으로 고인의 유산을 시적으로 발견하게 하여 상실을 '내면의 간직'으로 승화시킨다.

· 상실의 의미 재발견: 고통 속에서도 길어 올린 삶의 교훈이나 성장을 시로 기록하게 하여, 상실을 인생 전체의 서사 속에서 재해석한다.

· 미래 지향적 재구성과 감사: 함께했던 순간의 미학적 복원(감사 시)을 통해 슬픔을 따뜻한 기억으로 변환하고, 이후 '남겨진 자로서의 삶'을 위한 새로운 다짐을 시에 담는다.

4) 주의사항: 안정화와 타이밍의 중요성

복잡성 애도나 외상성 상실(자살, 사고사 등)의 경우, 성급한 시 쓰기는 재외상화(Retraumatization)를 초래할 수 있다. 상담사는 내담자가 고통을 감당할 수 있는 '내성 범위(Window of Tolerance)' 안에 있는지 세밀하게 관찰해야 한다. 초기에는 시를 쓰기보다 짧고 위로가 되는 시를 읽어주는 '수동적 시치유'로 시작하여 점진적으로 쓰기로 나아가는 것이 안전하다.

4. 인간관계와 시치유

인간관계는 개인의 정서적 자생력과 자존감의 토대를 형성한다. 관계 내의 갈등과 소속감의 부재는 깊은 심리적 고통을 유발하지만, 시치유는 이러한 관계의 역동을 '시적 풍경'으로 치환하여 탐색할 수 있는 안전한 심리적 공간을 제공한다.

1) 심리학적 근거: 정서지능과 관점 수용

정서지능(EQ)의 선구자인 메이어와 살로베이에 따르면, 자신과 타인의 감정을 정확히 인식하고 조절하는 능력은 건강한 관계의 핵심이다. 시 읽기는 타인의 고통에 대한 정서적 공감을 자극하며, 시 쓰기는 복잡하게 얽힌 관계 속의 감정을 언어로 명료화하는 과정을 돕는다.

특히 시치유는 내담자가 고착된 '문제 중심의 이야기'에서 벗어나, 비유를 통해 관계를 재해석하게 함으로써 '관점 수용(Perspective Taking)' 능력을 확장한다. 이는 갈등의 원인을 외부로 돌리기보다, 관계의 본질을 다각도로 깊이있게 들여다보고 이해하도록 돕는 따뜻한 길잡이가 된다.

2) 신경생물학적 근거: 사회적 뇌와 공감 네트워크

인간관계의 경험은 전측대상피질(ACC), 편도체, 전전두엽으로 구성된 '사회적 뇌(Social Brain)' 네트워크와 밀접하게 연관된다. 리버만(Lieberman, 2007)은 타인의 의도를 이해하고 공감할 때 이러한 신경 회로가 활성화됨을 입증하였다.

시를 통한 비유적 표현 활동은 이러한 사회적 인지 회로를 자극한다. 특히 집단 시치유에서 자신의 시를 공유하고 타인의 피드백을 받는 과정은 '거울 뉴런(Mirror Neurons)'시스템을 활성화하여 공감 능력을 물리적으로 강화하며, 반복적인 정서 조절 연습은 대인관계에서 오는 스트레스에 대한 뇌의 탄력성을 높여준다.

3) 상담 적용 방법: 관계의 외부화와 경계 세우기

상담 현장에서는 관계를 '나'와 동일시하지 않고 객관화하는 데 집중한다.

· 관계 패턴의 형상화: "나의 관계를 날씨에 비유한다면?"과 같은 질문으로 시작하여, 현재의 관계 지형을 시적 이미지로 묘사하게 한다. 이는 고통스러운 관계를 관찰 가능한 대상으로 분리해 준다.

· 역지사지의 시 쓰기: '상대방의 시선에서 본 나'를 주제로 시를 쓰게 하여 타인의 내면세계를 상상적으로 체험하게 한다.

· 갈등의 외부화: '나와 너 사이의 벽'처럼 갈등을 사물화하여 표현하게 한 후, '벽을 허물지 않고도 서로 기댈 수 있는 방법'을 모색함으로써 관계의 해법을 유연하게 탐색한다.

· 언어적 리허설: 전하지 못한 진심을 시로 먼저 써보게 함으로써, 실제 대화에서 발생할 수 있는 감정적 폭발을 방지하고 명확한 의사소통을 준비하게 한다.

4) 주의사항: 정서적 안전거리 확보

인간관계 주제는 감정의 휘발성이 강하므로 상담사는 다음의 원칙을 견지해야 한다.

· 자기 이해의 우선성: 관계의 회복에 앞서, 관계 속에서 반응하는 '나'의 패턴을 이해하는 것이 선행되어야 한다.

· 중립적 언어 유도: 타인을 비난하거나 투사하는 거친 언어보다는, 자신의 욕구와 감정에 집중하는 '나-전달법(I-Message)' 기반의 시적 표현을 독려한다.

· 심리적 경계 설정: 타인과의 융합이 아닌, 건강한 독립성을 유지하며 연결될 수 있도록 '경계 회복'을 돕는 시 읽기를 병행한다.

5. 스트레스와 시치유

스트레스는 현대인의 일상에 가장 보편적으로 나타나는 심리적 부담이다. 업무와 학업, 대인관계, 경제적 압박은 뇌와 몸 전체에 긴장을 불러오며, 장기간 지속될 경우 불안, 우울, 수면장애와 같은 심리적 문제뿐 아니라 신체적 질환으로도 이어질 수 있다. 상담학적으로 스트레스는 단순한 피로가 아니라, 개인의 정서·인지·행동 기능을 위축시키는 심리적 위기 요인으로 이해된다.

1) 심리학적 이해

라자루스와 폴크만(Lazarus & Folkman, 1984)은 스트레스를 개인이 가진 자원으로 감당하기 어렵다고 평가되는 상황에서 발생하는 정서적 반응으로 설명했다. 즉, 스트레스는 사건 자체보다 그것을 어떻게 해석하느냐에 따라 달라진다. 부정적 인지 평가가 쌓이면 무력감과 자기 비난으로 이어지고, 반복되면 회피나 공격적 행동 같은 부적응적 반응을 낳는다.

최근 메타분석 연구에 따르면, 시치유를 포함한 시 기반 개입은 스트레스 감소에서 상당한 효과를 보이고 있다. 특히 시를 읽고, 쓰고, 토론하는 일련의 과정이 개인의 인지적 평가를 재구성하는 데 효과적인 것으로 확인되었다. 시치유는 바로 이 인지적 평가 과정을 전환하는 기회를 제공한다.

2) 신경생물학적 근거

스트레스 상황에서는 공포와 불안을 담당하는 편도체가 과도하게 활성화되고, 이를 이성적으로 조절하는 전전두엽의 기능은 약화된다. 동시에 시상하부-뇌하수체-부신축(HPA 축)이 작동하여 스트레스 호르몬인 코르티솔이 분비되는데, 이 반응이 만성화되면 해마 위축, 기억력 저하, 면역력 감소로 이어진다.

최근 뇌파(EEG) 기반 연구는 시치유의 신경생물학적 메커니즘을 명확히 보여준다.

누르하디 등(Nurhadi et al., 2025)의 연구에 따르면, 치료적 시의 낭독은 알파파(7.5-12Hz) 활동을 유의미하게 증가시켜 정신적 이완 상태를 유도한다. 특히 음악 자극(바이노럴 비트 등)과 결합할 경우 이러한 이완 효과는 더욱 극대화된다. 시적 언어와 리듬이 부교감 신경을 활성화하여 HPA 축의 과각성을 진정시키는 것이다.

또한, 에트킨 등(Etkin et al., 2011)은 전전두엽의 통제 기능이 편도체의 부정적 정서를 조절하는 메커니즘을 설명했으며, 바실리위즈키 등(Wassiliwizky et al., 2017)의 연구에서는 시의 비유적 표현이 감정 처리 네트워크와 인지 통제 네트워크의 상호작용을 촉진함을 보였다. 감정을 언어로 표현하는 것만으로도 편도체 활동은 감소하고 전전두엽의 통제 기능은 강화된다. 이러한 시치유의 반복적 경험은 신경가소성을 촉진하여 스트레스에 대한 회복탄력성을 높인다.

3) 상담 적용 방법

· 도입 단계: 짧고 명료한 시를 읽으며 내담자가 일상 속 긴장을 부드럽게 떠올리도록 돕는다.

· 탐색 단계: "요즘 나를 가장 짓누르는 것은 무엇인가?"라는 질문을 던지고, 그 감정을 상징적 이미지로 표현하게 한다.

· 표현 단계: 내담자가 그 이미지를 확장시켜 짧은 시로 쓰도록 유도한다. 이 과정에서 박소영(2014)의 스포츠 특기생 대상 연구의 사례처럼 부정적 이미지가 긍정적으로 변환되는 현상이 일어난다. '돌덩이 같은 하루'가 '모래가 되어 흘러가는 하루'로 재구성되는 순간, 스트레스는 새로운 의미로 재해석된다.

· 나눔과 통합 단계: 집단 상담에서는 서로의 시를 공유하며 공감적 반응을 나눈다. 간호대학생 대상 연구에 따르면, 집단 시치유는 '나만 힘든 것이 아니다'라는 보편성 경험을 제공하며, 프로그램 종료 5주 후에도 스트레스 감소 효과가 지속되는 것으로

나타났다.

4) 주의사항

스트레스 시치유에서는 감정의 분출보다 신체적 안정과 정서적 조절이 우선되어야 한다.

· 안정화 기법 선행: 편도체가 과활성화된 상태에서는 시 쓰기 전 복식호흡 등을 통해 신경계를 먼저 진정시켜야 한다.

· 비유를 통한 안전 거리 확보: 재자극(retriggering) 유의하며, 상징적 표현을 통해 감정과 안전한 거리를 유지하도록 격려한다.

· 신체 감각과의 연결: "스트레스의 색깔, 무게, 온도는 어떤가요?"와 같은 질문으로 추상적 감정을 구체화하여 조절력을 높인다.

· 관점의 전환 중심: 스트레스 '해결'이 아닌 '다르게 바라보는 힘'을 회복하는 데 집중한다.

· 지속적 실천 제안: '매일 한 줄 시 쓰기' 등을 통해 신경가소성을 촉진하고 장기적인 회복탄력성을 높인다.

시치유의 진정한 목적은 스트레스의 해소가 아니라 건강한 '조절 훈련'이다. 내담자는 시를 통해 당장 바꿀 수 없는 상황 속에서도 자신의 감정을 인식하고 재해석하며, 삶의 주도권을 회복하게 된다. 신경과학의 최신 연구들은 이러한 변화가 뇌의 신경회로 수준에서 일어나는 실질적인 치유임을 입증하고 있다.

Part Ⅳ

시치유의 실제와 전망

1장
시치유 사례

1. 우울증 시치유

1) 내담자 배경

중학교 2학년 여학생 B는 학업 성적 저하와 또래 관계의 소외로 인해 우울 증상을 보였다. 부모는 초기 증상을 단순한 사춘기적 방황으로 치부하였으나, 지속적인 무기력, 집중력 저하, 깊어지는 자기 비난으로 인해 소아청소년정신과에서 우울증 진단을 받았다. B양은 친구들과 어울리기보다 방 안에 혼자 있는 시간이 늘었고, “나는 필요 없는 사람 같다”는 존재 부정의 말을 자주 하였다.

2) 시치유 과정

상담 초기, 상담사는 제1계층(안정) 단계인 낭독을 통해 김춘수의 〈꽃〉을 함께 읽도록 했다. ‘내가 그의 이름을 불러주기 전에는 / 그는 다만 하나의 몸짓에 지나지 않았다 / 내가 그의 이름을 불러주었을 때, / 그는 나에게로 와서 / 꽃이 되었다’는 구절에서 B양은 조용히 눈물을 흘렸다. 상담사가 이 반응을 존중하며 기다리자, B양은 “저는 이름을 불려본 적이 없는 것 같아요. 그래서 꽃이 될 수 없는 거 같아요”라며 자신의 존재감 부재를 시의 언어로 처음 마주하였다.

이어지는 제2계층(몰입) 단계에서는 필사를 통해 ‘내가 그의 이름을 불러주었을 때’라는 구절을 반복적으로 쓰며 세로토닌 활성화를 유도했다. 이 과정에서 B양은 ‘나도 누군가의 이름을 부르고 싶다’는 문장을 만들어냈고, 상담사의 격려를 통해 이를 확장하여 제3계층

(창조)의 도파민적 에너지인 자작시 쓰기로 나아갔다.

B양은 마침내 '나는 아직 불려지지 않은 이름이다 / 그러나 누군가를 부르는 그 순간 / 나도 꽃이 될 수 있다'는 자작시를 썼다. 이는 타인과의 관계 속에서 자신의 존재 의미를 스스로 발견한 치유의 순간이었다.

3) 뇌·심리적 변화

시 필사와 자작시 쓰기는 '단 세 손가락을 쓰지만, 뇌 전체가 움직이는' 전뇌적 자극을 통해 다음과 같은 변화를 가져왔다.

· 단기 효과 (1~2단계): 정서적 각성을 언어화하는 '감정 명명화'를 통해 편도체 회로를 안정시켰다. 상담 전 중등도였던 우울 척도(CES-D) 점수가 6회기 이후 경도 수준인 16점으로 감소하였다.

· 장기 효과 (3~4단계): 반복적인 창작 행위는 신경가소성을 촉진하여 뇌를 재구조화했다. B양은 "밤에 시를 읽으면 덜 무섭다", "글을 쓰면 마음이 덜 막힌다"고 고백하며, 일상에서도 스스로 정서를 조절할 수 있는 회복탄력성을 형성하기 시작했다.

4) 상담 적용 포인트

· 단계적 접근: 시 읽기(옥시토신), 필사(세로토닌), 단어 확장 및 자작시(도파민) 순서로 진행하여 뇌의 치유 계층을 차근차근 밟아 나간다.

· 열린 질문: 내담자의 비유에 대해 "너는 어떤 의미로 쓴 걸까?"라는 질문을 던져 자기 성찰을 유도한다.

· 처방적 시 활용: B양과 같이 존재 가치 회복이 필요한 내담자에게는 부록의 [테마 1. 위로와 공감] 섹션에 있는 시들이 옥시토신을 흐르게 하는 처방이 될 수 있다.

5) 구체적 활용 예시

자기 가치감 상실 (중학교 2학년 B, 김춘수 〈꽃〉)

단계	시간(분)	진행 내용	상담사의 질문	상담 초점
준비 라포·형성	5~10	간단한 안부 현재 기분 확인	"오늘 하루 어땠어?" "요즘 머릿속에 제일 자주 떠오르는 생각은 뭐야?"	안전감 형성, 관계적 신뢰 구축
시 도입 및 낭독	10	김춘수 〈꽃〉 함께 읽기	"이 시의 어떤 부분이 제일 눈에 들어와?"	직관적 정서 반응 유도
감정 탐색	10	자신의 감정 인식	"그 구절을 읽을 때 어떤 느낌이 들었어?" "너랑 닮은 부분이 있을까?"	감정 명명 자기 투사 탐색
의미 연결	10	시 속 인물의 상황과 자신의 경험 연결	"이름을 불러준다는 건 어떤 의미 같아?" "요즘 너의 이름을 자주 불러주는 사람 있어?"	관계 속 자기 이미지 탐색
표현·창작	10~15	시쓰기 활동 '나는 ~이다'	"이번엔 네가 네 이름을 불러주는 시를 써보자." "지금 떠오르는 이미지를 그대로 써도 좋아."	자기 개념의 상징적 재구성
공유·정리	5~10	작성한 시 낭독 느낌 나누기 회기 정리	"이 시를 쓰고 나니 어떤 기분이 들어?" "다음 시간엔 이 시를 한 줄 더 이어서 써볼까?"	정서 안정 자기 수용과 통합

표 3 시치유 진행 흐름표

2. 불안과 분노 시치유

1) 내담자 배경

초등학교 5학년 남학생 C는 학업 부담과 가족 내 갈등으로 인해 높은 불안 수준과 돌발적인 분노 표출을 자주 드러냈다. 과제를 앞두고 짜증을 내거나 회피하는 행동이 잦았으며, 반복되는 실패 경험으로 자기 신뢰감이 매우 낮았다. 특히 정서적 인지 및 표현 능력이 미숙하여 자신의 화난 감정을 논리적으로 설명하는 데 큰 어려움을 겪고 있었다.

2) 시치유 과정

상담 초기, 상담사는 제1계층(안정) 단계의 도입 시로 이혜영의 「모서리」를 활용했다. 내담자는 시를 읽고 난 후 "나도 모서리 같아요"라고 말하며, 자신의 공격적 행동을 시의 시각적 이미지에 투사했다.

상담사는 옥시토신적 유대감을 바탕으로 "어떤 모서리 같니?", "언제 너는 모서리가 되는 것 같니?"라는 질문을 던져 내담자가 분노를 객관적으로 바라보도록 유도했다.

이어지는 제2계층(몰입) 단계에서 내담자는 시 구절을 반복해서 필사하며 마음을 가라앉히는 세로토닌적 평온을 경험했다. 이후 상담사는 한 줄 쓰기에서 자작시로 단계를 높여 제3계층(창조)의 도파민 활성화를 이끌어냈다.

C는 '화가 나면 / 복도를 천천히 걸어요 / 그러면 마음이 / 구름처럼 둥둥 떠가요'라는 시를 썼다. 날카로운 '모서리'였던 자신의 마음을 둥근 '구름'으로 변모시킨 이 비유적 표현은 분노를 조절하는 자신만의 심리적 전략을 스스로 발견한 결과였다.

3) 뇌·심리적 변화

시 읽기와 쓰기 과정은 내담자가 자신의 감정을 비유적 언어로 구조화하도록 도왔다.

이는 편도체의 과잉 반응을 진정시키고, 전전두엽의 통제 기능을 강화하는 효과를 가져왔다.

· 단기 효과 (1~2단계): 시적 비유를 통한 '감정 명명화'는 편도체의 과잉 반응을 즉각적으로 진정시키고, 전전두엽의 통제 기능을 강화했다. "화날 때 시를 쓰면 마음이 가벼워진다"는 보고는 정서적 각성이 언어로 구조화되면서 나타난 즉각적인 안정화 결과이다.

· 장기 효과 (3~4단계): 학술적 연구(최윤정·이수정, 2018; 안혜령, 2021)에 따르면, 아동·청소년이 시 쓰기를 통해 감정을 언어화할 때 자아 존중감이 향상되고 불안 수준이 유의미하게 낮아진다. C군 역시 반복적인 시 쓰기를 통해 분노의 강도가 감소했으며, 이는 뇌의 보상 회로 활성화를 넘어 정서 조절 능력이 성격적으로 내면화되는 신경가소적 변화를 보여준다.

4) 상담 적용 포인트

· 비유를 통한 투사: 정서 표현이 서툰 아동에게는 직접적인 질문보다 시 속 이미지에 감정을 비춰보게 하는 것이 효과적이다.

· 단계적 확장: 필사(세로토닌)로 시작해 한 줄 쓰기를 거쳐 자작시(도파민)로 나아가는 과정은 뇌의 치유 계층을 안정적으로 활성화한다.

· 맞춤형 처방: 불안과 분노 조절이 필요한 내담자에게는 부록의 [테마 2. 관계와 소통] 섹션(초록색 가이드)에 수록된 시들이 복잡한 마음을 비우고 평온한 현재에 머물게 돕는 세로토닌 같은 처방이 된다.

5) 구체적 활용 예시

불안과 분노 조절(초등학교 5학년 C, 이혜영 〈모서리〉)

단계	시간(분)	진행 내용	상담사의 질문	상담 초점
준비 라포형성	5~10	일상 대화, 최근 감정 점검	"요즘 마음은 각이 많은 편일까, 둥근 편일까?"	안전감 형성, 자연스러운 도입
시 도입 및 낭독	10	〈모서리〉 함께 읽기, 이미지 감상	"이 시의 어떤 부분이 네 마음이랑 닮았어?"	감정 투사 유도, 시적 공감 형성
감정 탐색	10	시 속 '모서리' 이미지와 자기 감정 연결	"언제 너는 모서리가 되는 것 같니?" "그때 네 마음은 어떤 모양이야?"	감정 인식, 자기 투사 확장
의미 연결	10	모서리의 의미 재구성	"모서리가 꼭 나쁜 걸까?" "모서리에도 좋은 점이 있을까?"	감정 재해석, 자기 이해 촉진
표현·창작	10~15	자작시 쓰기 ('화날 때 나를 진정시키는 방법')	"화날 때 네 마음은 어떤 색깔이야?" "그 색을 시로 표현해볼까?"	감정 언어화, 자기 조절 훈련
공유·정리	5~10	시 낭독 및 소감 나누기	"시를 쓰고 나니 마음이 어떻게 변했어?" "그럼 다음엔 어떤 마음의 시를 써볼까?"	정서 안정, 긍정적 자기 인식 강화

표 4 시치유 진행 흐름표

3. 스트레스 시치유

1) 내담자 배경

고등학교 2학년 남학생 D는 대학 입시에 대한 중압감으로 극심한 학업 스트레스를 호소했다. 성적이 기대에 미치지 못하면 '나는 실패할 거야'라는 자동적 사고에 사로잡혀 자기 비난을 반복했다. 불안과 긴장이 시험 전후로 극심해져 수면 장애와 집중력 저하를 겪고 있었으며, 이는 전형적인 입시 불안의 양상을 띠고 있었다.

2) 시치유 과정

상담 초기, 상담사는 제1계층(안정) 단계로 윤동주의 「쉽게 씌어진 시」를 함께 낭독했다. '인생은 살기 어렵다는데 / 시가 이렇게 쉽게 씌어지는 것은 / 부끄러운 일이다'라는 구절에서 D는 깊은 한숨을 내쉬며 "저도 계속 부끄러워하는 것 같아요. 성적이 안 나올 때 자신을 너무 미워하게 되는 마음이요"라며 옥시토신적 공감을 통해 억눌린 감정을 표출했다.

이어진 제2계층(몰입) 단계에서는 필사를 진행했다. '나는 무얼 바라 / 나는 다만, 홀로 침전하는 것일까?'라는 구절을 반복해 쓰며 세로토닌적 안정을 유도했다. 필사 중 "펜이 떨려요. 이 말이 내 마음 같아서"라는 D의 고백은 손끝의 감각이 뇌 전역으로 전달되고 있음을 보여주었다.

이후 상담사는 '누구와 싸우는가'에 대한 열린 질문을 던졌고, D는 제3계층(창조) 단계인 자작시 쓰기로 나아갔다. '나는 나 자신과 싸우고 있다 / 나를 믿지 못하는 이 마음과 / 그러나 시험 점수로 재단되지 않는 내가 있다 / 나는 나에게 작은 손을 내민다 / 눈물과 위안으로 처음 악수하면서'라는 시를 완성하며 도파민적 성취감과 자기 가치를 회복했다. 마지막으로 또래와 시를 공유하며 고립감을 해소하는*제4계층(초월)의 치유를 경험했다.

3) 뇌·심리적 변화

필사를 통한 손가락의 세밀한 움직임이 뇌 심부의 감정 회로를 정교하게 조율하며, D에게 다음과 같은 변화를 가져왔다.

· 단기 효과 (1~2단계): 시적 명명 행위는 입시 불안으로 과잉 활성화된 편도체를 진정시켰다. 특히 사고의 뇌(복외측 전전두엽)와 마음의 뇌(복내측 전전두엽)를 동시에 자극하여, '나는 실패할 거야'라는 자동적 사고를 객관화하고 즉각적인 정서 안정을 도왔다.

· 장기 효과 (3~4단계): 자기 위로의 문장을 창조하는 과정은 뇌의 보상 회로와 신경가소성을 촉진했다. 또래와의 공유는 사회뇌(Social brain)의 공감 회로를 활성화하여, 시험 점수와 자기 가치를 분리하는 건강한 회복탄력성을 형성하게 했다.

4) 상담 적용 포인트

입시 스트레스 내담자에게는 자신의 무기력감과 자기 비난이 시 속 화자의 감정과 만나는 지점을 먼저 찾는 것이 중요하다. 상담사는 내담자의 정서적 반응(눈물, 숨 멈춤, 신체 반응)을 존중하고 열린 질문으로 자기 성찰을 유도한다.

필사 활동 중에는 신체 감각 질문을 던져 감정을 구체화하게 한다. 자작시 단계에서는 재질문하는 방식으로 자동적 사고의 대상을 명확히 한다. 무엇보다 이 상담의 핵심은, 시를 통해 학업 성취와 자기 가치를 분리하는 것이다.

· 신체 감각의 활용: 필사 중 "지금 몸이 뭘 하고 있어?"와 같은 질문은 감정을 구체화하고 뇌의 감각 영역을 깨우는 데 효과적이다.

· 자동적 사고의 재구조화: '누구와 싸우는가'를 재질문하여 분노와 불안의 대상을 명확히 인지하게 돕는다.

· 맞춤형 처방: 입시와 성적으로 자존감이 낮아진 내담자에게는 부록의 [테마 3. 성찰과 성장] 섹션(노란색 가이드)에 수록된 시들이 내면의 힘을 깨우는 도파민 같은 처방이 된다.

5) 구체적 활용 예시

학업 스트레스,(고등학교 2학년 D, 윤동주 〈쉽게 씌어진 시〉)

단계	시간 (분)	진행 내용	상담사의 질문 및 주의 포인트
준비 및 도입	5~10	시 낭독: 윤동주 쉽게 씌어진 시〉	차분히 읽으며 '이 시의 화자는 어떤 마음일까?' 질문. 내담자가 시의 감정선에 감정이입하도록 유도.
감정 탐색	10	시 속 구절 중 마음에 남은 문장 선택	"왜 이 문장이 마음에 남았을까?" "이 문장을 내 이야기로 바꾼다면?" 개방형 질문 활용.
감정 언어화	10	선택 구절 필사 감정 메모	필사 과정에서 시의 리듬과 정서를 내면화하도록 안내. 내담자의 긴장 완화 유도.
표현 및 창작	10~15	주제: '나는 나를 응원한다' '오늘의 나에게'	시 속 '자기비난'→'자기수용'의 전환 구조를 모방하여 자작시 작성. 완벽하지 않아도 됨을 강조.
공유 및 정리	5~10	시 낭독·나눔 감정 변화 확인	"지금 마음의 무게는 어떤가요?" 질문으로 메타인지 유도. 상담사는 격려 피드백 중심으로 마무리.

표 5 시치유 진행 흐름표

4. 트라우마 시치유

1) 내담자 배경

40대 여성 E는 교통사고로 유산을 한 후 외상 후 스트레스 장애(PTSD) 증상을 보였다. 반복되는 악몽과 불면, 운전 및 외출 기피가 이어졌으며, 상담 상황에서도 사고에 대해 함구한 채 긴 침묵과 눈물로 반응했다. 충분한 언어 능력을 갖추었음에도 불구하고, 극심한 외상 경험이 오히려 언어 기능을 마비시킨 '실어(失語)'의 상태에 가까웠다.

2) 시치유 과정

상담사는 사건을 직접 묻는 대신, 제1계층(안정) 단계의 비유적 접근으로 신달자의 「날개」를 활용했다. '부서진 만큼 / 날 수 있다'는 구절을 읽은 E는 처음으로 자신의 고통을 꺼내 놓으며 "저는 모든 게 끝났다고 생각했어요. 그런데 혹시 저도 다시 날 수 있을까요?"라며 옥시토신적 유대와 치유의 가능성을 내비쳤다.

이어진 제2계층(몰입) 단계에서 E는 시 속 구절들을 필사하며 세로토닌적 안정을 되찾았고, 점차 자신의 상태를 '죽었다 싶게 떨어져 있던 상처'라고 시적 이미지로 명명하기 시작했다. 이후 제3계층(창조) 단계로 나아가 '죽음 앞에서 다시 일어설 힘을 배운다'라는 자작 구절을 만들어냈다. 이는 단절되었던 외상 기억을 도파민적 동기를 통해 새로운 이야기로 재구성하는 과정이었다.

3) 뇌·심리적 변화

· 단기 효과 (1~2단계): 시적 비유를 통한 접근은 사고 기억으로 인해 과잉 활성화된 편도체를 진정시켰다. 억제되었던 전두엽의 성찰 기능을 자극하여, '말할 수 없던 고통'을 안전한 시적 언어로 치환하는 즉각적인 정서 정화(Catharsis) 효과를 가져왔다.

· 장기 효과 (3~4단계): 반복된 시적 활동은 신경가소성을 촉진하여 고통스러운 파편적 기억을 의미 있는 삶의 역사로 재편성하도록 도왔다(Van der Kolk, 2014). 이는 최종적으

로 제4계층(초월)의 영역인 베타 엔드로핀적 승화로 이어져, 사고 이전보다 더 깊은 삶의 의미를 발견하는 외상 후 성장(PTG)과 회복탄력성을 구현해냈다.

4) 상담 적용 포인트

트라우마 내담자에게는 사건을 직접 언급하지 않고 비유적 언어가 담긴 시를 활용하는 것이 효과적이다. 필사 → 한 줄 쓰기 → 자작시 확장 단계를 통해, 고통을 상징과 언어로 점차 구조화한다.

이때, 상담사는 내담자의 표현을 해석하지 않고, "이 이미지가 지금 선생님 마음에 어떤 의미일까요?"와 같은 질문을 통해 자기 성찰을 이끌어야 한다. 효과 평가는 회피·불안 감소, 수면 패턴 변화, 자기보고식 진술 등 다각도로 확인할 수 있다.

· 간접적 접근의 힘: 트라우마 내담자에게는 사건의 직접 진술보다 비유와 상징이 담긴 시를 활용하여 정서적 안전거리를 확보하는 것이 핵심이다.

· 이미지의 구조화: 필사에서 자작시로 이어지는 단계적 확장은 고통을 언어라는 그릇에 담아 구조화하는 과정이다. 상담사는 내담자의 표현을 해석하기보다 이미지의 의미를 묻는 열린 질문을 던져야 한다.

· 맞춤형 처방: 깊은 상실감과 슬픔의 성찰이 필요한 내담자에게는 부록의 [테마 4. 위로와 공감] 섹션(분홍색 가이드)에 수록된 시들이 상처 입은 영혼을 달래주는 따뜻한 옥시토신 같은 처방이 된다.

5) 구체적 활용 예시

트라우마 치유(40대 여성 E, 신달자 〈날개〉)

단계	시간(분)	진행 내용	상담사의 질문	상담 초점
준비 관계형성	5~10	인사나누기 현재감정확인	"요즘 몸은 어떠세요?"	정서 안정 대화, 불안 완화, 신뢰 형성
시 낭독	10	신달자의 〈날개〉 낭독 이미지 감상	"이 시의 '부서진 날개'가 선생님에게는 어떤 느낌으로 다가오나요?"	비유적 접근, 감정 투사
감정탐색	10	시 구절과 자신의 경험 연결	"'부서진 만큼 날 수 있다'는 말이 어떤 울림을 주나요?"	외상 기억 완화, 정서적 거리두기
의미연결	10	시 속 이미지로 자기 경험 표현	"지금 마음을 한 장면이나 이미지로 표현한다면 어떤 모습일까요?"	상징을 통한 자기 인식
표현 및 창작	10~15	모방시 쓰기	"이 문장을 조금 더 이어서 써볼까요? 지금의 나를 담는 말로요."	감정 언어화, 자기 재구성
공유 및 정리	5~10	시 낭독 및 정리 대화	"이 시를 쓰며 어떤 마음의 변화가 느껴졌나요?", "이제는 그날을 어떻게 바라보게 되었나요?"	통합적 성찰, 자기 회복 강화

표 6 시치유 진행 흐름표

5. 자기회복 시치유

1) 내담자 배경

60대 여성 F씨는 자녀들이 모두 독립한 후 삶의 공허함과 불행감을 자주 호소했다. 주변 친구들의 활동적인 모습과 자신을 비교하며 스스로 뒤처졌다는 생각에 빠졌고, '나는 늘 부족하다'는 자기 인식이 반복되며 우울감과 만성 피로가 심해졌다. 하루 대부분을 집에서 TV 시청으로 보내며 가족과도 소원해진 F씨는 자신을 '쓸모없는 사람'으로 규정하는 전형적인 노년기 우울 양상을 보였다.

2) 시치유 과정

상담 초기에는 제1계층(안정) 단계로 고은의 「그 꽃」을 도입하였다. '내려갈 때 보았네 / 올라갈 때 못 본 / 그 꽃'이라는 구절을 읽으며 F씨는 "나는 늘 위만 보고 살아서 지금 가진 것들을 못 본 것 같다"라고 고백하며 옥시토신적 성찰의 눈물을 보였다.

이어지는 제2계층(몰입) 단계에서는 필사 활동을 통해 시의 리듬을 온몸으로 체험하며 세로토닌적 안정을 유도했다. 상담사가 "내려가며 본 꽃은 무엇일까요?"라고 묻자, F씨는 남편의 밥상과 자녀들의 존재를 언급하며 일상의 사소한 장면들을 시적 이미지로 치환하기 시작했다.

제3계층(창조) 단계인 자작시 쓰기로 확장하며 '비교는 나를 가두지만 / 나는 나만의 꽃을 본다'라는 문장을 완성했다. 이 과정에서 그는 '나는 여전히 살아 있는 꽃'이라는 자기 확인의 언어를 얻으며 도파민적 활력을 회복했다.

3) 뇌·심리적 변화

· 단기 효과 (1~2단계): 비교와 불행감으로 강화되었던 편도체의 부정 정서 반응이 시적 비유와 낭송의 호흡을 통해 즉각적으로 완화되었다. "하루 한 가지라도 시를 쓰고 나면 마음이 편하다"는 고백은 정서 조절 영역인 전전두엽의 기능이 회복되었음을 보여준

다.

· 장기 효과 (3~4단계): 시 속 이미지를 빌려 과거를 회상하는 과정은 해마를 자극하여 기억을 새로운 의미로 재구성하게 했다. 이는 뇌의 신경가소성을 촉진하여 우울 척도 점수를 초기 25점(중등도)에서 10회기 후 14점(경도)으로 감소시켰으며, 타인과의 비교를 멈추고 자기 효능감을 회복하는 근본적인 성격적 변화를 가져왔다.

4) 상담 적용 포인트

· 회고와 재해석: 고은의 「그 꽃」과 같이 삶의 하강기에서 새로운 가치를 발견하게 돕는 시를 활용하여 내담자가 현재를 재해석하도록 돕는다.

· 단계적 확장의 힘: 필사(세로토닌)에서 시작해 질문을 거쳐 자작시(도파민)로 나아가는 과정은 내담자가 스스로 자기 존재의 가치를 증명하는 경로가 된다.

· 맞춤형 처방: 삶의 허무함과 존재의 의미를 고민하는 내담자에게는 부록의 [테마 4. 위로와 공감] 섹션(분홍색 가이드)에 수록된 시들이 상실된 마음을 따뜻하게 채워주는 옥시토신 같은 처방이 된다.

5) 구체적 활용 예시

자기회복 치유(60대 남성 F, 고은 〈그 꽃〉)

단계	시간(분)	진행 내용	상담사의 질문	상담 초점
준비 관계형성	5~10	일상 대화 현재 감정 점검	"지난주는 어떻게 보내셨어요?"	정서적 개방, 신뢰 형성
시 낭독	10	고은의 〈그 꽃〉 읽기	"'내려갈 때 보았네'라는 말이 어떤 느낌으로 다가오시나요?"	감정 환기, 시적 공감 유도
감정탐색	10	시 속 구절과 자신의 경험 연결	"선생님이 '내려가며 본 꽃'은 어떤 모습인가요?"	자기 인식, 일상 속 의미 발견
의미연결	10	일상의 장면을 시적 이미지로 표현	"지금 떠오르는 '꽃'은 어떤 순간을 상징하나요?"	감사 인식, 긍정 정서 회복
표현 및 창작	10~15	자작시 쓰기	"이 문장을 지금 선생님 마음에 맞게 다시 써볼까요?"	자기 확인, 존재감 회복
공유 및 정리	5~10	시 낭독과 소감 나누기	"이 시를 쓰며 무엇을 느끼셨나요?", "지금 마음속에 피어 있는 꽃은 어떤가요?"	감정 통합, 자기 회복 강화

표 7 시치유 진행 흐름표

6. 관계 갈등 치유

1) 내담자 배경

고등학교 1학년 여학생 A는 부모와의 반복되는 갈등을 호소했다. 부모는 학업 성적과 진학에 대해 강한 기대를 보였고, A는 "공부 말고는 제 얘기를 들어주지 않는다"며 깊은 감정적 거리감을 표현했다. 집은 대화 대신 지시와 비난이 오가는 공간이었으며, A는 "집에 있으면 숨이 막힌다"고 토로했다. 상담 초기에는 부모에 대한 분노와 억울함이 중심이었으나, 그 이면에는 이해받지 못한 지독한 외로움이 자리하고 있었다.

2) 시치유 과정

상담 초기, 상담사는 제1계층(안정) 단계로 오수아의 「아부지」를 함께 낭독했다. '여름날 저녁 바람에는 / 아부지 냄새 얹혀 있다 / 땀범벅 고단한 냄새 / 살갗을 찌르는 듯 아린 냄새'라는 구절을 읽을 때, A의 얼굴은 경직되었으나 이내 "우리 아버지도 이 냄새가 나요"라며 옥시토신적 연결의 신호인 눈물을 보였다.

이어진 제2계층(몰입) 단계에서는 필사 활동을 통해 '새끼 배곯을까... 새끼 어디 다칠까' 라는 반복적 구절을 쓰며 세로토닌적 안정을 경험하게 했다. 펜을 쥔 손을 떨며 필사하던 A는 "아버지가 저를 위해 자기 것을 참는다는 걸 느껴요"라고 고백했다.

이후 상담사는 관점 전환을 돕는 질문을 던졌고, A는 제3계층(창조) 단계인 자작시 쓰기로 나아갔다. '나도 아버지의 냄새를 맡고 싶다 / 분노 아닌 이해로 / 아버지가 나를 위해 느낀 그 무게를'이라는 문장을 완성하며 도파민적 활력과 함께 부모를 향한 새로운 인식을 정립했다. 마지막으로 이 시를 부모님께 보여드림으로써 가족 간의 감정 교감을 회복하는 제4계층(초월)의 경험을 얻었다.

3) 뇌·심리적 변화

심리학적으로, 이 과정은 '부모님은 나에게만 강요를 한다'는 A의 인지 왜곡을 재구조화했다. 「아부지」 라는 시는 자신을 돌보는 부모의 마음으로 시선을 돌리는 관점 전환을 가능케 했으며, A의 공감 능력에 불을 밝혔다. 특히 '새끼 배곯을까', '새끼 기죽을까', '새끼 어디 다칠까'라는 반복적 표현은 부모의 반복적인 염려가 얼마나 깊은지 A를 자신의 언어 안으로 끌어들였다.

뇌과학적으로는 관계 갈등 상황에서 편도체가 방어적으로 과잉 활성화되어 상대방을 적으로 인식하게 된다. 그러나 「아부지」를 읽으면서 부모의 관점에서 감정을 따라가는 과정은 거울 신경계(mirror neuron system)를 활성화시켰다.

· 단기 효과 (1~2단계): 시 속 '냄새'라는 감각적 표현은 거울 신경계(Mirror neuron system)를 활성화하여 부모의 고단함을 자신의 감정처럼 느끼게 했다. 이는 갈등 상황에서 방어적으로 과잉 활성화되었던 편도체를 진정시키고 즉각적인 정서적 유대를 형성하게 했다.

· 장기 효과 (3~4단계): 필사와 자작시를 통한 반복적 언어 활동은 뇌의 사회적 인식 영역과 감정 공감 영역을 동시에 강화하는 신경가소성 변화를 유도했다. '부모님은 나만 강요한다'는 인지 왜곡이 재구조화되면서, 부모의 이미지가 '어둡고 화난 얼굴'에서 '나를 향해 손을 내미는 따뜻한 빛'으로 변하는 근본적인 심리적 회복을 경험했다.

4) 상담 적용 포인트

· 부모-자녀 관계의 감정적 징검다리: 관계 갈등을 겪는 청소년에게는 자신의 억울함을 먼저 수용해주되, 시라는 매개체를 통해 부모의 삶을 들여다보는 관점 전환을 유도하는 것이 중요하다.

· 반복 필사의 신체적 공감: '새끼 배곯을까', '새끼 어디 다칠까'와 같은 반복적 구절을 필사하게 함으로써, 부모의 깊은 염려를 머리가 아닌 신체 수준(세로토닌적 안정)에서 느끼게 한다.

· 맞춤형 처방: 관계 회복과 타인에 대한 깊은 이해가 필요한 청소년에게는 부록의 [테마 2. 관계와 소통] 섹션(초록색 가이드)에 수록된 시들이 타인의 삶에 머무는 역지사지(易地思之)의 마음을 돕는 세로토닌 같은 처방이 된다.

· 시를 통한 비언어적 소통: 말로 전하기 힘든 진심을 시로 전달할 때 생기는 '침묵'과 '눈물' 또한 매우 소중한 감정적 교감이며, 이것이 뇌의 사회적 뇌(Social Brain)를 깨우는 치유의 시작임을 안내한다.

5) 구체적 시 활용 예시

관계 갈등 치유(고등학교 1학년 A, 오수아 〈아부지〉)

단계	시간(분)	진행 내용	상담사의 질문	상담 초점
준비 관계형성	5~10	인사나누기 현재감정확인	"오늘 기분은 어때?"	정서적 안전감 형성, 신뢰 구축
시 낭독	10	오수아의 〈아부지〉 함께 읽기	"'아부지'이라는 말이 어떤 느낌으로 다가오니?"	감정 투사, 관계 의미 탐색
감정탐색	10	시 속 문장과 자신의 경험 연결	"부모님과의 관계를 시 제목으로 한다면 뭐라고 하고 싶을까?"	감정 명명, 관계의 상징화
의미연결	10	자작시 초안 쓰기	"그 문 앞에 서 있을 때 어떤 마음이 들어?"	내면 감정 인식, 자기 이해
표현 및 창작	10~15	시 완성 및 마지막 구절 쓰기	"열기 싫어도 열어야 하는 문, 이 문장을 이어서 써볼까?"	감정 표현 확장, 자기 통찰
공유 및 정리	5~10	시 낭독 및 느낀 점 나누기	"이 시를 쓰면서 어떤 마음이 들었니?"	정서 통합, 관계 공감 회복

표 8 시치유 진행 흐름표

7. 그룹 치유 사례

1) 프로그램 개요

본 프로그램은 스트레스와 소통, 외로움 등으로 정서적 어려움을 겪고 있는 성인을 대상으로 한 그룹 시치유 프로그램이다. 두 개의 독립된 그룹으로 진행되었으며, 각 그룹의 특성은 다음과 같다.

대상 및 구성	• 1인가구 그룹: 15명 (30대~60대 혼합) 주요 호소 문제: 고립감, 관계 상실, 삶의 의미 혼란 • 학부모 그룹: 15명 (30대~50대 혼합) 주요 호소 문제: 양육 스트레스, 자녀 관계 갈등
프로그램 구조	본 프로그램은 '총 8회기, 주 1회 120분' 수업으로 뇌과학적 원리에 기반하여 안정-몰입-창조-초월의 단계를 유기적으로 밟도록 설계되었습니다. • 시 낭독 및 공명: 텍스트를 통한 유대감 형성 (제1계층: 옥시토신/안정) • 질문과 나눔: 현재에 집중하는 마음 챙김 (제2계층: 세로토닌/몰입) • 시 쓰기: 창작을 통한 성취감과 보상 (제3계층: 도파민/창조) • 낭독과 공유: 공감을 통한 카타르시스와 사회적지지 (제4계층: 베타 엔드로핀/초월)
운영 방법	• 시치유 전문가 1인 진행 • 매 회기 감정 일기 작성 • 과제: 시 필사 또는 자작시 • 집단 내 낭독과 나눔을 통한 사회적 지지 경험

표 9 그룹치료 프로그램 개요

2) 1인가구 그룹 사례

1인가구 그룹 참가자들은 대부분 배우자 사별, 이혼, 또는 미혼 상태로, 고립감과 외로움을 주요 호소 문제로 제시하였다. 특히 중장년층 참가자들은 과거 관계에서의 미해결 상실과 트라우마를 안고 있었으며, 이것이 현재의 고립감을 더욱 심화시키는 요인으로 작용하고 있었다.

1인가구 그룹에서 나타난 주요 테마는 배우자와의 이별, 부모와의 이별, 관계의 종결, 사회적 연결의 단절, 소속감에 대한 갈망, '나는 누구인가', '내 인생의 의미는 무엇인가'와 같은 정체성 혼란과 후회, 미안함, 그리움 등의 미해결 감정이었다.

다음은 1인가구 그룹 참가자들이 프로그램 중 창작한 시와 그들의 소감이다. 이를 통해 시치유가 어떻게 작동하는지, 그리고 참가자들이 어떤 변화를 경험했는지 살펴볼 수 있다.

사례 1: 엄마의 신문 (60대 여성)

마흔 젊은 날
초상화처럼 앉아서
소리도 내지 못하고

아이들 이름 부르며
당신을 찾는 환청으로
집 안에서 서성거린 잰걸음

일가 친척 정거장이었던
양옥 3층 새 집은
적막에 싸여 숨결만 흐르고

철길에 나앉아
마주오는 열차 진동을 느끼며
당신이 보고 싶다고 수도 없이 외쳤을 외마디

남편이 죽었는데
밥 먹는다는 말이
부끄러워 식음을 전폐해도 질긴 목숨

이사가는 날
열두 자 다리 짧은 장롱 밑에서
발견된 먼지조차 없던 사고 현장 신문

그림자 같은 엄마의 세월
바람 앞에 등불같아도
자식 명줄과 바꾸느라
안으로 안으로 삭인 말을
끝내 잊지 않고 내뱉으시고

그대가 날 버렸나
내가 그대를 버렸나요

애절한 엄마의 노랫가락은
마당을 돌고 나간 상여처럼
누렇게 물든 신문처럼
한 조각 바람에 찢긴 나비의 날개처럼
아픔되어 흐릅니다.

[내담자 소감]

“국민학교 시절부터 엄마를 바라볼 때마다 슬프고 답답했다. 항상 마음속에 불쌍한 엄마가 계셨다. 돌아가신 지금은 마음이 더 아프다. 그런데 60이 넘어서야 자작시를 쓰며 이 마음을 털어내고 실컷 울었다. 이제야 머리와 마음이 가벼워졌다.”

[심리상담학적 해석 및 뇌·심리적 변화]

이 사례는 아동기 부모의 외상을 목격한 후, 60년간 억압되었던 감정이 시 쓰기를 통해 해제되는 과정을 보여주는 임상적으로 매우 특별한 예다.

· 60년의 억압과 신경계의 고착: 어린 시절 어머니의 절망(식음 전폐, 환청, 철길에서의 외마디)을 목격한 내담자에게 이는 단순한 슬픔이 아니라, 어머니를 구할 수 없다는 '무력감'과 '죄책감'으로 신경계에 깊이 저장되었다. 이는 전형적인 아동기 역경 경험(ACE)이 장기적인 정서적 무게로 남은 상태였다.

· 제2~3계층(몰입과 창조)을 통한 감정의 언어화: 자작시 쓰기 과정에서 내담자는 ‘먼지조차 없던 사고 현장 신문’이나 ‘찢긴 나비의 날개’ 같은 구절을 통해 파편화되어 있던 기억을 언어로 구조화했다. 펜을 쥔 손가락의 세밀한 움직임이 뇌의 고착된 회로를 자극하며 억눌렸던 전두엽의 성찰 기능을 깨운 것이다.

· 제4계층(초월)의 카타르시스와 베타 엔드로핀: ‘실컷 울었다’는 고백은 베타 엔드로핀이 분비되며 일어나는 강력한 정서적 정화(Catharsis) 현상이다. 60년 동안 편도체에 갇혀 있던 공포와 슬픔이 신경생리적으로 해제되면서 뇌는 비로소 '가벼워짐'을 느낀다.

· 신경생리적 해방: ‘가벼워졌다’는 표현은 뇌과학적으로 무력감과 자책감의 회로가 약화되고, 그 자리에 순수한 그리움과 사랑의 신경 회로가 재건되었음을 의미한다.

[상담 적용 포인트]

· 시적 투사의 안전성: 직접 말하기 고통스러운 외상은 '누렇게 물든 신문'이나 '나비의 날개' 같은 사물에 감정을 투사할 때 훨씬 안전하고 깊게 표출된다.

· 감정의 언어화(Labeling): 60년 전 어린 아이의 무력감을 시의 언어로 정의(명명)하는 순간, 뇌는 더 이상 그 기억을 '현재 진행 중인 위협'으로 인식하지 않고 '지나간 역사'로 처리하게 된다.

사례 2: 그립다 (40대 남성)

꿈속에서는
그대가 있었다
평범한 인상이였고
평소처럼 대화도 별로 없었다
그리고 나 역시
무뚝뚝하고 말없는 일상그대로의 나였다

꿈속에만 있는 그대여
많은 이야기를 하고 싶지만
그대와 나는 아무말이 없다
미안함과 후회 아쉬움들로 인해
꿈속에서도 현실에서도 그립다

[내담자 소감]

"부모님이 살아계실 때 다정하게 굴지 못했던 내가 밉고 후회스러웠다. 우리 부모님은 정말 무뚝뚝하셨는데 나도 똑같았다. 하지만 시치유 수업을 통해 어린 시절의 내가 부모님의 다정함을 간절히 원했음을 알았다. 기다리지 말고 '내가 먼저 다정하게 굴었으면 좋았을 텐데'라는 생각도 했다. 선생님 말씀처럼 이 시를 부모님 산소에 가서 읽어드리고 싶다."

[심리상담학적 해석 및 뇌·심리적 변화]

이 사례는 미해결 애도의 신경학적·심리학적 처리와 세대 간 정서적 단절의 악순환 속에서 일어나는 자기 이해와 용서를 보여주는 임상적으로 매우 중요한 예다. 특히 부모 사망 후 남겨진 죄책감과 후회가 시 쓰기를 통해 어떻게 능동적 '이해'로 전환되는지를 극명하게 보여준다. 또한, '죽음 이후에도 계속되는 관계의 성장'을 말해주고 있어 더욱 특별하다.

· 세대 간 전이된 무뚝뚝함의 자각: "우리 부모님은 정말 무뚝뚝하셨는데 나도 똑같았다"라는 자각은 자신의 성격이 단순히 타고난 것이 아니라, 애착 박탈의 결과임을 인지한 것이다. 이는 뇌과학적으로 전전두엽의 상위인지(Metacognition) 능력이 활성화되어 자신을 객관화하기 시작했음을 의미한다.

· 자기공감 회로의 활성화: 내담자가 어린 시절 따뜻함을 간절히 원했던 자신의 욕구를 알아차리는 순간, 뇌 내의 자기공감 회로가 켜진다. 이러한 자기 이해는 타인(부모)에 대한 이해로 확장되며, 방어적으로 굳어있던 정서적 회로를 유연하게 재구조화한다.

· 미해결 애도의 신경학적 처리: 꿈속의 무미건조한 대화와 현실의 후회를 시로 옮기는 과정은 파편화된 슬픔의 기억을 하나의 일관된 내러티브로 통합한다. 이는 기억을 담당하는 해마와 감정을 담당하는 편도체 사이의 연결성을 강화하여, 과거의 고착된 후회에서 벗어나 현재의 수용으로 나아가게 돕는다.

[상담 적용 포인트]

· 관계성의 재정리: 죽음으로 물리적 관계는 종료되었으나, 시 쓰기를 통해 심리적 관계를 새롭게 정의할 수 있다. 산소에서 시를 읽어드리고 싶다는 결심은 제4계층(초월) 단계로 나아가는 의식적 행위이며, 이는 뇌 수준에서 관계의 종결이 아닌 '승화'로 인식된다.

· 세대 간 트라우마의 중단: 시치유는 감정 표출을 넘어 세대 간 전수된 정서적 단절의 고리를 끊어낸다. "내가 먼저 다정했더라면"이라는 성찰은 다음 세대(자녀 등)와의 관계에서 동일한 실수를 반복하지 않겠다는 강력한 신경학적 보상(도파민)과 결단력을 동반한다.

사례 3: 역 (30대 남성)
기차역에 가면
다양한 사람을 볼 수 있다
다양한 사람이 오고 가며
바쁘게 지나간다

나도 가야 할 목적지가 있지만
다른 목적지로 갈 수도 있다

기차를 타고 가다보면
여러 역이 있지만
내가 가야하는 목적지는 단 하나의 역이다

다른 역을 가고 싶은 마음을
창 밖을 보면서 누그리뜨린다

[내담자 소감]

"고등학교 때 이후 시는 처음이다. '아, 시가 이런 거구나!'라는 생각을 했고, 심리와 뇌로 연결지어 설명하실 때 놀라웠다. 시치유 수업을 하면서 가장 좋았던 것은 나를 이해하는 부분이었다. 진짜 하고 싶은 일이 있었지만 부모님이 원하는 직업을 선택했다. 지금이라도 진짜 내 인생을 살아야겠다는 각오를 하게 되었다."

[심리상담학적 해석 및 뇌·심리적 변화]

이 사례는 성인기의 정체성 위기와 자기결정권의 회복을 다룬다는 점에서 매우 중요하다. 특히 '이미 선택된 삶'에서 '진정한 자신의 삶'으로의 전환을 시도하는 존재적 결단 과정을 보여준다. '창밖을 보며 누그러뜨린다'는 표현이 참 애잔하면서도 잠재적 변화가 실현되기 직전의 '임계점(Critical Point)'을 암시하고 있다. 이는 상담사에게 전율에 가까운 경외감을 선사하는 대목으로, 오랜 억압의 궤도를 이탈해 자신만의 목적지를 향해 비상하려는 한 인간의 숭고한 '존재적 도약'을 목격하게 한다.

· 부진정성(Inauthenticity)의 자각과 상위인지: 30대에 이르러 자신의 선택이 타인(부모)에 의한 것임을 깨닫는 과정은 심각한 위기인 동시에 강력한 변화의 기회다. 이는 뇌과학적으로 내측 전전두엽(mPFC)의 자기 참조 가공 능력이 활성화되어, 타인의 욕망과 자신의 욕망을 분리하여 인식하기 시작했음을 의미한다.

· 자기결정성 이론과 자율성(Autonomy): 라이언과 데시(Ryan & Deci)의 이론에 따르면 인간의 심리적 건강은 자율성, 유능성, 관계성의 충족에 달려 있다. 참가자는 그동안 부모의 기대를 내면화한 '외적 조절' 상태였으나, 시 쓰기를 통해 자신의 진정한 욕구를 대면하며 '자율적 동기'를 회복하는 단계로 나아가고 있다.

· 욕망의 억제와 관리: 시 속에서 '다른 역을 가고 싶은 마음을 창밖을 보면서 누그러뜨린다'는 표현은 현재 자신의 진정한 욕망을 전두엽의 통제 기능을 통해 '관리'하고 있는 상태를 드러낸다. 이는 무의식적인 억압에서 의식적인 관리 상태로 넘어온 전이 과정을 보여준다.

[상담 적용 포인트]

· 신경생리적 이해를 통한 자기 수용: "심리와 뇌로 연결지어 설명받았을 때 놀라웠다"는 반응은 매우 핵심적이다. 자신의 혼란과 욕망이 심리학적·뇌과학적으로 타당한 근거가 있음을 이해할 때, 내담자는 비로소 자신을 비난하지 않고 온전히 수용(Self-acceptance)하게 된다. 지적 통찰이 정서적 치유로 연결된 사례다.

· 삶의 방향 재설정: 이 사례는 시치유가 단순한 '감정 표출'을 넘어 '삶의 궤도 수정'까지 가능하게 함을 시사한다. '다른 역'이라는 비유적 언어를 통해 현재의 삶을 객관화한 내담자는 이제 '단 하나의 목적지(진정한 자기)'를 향한 신경학적 보상 회로를 새롭게 설계할 준비를 마친 것이다.

3) 학부모 그룹 사례

학부모 그룹 참가자들은 대부분 자녀 양육 과정에서 겪는 스트레스와 자녀와의 관계 어려움을 호소하였다. 흥미로운 점은 많은 참가자들이 자녀와의 관계 문제를 탐색하는 과정에서 자신의 어린 시절 상처를 발견하게 되었다는 것이다. 이는 세대 간 전이되는 양육 패턴의 문제를 시사한다.

학부모 그룹에서 나타난 주요 테마는 완벽한 부모가 되어야 한다는 압박, 자녀에 대한 과도한 책임감 등의 양육 스트레스가 가장 많았다. 자녀에게 화를 내고 후회하는 감정 조절 어려움의 반복적 패턴, 부모로부터 받지 못한 사랑과 정서적 방임으로 인한 자신의 어린 시절 상처, 자신이 받은 양육 방식을 자녀에게 반복하는 세대 간 전이를 보였다.

프로그램 구조와 운영방법은 1인 가구와 동일하나, 수업에 인용된 시는 각각 다르다. 다음은 학부모 그룹 참가자들이 프로그램 중 창작한 시와 그들의 소감이다.

사례 1. 자연에서 얻는 위로 (50대 학부모)

하늘의 하얀 구름은
얼마나 폭신하고 보드라울까

산의 키 큰 나무들은
얼마나 단단할까

붉게 타오르는 해는
얼마나 기운찰까

캄캄한 밤 하늘의 별들은

얼마나 강한 빛을 가졌을까

자연에게 묻고 또 물으며
그들과 함께 살아왔다

[내담자 소감]

"연년생 동생이 태어나는 바람에 할머니 손에 자랐다. 어머니가 너무 힘드셔서 나를 할머니 댁에 맡긴 것인데, 어린 마음에는 어머니가 너무 그리웠다. 할머니를 따라 들로 산으로 자주 나갔는데, 자연이 나를 품어 주었다는 사실을 그때는 몰랐다. 이번 시치유 수업에 참여하면서 나를 버티게 해준 것이 자연이었다는 것을 알았다. 주말마다 왜 자꾸 자연을 찾는지 그 이유도 이제야 알게 되었다."

[심리상담학적 해석 및 뇌·심리적 변화]

이 사례는 애착 박탈과 정서적 방임으로부터의 회복 과정에서 환경적 치유 자원을 재발견하고 의식화하는 과정을 보여주는 임상적으로 매우 의미 있는 예다. 특히 이 시에 묻어나는 자연에 대한 의존적이면서도 신뢰하는 표현, '얼마나 폭신할까', '얼마나 단단할까', '얼마나 기운찰까'에서 자연을 향한 물음이 실은 어머니를 향한 물음임을 감지하게 된다. 시의 각 이미지들, '폭신한 구름(포근함), 단단한 나무(안정감), 기운찬 해(생명력), 별들의 강한 빛(존재감)'은 모두 어머니로부터 받지 못한 돌봄의 차원들을 자연에서 찾은 것이다.

· 원초적 애착 손상과 유기 불안: 돌도 채 되지 않아 모친으로부터 분리된 경험은 심각한 애착 손상(Attachment rupture)을 야기한다. '어머니가 힘들어서'라는 객관적 사실과 별개로, 영유아기의 뇌는 이를 '유기(Abandonment)'로 내면화한다. 이는 성인기까지 이어지는 애착 불안과 버림받음에 대한 두려움의 근원이 된다.

· 대체 애착 대상으로서의 자연: 인간의 뇌는 생존을 위해 놀라운 적응력을 발휘한다. 주 양육자와의 애착이 결핍되었을 때, 이 내담자의 뇌는 자연과의 관계적 경험을 축적하며 자연을 대체 애착 대상(Alternative attachment figure)으로 삼았다. 산과 들의 포근함과 넉넉함은 뇌 내의 옥시토신 분비를 자극하여 정서적 생존을 가능하게 한 것이다.

· 신체 기억의 의식화: "주말마다 왜 자꾸 자연을 찾는지 그 이유도 이제야 알게 되었다."는 진술은 매우 중요하다. 그동안 신체와 뇌는 안정과 위로를 얻기 위해 무의식적으로 자연을 찾은 것이다. 시 쓰기는 이러한 무의식적 행동의 의미를 언어로 명명(Labeling)함으로써, 전전두엽이 이를 인지하고 수용하게 만드는 '자각의 사건'이 된다.

[상담 적용 포인트]

· 무의식적 지혜의 가시화: 시 쓰기는 내담자가 이미 가지고 있던 내면의 회복 자원을 가시화한다. 자연을 모성으로 치환한 비유는 내담자의 결핍을 메우는 강력한 심리적 도구가 된다.

· 자기 자비(Self-Compassion)의 형성: 자녀 양육에서 스트레스를 겪던 학부모가 자신의 상처를 먼저 마주하고 자연으로부터 받은 위로를 확인하는 과정은 자기 비난을 멈추고 자기 자비로 나아가는 계기가 된다. 이는 뇌과학적으로 정서 조절 회로를 강화하여 자녀와의 관계에서도 보다 유연한 반응을 할 수 있는 기반을 마련한다.

사례 2: 나를 위한 노래 (50대 학부모)

처음 들은 노래는 응원가였다
달리기 경주를 하고
도민의 함성을 들으며 불을 들어 올렸다

두 번째 부른 노래는 이별가였다
사춘기 시절 엄마의 격려 소리도 듣지 못한 채 이별했다
이별하는 즈음, 매미 소리도 나에겐 눈물 떨어지는 큰 울음이었다.

......(중략)

마지막을 위한 노래를 찾고 있다
난 혼자서 노래를 부를 것이다
아름다운 마지막 노래는 혼자 부르는 것이다

[내담자 소감]

"국민학교 시절 엄마가 돌아가신 후 많이 외롭고 우울한 유년 시절을 보냈다. 다행히 좋은 시부모님을 만나 딸처럼 예뻐해 주셨고, 친정엄마에게 받지 못했던 사랑을 다 받았다. 이제는 시어른도 안 계시고 혼자지만 그동안 주신 사랑의 힘으로 나머지 인생을 멋지게 살아보려 한다. 시치유 수업에 참여하면서 내 인생이 정리가 되었다."

[심리상담학적 해석 및 뇌·심리적 변화]

이 사례는 장기적인 상실 트라우마를 통합하고, 삶의 서사를 재구성함으로써 존재적 의미를 회복하는 과정을 보여주는 치료학적으로 매우 심화된 예다. '아름다운 마지막 노래는 혼자 부르는 것이다'라는 문장은 존재적 성숙함의 정점(頂點)을 보여준다.

· 상실의 치유와 재애착(Re-attachment): 참가자는 아동기 모친상이라는 원초적 상실로 인해 오랫동안 실존적 공허감을 겪었다. 그러나 시어머니와의 새로운 관계 형성을 통해 결핍된 애착을 보충하는 '재애착'을 경험했다. 이는 뇌과학적으로 안정 애착 회로가 성인기에 이르러 다시 재구조화될 수 있음을 보여주는 신경가소성의 증거다.

· 자서전적 기억의 통합: 인생을 '노래'라는 음악적 구조로 변환하여 표현하는 행위는 뇌의 좌·우반구를 통합적으로 사용하는 고도의 인지 활동이다. 파편화되어 있던 과거의 고통(이별가)과 현재의 수용(마지막 노래)을 하나의 선율로 잇는 과정에서, 기억을 담당하는 해마와 의미를 부여하는 전전두엽이 협력하여 삶의 서사를 완성한다.

· 재프레이밍(Reframing)과 주체성 회복: 마지막 노래를 "혼자 부르는 아름다운 노래'로 정의한 것은 고립이 아닌 '자발적 고독'과 '독립'으로의 인식 전환을 의미한다. 이는 심리치료의 핵심인 재프레이밍의 고도화된 형태이며, 자신의 존재를 고통의 수혜자에서 삶의 주체로 재정의한 결과다.

[상담 적용 포인트]

· 보편적 경험으로의 승화: 시 쓰기를 통해 개인의 특수한 고통을 '노래'라는 보편적 예술 형식으로 연결함으로써 내담자는 자신의 삶을 더 객관적이고 아름답게 바라보게 된다. 이는 뇌의 제4계층(초월) 영역을 자극하여 깊은 평안과 보람을 느끼게 한다.

· 삶의 마무리를 위한 준비: 50대 학부모로서 자녀 양육 이후의 삶을 준비하는 시기에, 과거의 상처를 매듭짓고 '마지막 노래'를 스스로 부르겠다는 각오는 노년기로 진입하는 과정에서 강력한 심리적 회복탄력성(Resilience)을 제공한다.

사례 3: 잔소리 (40대 학부모)

아이들이 듣기 싫어하는 그 소리
매일 똑같이 반복하게 되는 그 소리
그만좀 하세요 하게 되는 그 소리

나도 멈추지 못해 후회되는 순간들
너희랑 멀어지게 되는 아픈 순간들
나는 왜 지혜롭지 못한가 자책하는 순간들

그런데 이제는 조금 알 것 같네
나한테 그만큼 소중해서
어떻게 될까 봐 자꾸 걱정이 앞서서
했던 얘기들이라는 걸
나로 여길 정도로 너를 사랑한다는 걸

[내담자 소감]

"초등학교 때 엄마가 돌아가신 후 빈자리가 너무 컸고 지금도 그립다. 그래서인지 두 딸을 키우는 게 너무 힘들다. 종일 화를 내고 잔소리하는 내 모습이 싫고, 방학이 무서울 정도다. 잘해주고 싶은 마음과 달리 감정이 널을 뛴다. 시치유 수업을 통해 감정을 글로 쓰며 여유와 안정을 찾고 있다. 내 감정을 글로 쓰는 것이 이렇게 행복한 줄 몰랐다."

[심리상담학적 해석 및 뇌·심리적 변화]

이 사례는 트라우마에서 비롯된 감정 조절 곤란이 시 쓰기를 통해 자기 이해와 관계 회복으로 전환되는 과정을 보여주는 임상적으로 중요한 예다.

· 상실 보상 심리와 통제적 양육: 참가자는 아동기 모친상으로 인한 불안정한 애착을 자녀 양육을 통해 보상받으려는 심리 구조를 보인다. 자녀를 잃거나 잘못될지 모른다는 무의식적 공포는 과도한 걱정과 통제적 행동(잔소리)으로 나타나며, 이는 뇌의 편도체가 과활성화된 '불안 상태'임을 시사한다.

[시 쓰기를 통한 정서 조절의 3단계]

· 1단계(외부화): '그 소리', '그 순간들'과 같이 감정을 객관화된 대상으로 명명함으로써 언어적 명명(Affect Labeling) 효과를 얻는다. 이는 과열된 편도체를 진정시키고 복측 전전두엽을 활성화한다.

· 2단계(의미 재구성): '이제는 조금 알 것 같네'라는 구절을 통해 자신의 행동 근저에 있는 '사랑의 의도'를 발견하며 인지적 재평가를 수행한다.

· 3단계(자기 공감): 비난의 대상이었던 자신을 이해의 대상으로 전환하며, 자기 자비(Self-Compassion) 회로를 강화한다.

[상담 적용 포인트]

· 자기 비난의 고리 끊기: '나는 왜 지혜롭지 못한가'라는 자책에서 '너를 사랑해서 그랬구나'라는 수용으로의 변화는 뇌의 보상 체계를 긍정적으로 재편한다. 자신의 양육 행동 뒤에 숨겨진 사랑을 인식하는 순간, 아동기 트라우마로 인한 자기 비난의 악순환이 멈춘다.

· 글쓰기의 행복과 치유: "글을 쓰는 게 이렇게 행복한 줄 몰랐다"는 고백은 억압된 감정이 안전한 통로(문학)를 통해 배출될 때 느껴지는 정서적 해방감을 의미한다. 이는 학부모 그룹에서 빈번하게 나타나는 '완벽한 부모 콤플렉스'를 해소하는 강력한 치유 자원이 된다.

4) 그룹 시치유의 작동 원리

(1) 신경생물학적 기제

· 감정 명명(Affect Labeling)을 통한 뇌 회로 안정화: '머리가 가벼워졌다', '정리가 되었다'는 참가자들의 표현은 신경학적 안정 상태를 반영한다. 리버만(Lieberman, 2007) 등의 연구에 따르면, 감정에 이름을 붙이는 행위는 우측 복외측 전전두엽(rvlPFC)을 활성화하며, 이는 감정의 중추인 편도체의 과잉 활동을 직접적으로 억제한다. 시적 언어로 감정을 규정하는 순간, 뇌는 '막연한 고통'을 '통제 가능한 정보'로 인식하기 시작한다.

· 자기 거리화(Self-distancing)와 메타인지적 통찰: 시적 비유와 상징을 통해 자신의 경험을 재구성하는 과정에서 참가자들은 자신을 3인칭 시점으로 바라보는 '관찰자 자아'를 획득한다. 이는 과도한 정서적 동일시에서 벗어나 보다 균형 잡힌 자기 이해를 가능하게 하는 메타인지적 도약을 이끌어낸다.

· 의미 재구성(Meaning Making)과 기억 재통합: 참가자들은 시 쓰기를 통해 트라우마적 경험에 새로운 서사적 의미를 부여했다. 이는 해마와 전전두엽의 협력을 통한 기억의 재처리 과정으로, 페네베이커와 청(Pennebaker & Chung, 2011)의 표현적 글쓰기 연구가 증명하듯, 파편화된 고통을 일관된 서사로 통합함으로써 신경계의 전면적인 회복을 돕는다.

(2) 사회적 지지 효과

그룹 시치유의 핵심 치료 요인은 사회적 지지와 소속감이다. 참가자들은 자신의 시를 낭독하고 타인의 시를 경청하며 '나만 그런 것이 아니구나'라는 보편성(Universality)을 경험한다. 이러한 사회적 연결감은 뇌 내 옥시토신 분비를 촉진하고 스트레스 호르몬인 코르티솔을 감소시켜 신경계의 '사회적 안전망'을 구축한다(Porges, 2011).

특히 1인가구 그룹의 경우, 집단 내 소속감 경험은 고립감을 해소하는 결정적 치유 동력이 되었으며, 프로그램 종료 후 자발적 모임으로 이어지는 지속적인 회복 동력을 형성했다.

(3) 치료적 요인

얄롬(Yalom, 2005)의 집단 치료적 요인을 기준으로 본 프로그램을 분석하면 다음과 같은 핵심 요소가 작동함을 알 수 있다.

·보편성: 개인의 고통이 공동체의 보편적 경험임을 발견하며 고립감 해소
·카타르시스: 시라는 안전한 상징적 틀을 통해 억압된 감정을 정화
·통찰: 시적 비유를 통해 자기 이해의 깊이를 더하고 삶의 패턴을 인식
·이타성: 상호 낭독과 지지 과정에서 자신의 가치와 존재 의미를 재발견
·희망의 고취: 타인의 변화를 목격하며 자신의 변화 가능성에 대한 확신 획득

5) 프로그램 효과

본 프로그램의 효과를 질적으로 평가한 결과, 다음과 같은 다각적 변화가 관찰되었다.

· 정서적 변화: 감정 인식 및 조절 능력이 눈에 띄게 향상되었으며, 기저에 깔려 있던 우울과 불안 수치가 유의미하게 감소했다.

·인지적 변화: 부정적 자동사고가 줄어들고, 삶의 고통스러운 사건들을 긍정적으로 재프레이밍하는 의미 재구성 능력이 증진되었다.

·관계적 변화: 타인에 대한 공감력이 향상되었으며, 특히 학부모 그룹에서는 자녀를 독립된 인격체로 바라보는 등 실제적인 관계 개선이 일어났다.

·행동적 변화: 회복 루틴의 일상화, 지속적인 시 쓰기 및 필사, 자발적인 치유 공동체 형성 등 삶의 양식 자체가 능동적으로 변화했다.

이러한 결과는 그룹 시치유가 정서적 허기를 겪는 성인들에게 강력하고 실질적인 개입 전략이 될 수 있음을 시사한다. 1인가구와 학부모라는 서로 다른 사회적 맥락 속에서도 동일한 치료적 기제가 유효하게 작동했다는 점은 시치유가 지닌 보편적 생명력과 적용 가능성을 여실히 보여준다.

2장

시치유 프로그램 설계와 평가

1. 프로그램 설계 원리

시치유 프로그램은 내담자의 발달 단계, 주호소 문제, 상담 목표에 최적화되어 설계되어야 한다. 이는 단순히 시를 읽고 쓰는 활동의 나열이 아니라, 상담학적 근거와 뇌과학적 원리가 결합된 구조화된 치료 과정이어야 한다.

1) 목표 설정

프로그램 설계의 첫 단계는 명확한 목표 설정이다. 우울 증상 완화, 불안 조절, 자기 이해 증진, 관계 기술 향상 등 내담자의 필요에 따라 구체적인 목표를 수립한다. 목표가 명확할 때 회기별 시 선택의 기준과 평가 지표가 분명해진다.

2) 이론적 기반

시치유는 다학제적 이론에 기반한다. 인지행동치료(CBT)의 사고 재구성, 이야기 치료(Narrative Therapy)의 서사 재구성, 긍정심리학의 강점 기반 접근을 통합한다. 특히 본 저서에서 강조하는 '4단계 호르몬 체계(안정-몰입-창조-초월)'의 흐름을 이론적 골격으로 삼을 때 프로그램의 일관성과 신뢰성을 확보할 수 있다.

3) 구조화된 5단계 프로세스

효과적인 시치유 프로그램은 뇌의 이완과 활성화를 고려한 5단계 표준 구조를 따른다.

· 도입(Warm Opening): 라포(Rapport) 형성과 안전한 심리적 환경 조성에 집중한다. 편도체의 경계 태세를 낮추고 안정감을 주는 옥시토신 분비를 유도하는 단계다.

· 탐색(Exploration): 시 읽기와 필사를 통해 내면의 정서와 무의식적 역동을 세밀하게 관찰한다. 현재에 집중하는 세로토닌적 몰입을 통해 감각을 깨우는 과정이다.

· 표현(Expression): 자작시 쓰기를 통해 억눌린 감정을 표출한다. 창조적 행위를 통해 도파민 보상 체계를 활성화하고 자기표현의 범위를 확장한다.

· 공유(Sharing): 낭독과 나눔을 통해 정서적 환기와 깊은 공감을 경험한다. 사회적 연결감을 통해 베타 엔드로핀의 카타르시스를 느끼며 고통의 보편성을 깨닫는다.

· 통합(Integration): 통찰을 일상의 삶과 연결한다. 전전두엽의 실행 기능을 활용하여 긍정적 변화를 위한 실천 계획을 세우며 마무리한다.

4) 발달 단계 및 대상 고려

생애주기별 인지·정서적 특성에 따라 개입 전략을 차별화한다. 아동기에는 운율 중심의 동시를 통한 정서 분화를, 청소년기에는 정체성 탐색을 위한 메타포 활용을 권장한다. 성인기에는 관계와 실존적 의미를, 노년기에는 생애 회고와 자아 통합을 돕는 시를 선별한다.

5) 운영 형식의 선택 (집단 vs 개인)

집단 프로그램은 사회적 지지와 보편성 획득에 유리하며 '사회뇌(Social Brain)' 활성화를 돕는다. 반면 개인 프로그램은 내담자 맞춤형 심층 개입이 가능하므로, 내담자의 외상 정도와 상담 목표에 따라 형식을 유연하게 선택하거나 병행한다.

6) 심리적 안전성 확보

시치유는 내담자의 내면을 깊이 건드리므로 윤리적 안전망이 필수다. 비밀보장, 비판단적 수용, 참여의 자율성을 명시한다. 특히 트라우마 내담자의 경우 시적 비유가 강력한 정서적 촉발제(Trigger)가 될 수 있음을 인지하고, 필요시 임상적개입과 병행하여 안전한 거리두기를 지원해야 한다.

7) 문화적 민감성

내담자의 문화적 배경과 언어적 전통을 존중한다. 특정 문화권의 금기어는 피하고, 내담자가 정서적 친밀감을 느끼는 시적 비유와 상징을 활용하여 치유의 거부감을 낮춘다.

2. 회기별 구성 방법

시치유 프로그램의 효과는 회기별 구성의 질에 달려 있다. 각 회기는 그 자체로 완결성을 지닌 독립된 단위이면서도, 프로그램의 전체 목표를 향해 유기적으로 연결되어야 한다.

1) 회기 구조

표준적인 회기 구조는 다음과 같다.

단계	시간(분)	주요 활동
도입	10	간단한 체크인(예: 기분을 날씨에 비유하기)으로 마음 열기
시 읽기	15	주제와 관련된 시를 함께 읽고 감정과 생각을 나누기
감정 탐색 및 필사	10	시 속 인물·상황에 자신의 경험을 투사하며, 마음이 머문 문장 필사하기
시 쓰기 (표현.창작)	20	모방시나 주제시 쓰기 (단어에서 문장으로 점차 확장)
나누기 정리	15	자작시를 낭독하고 공유하기 (자발적 참여 존중) 오늘 얻은 통찰을 나누며 회기 마무리

표 10 시치유 회기 구조

2) 8주 프로그램 예시: 청소년 자기 이해

회기	주제	주요 활동
1회기	프로그램 소개 및 라포 형성	프로그램 목표 안내, 간단한 자기소개 시 쓰기
2회기	감정 인식	“지금 내 마음” 주제로 감정을 색깔·날씨로 표현하기
3회기	강점 발견	“내가 잘하는 것” 주제로 자신의 강점 탐색하기
4회기	어려움 다루기	“힘들 때”를 주제로 스트레스 상황 언어화하기
5회기	관계 탐색	“소중한 사람”을 주제로 관계의 의미 돌아보기
6회기	미래 상상	“10년 후의 나”를 주제로 희망과 목표 구체화하기
7회기	통합과 정리	지금까지 쓴 시를 모아 “나의 시집” 만들기
8회기	마무리와 평가	프로그램 경험 나누기, 변화와 배움 점검하기

표 11 시치유 8주 프로그램 예시_청소년 대상

3) 12주 프로그램 예시: 성인 우울 증상

회기	주제	주요 활동
1~2회기	관계 형성 및 현재 상태 탐색	프로그램 안내, 라포 형성, 현재 감정과 생활 패턴 점검
3~4회기	부정적 사고 패턴 인식 및 외부화	반복되는 생각 기록하기, "나를 괴롭히는 문장"을 시로 표현하기
5~6회기	감정 언어화 및 표현 확장	감정 단어 확장 훈련, 감정을 색깔·이미지·시적 언어로 표현하기
7~8회기	과거 경험 재해석 및 의미 발견	과거의 상처 장면을 시로 재구성, 그 안의 배움 찾기
9~10회기	강점과 자원 재발견	자신이 지닌 회복 자원 탐색, "나를 지탱해준 것들" 주제로 시 쓰기
11~12회기	통합 및 미래 계획	지금까지 쓴 시를 묶어 '나의 회복 시집' 완성, 앞으로의 삶 다짐 나누기

표 12 시치유 12주 프로그램 예시_성인 우울증 대상

4) 10주 프로그램 예시: 노년기 삶의 회고와 통합

회기	주제	주요 활동
1~2회기	생애 주요 사건 회상	어린 시절부터 현재까지 인상 깊은 삶의 장면을 시로 표현하기
3~4회기	성취와 보람 재발견	삶에서 이뤄온 일, 자랑스러운 순간을 떠올리며 '나의 발자국' 시 쓰기
5~6회기	상실과 후회 수용	잃어버린 관계나 기회에 대한 감정을 언어화하고 수용의 시로 표현하기
7~8회기	감사와 의미 발견	지금 남아 있는 관계와 삶의 선물에 감사하며 '고마운 하루' 시 쓰기
9~10회기	삶의 통합과 지혜 나누기	지금까지 쓴 시를 모아 '나의 인생 시집' 완성, 후대에 전하고 싶은 메시지 나누기

표 13 시치유 10주 프로그램 예시_노년기 대상

5) 회기 운영 시 주의사항

실제 현장에서 프로그램을 진행할 때는 다음과 같은 운영의 묘미가 필요하다.

· 시간의 일관성과 과정의 유연성: 정해진 시간을 지켜 심리적 안정감을 주되, 내담자의 감정 상태에 따라 흐름을 탄력적으로 조정한다.

· 지속성을 위한 과제: 회기 사이에 짧은 시 쓰기나 필사 과제를 제시하여 치유 과정이 일상에서도 이어지게 한다.

· 변화의 기록: 매 회기 내담자의 시와 반응을 기록하여 변화의 흐름을 객관적으로 파악하고, 이를 평가와 피드백의 근거로 활용한다.

3. 평가 도구와 효과성 측정

시치유의 효과를 객관적으로 입증하기 위해서는 체계적인 평가가 필요하다. 평가는 프로그램의 질을 높이고, 상담사에게는 개입의 근거를, 내담자에게는 변화의 확인을 제공한다.

1) 척도지 평가 도구

시치유 프로그램의 효과를 객관적으로 확인하기 위해서는 심리척도를 활용한 사전·사후 평가가 필수적이다.

프로그램 시작 전과 종료 후에 동일한 척도를 실시하여 변화를 측정한다. 가능하다면 3개월, 6개월 후 추적 평가를 통해 지속 효과를 확인한다. 예를 들어, '4장 시치유 사례'에서 우울증 치유 사례의 B처럼, 우울증 척도지(CES-D) 점수가 초기 27점의 중등도에서 6회기 후 16점의 경도로 감소한 것을 통해 정량적 효과를 명확히 확인할 수 있다.

아래 표는 시치유 현장에서 자주 활용되는 주요 척도들을 정리한 것이다. 각 척도는 우울, 불안, 자존감, 삶의 의미, 회복탄력성 등 내담자의 심리 변화를 살펴보는 데 활용된다. 각 척도의 활용 방법과 다운로드 경로는 부록에 함께 담았다.

평가 영역	척도명	간략 설명
우울	Beck Depression Inventory (BDI, Beck et al., 1961)	21문항 자기보고식 척도. 우울 정서·인지·신체 증상을 평가하며, 사전·사후 변화를 확인하기에 적합
	Center for Epidemiologic Studies Depression Scale (CES-D, Radloff, 1977)	20문항 자기보고식 척도. 일반 인구의 우울 수준 선별을 위해 개발
불안	Beck Anxiety Inventory (BAI, Beck et al., 1988)	21문항 자기보고형. 신체적 불안 증상과 인지적 불안을 구분해 측정.
	State-Trait Anxiety Inventory (STAI, Spielberger et al., 1983)	상태불안(현재)과 특성불안(성향)을 각각 20문항씩 측정. 총 40문항
자존감	Rosenberg Self-Esteem Scale (RSES, Rosenberg, 1965)	10문항 자기보고형. 자아 존중감의 전반적 수준을 간결하게 측정
삶의 의미	Meaning in Life Questionnaire (MLQ, Steger et al., 2006)	10문항 자기보고형. 삶의 의미 존재)와 탐색 두 영역으로 구성
회복탄력성	Connor-Davidson Resilience Scale (CD-RISC, Connor & Davidson, 2003)	25문항 자기보고형. 스트레스 상황에서의 회복력과 적응 능력을 평가

표 14 현장에서 활용되는 주요 심리 척도

2) 변화 관찰 중심 평가 방법

내담자가 작성한 시 자체가 그 어ㄸ ㄴ 수치보다 중요한 평가 자료가 된다.

· **언어 변화 분석:** 초기에는 부정적 단어(어둠, 무거움, 외로움)가 많았다면, 후기에는 긍정적 단어(빛, 희망, 연결)가 증가하는지 확인한다. 예컨대, 우울증을 겪던 B양이 '나는 텅 빈 의자에 앉아 있다'에서 '그러나 누군가 앉아 주기를 기다린다'로 스스로의 언어를 확장하는 과정이 이에 해당한다.

· **비유의 변화:** '막힌 길'이 '열린 문'으로, '무너진 다리'가 '새로 놓인 다리'로 변화하는지 살핀다. 불안과 분노를 겪던 내담자 C가 자신의 공격적 행동을 '모서리'에 빗대어 객관화하고, 이후 '구름처럼 둥둥 떠가는 마음'이라는 조절의 비유를 만들어내는 과정이 대표적이다.

· **자기 인식 및 관찰:** '나는 힘들다'에서 '나는 슬프지만 견딜 수 있다'로 표현이 구체화되는지 확인하며, 상담사의 관찰 기록과 내담자의 주관적 자기보고를 종합한다. 상담사는 매 회기 내담자의 참여도, 정서 반응, 태도 변화를 기록한다.

· **내담자 자기보고:** "프로그램을 통해 어떤 변화를 경험했나요?"와 같은 개방형 질문으로 주관적 경험을 수집한다. B가 "내 마음을 글로 쓰면 덜 막힌다"고 진술한 자기보고식 기록도 중요한 질적 자료가 된다.

3) 혼합 방법 연구

시치유의 효과를 가장 입체적으로 증명하는 길은 양적 평가와 질적 평가를 결합하는 것이다. 양적 데이터가 치유의 '객관적 지표'를 제공한다면, 질적 데이터는 수치로 환산할 수 없는 '주관적 성장의 서사'를 복원해 준다.

· 양적 지표의 활용: 내담자의 불안 척도(BAI) 점수가 27점에서 16점으로 감소했다는

데이터는 심리적 고통의 강도가 유의미하게 낮아졌음을 통계적으로 증명한다. 이는 상담의 신뢰도를 확보하는 근거가 된다.

· 질적 진술의 분석: 수치 이면에는 "이제 내 마음을 글로 쓰면 숨통이 트이고 덜 막히는 기분이다"라는 내담자의 생생한 목소리가 담겨 있다. 이러한 진술은 치유가 일어나는 구체적인 기제(표현을 통한 정서적 환기)를 설명해 준다.

· 시적 변화의 종합: 초기 시에 나타난 '캄캄한 동굴' 같은 이미지가 후기 시에서 '빛'이나 '열린 문'으로 변모하는 과정을 추적함으로써, 내담자의 인지적 재구성과 심리적 확장이 어떻게 일어났는지 시각적이고 상징적으로 확인할 수 있다.

혼합 방법 연구는 수치(양적)와 언어(질적), 그리고 상징(시적 변화)을 통합하여 시치유가 인간의 삶에 미치는 다층적인 영향을 가장 명확하게 보여주는 방식이다.

4) 생리·뇌과학적 지표

가능한 환경에서는 생리학적 지표를 활용할 수 있다.

· 심박변이도(HRV): 자율신경계 안정성을 측정한다. 시치유 전후 HRV 증가는 스트레스 감소를 의미한다.

· 피부전도반응(GSR): 정서적 각성 수준을 측정한다.

· 뇌파기(EEG: Electroencephalography): 간편한 웨어러블 뇌파기를 활용해 알파파, 베타파, 세타파 등의 변화를 측정할 수 있다. 시치유 활동 중 알파파 증가는 이완 상태를, 세타파는 깊은 명상 상태를 나타낸다.

· 뇌영상(fMRI): 연구 환경에서 시 읽기와 쓰기 중 뇌 활동 변화를 관찰할 수 있다.

5) 평가 시 윤리적 고려

평가는 내담자의 권리를 침해하지 않는 선에서 이루어져야 한다.

· **동의 확보:** 평가 목적과 방법을 설명하고 내담자의 동의를 받는다.

· **비밀보장:** 평가 자료는 연구나 교육 목적으로 사용될 경우 익명화한다.

· **강요 금지:** 평가 참여를 거부할 권리를 존중한다.

· **피드백 제공:** 평가 결과를 내담자와 공유하여 변화를 함께 확인한다.

6) 효과성 연구 사례

시치유의 효과는 국내외의 다양한 실증적 연구를 통해 그 유효성이 거듭 확인되고 있다. 특히 최근 5년 이내의 연구들은 시치유가 현대인의 고립감 해소와 심리적 복원력 강화에 핵심적인 역할을 하고 있음을 보여준다.

· 국내 청소년 및 성인 대상 연구: 국내에서도 시를 중심으로 한 예술 치료 프로그램이 대상자의 자아존중감을 향상시키고 불안을 유의미하게 감소시킨다는 실증적 연구가 보고되고 있다(김미영, 2025; Park et al., 2022). 이러한 결과는 시치유가 정서적 허기를 채우고 심리적 면역력을 높이는 통합적 개입 전략임을 입증한다.

· 팬데믹 이후의 정서적 회복: 워터먼 등(Waterman et al., 2023)의 연구에 따르면, 온라인 시치유 플랫폼 참여자 중 50% 이상이 우울과 불안 증상의 감소를 경험했으며, 절반 이상의 참여자가 사회적 고립감에서 벗어나는 데 실질적인 도움을 받았다고 응답했다.

· 회복탄력성(Resilience)의 증진: 듀크 대학교(Duke University) 연구팀(2021, 2023)은 표현적 글쓰기 중재가 참가자들의 회복탄력성 지표(CD-RISC)를 유의미하게 상승시켰으며, 프로그램 종료 후에도 그 효과가 장기적으로 지속됨을 밝혀냈다.

이러한 연구 결과들을 종합해 볼 때, 시치유는 문학적 감수성과 심리치료적 기제가 결합된 고도의 치유 예술이라 할 수 있다. 내담자는 시라는 안전한 비유의 틀 속에서 자신의 상처를 객관화하고, 새로운 삶의 서사를 구축함으로써 실질적인 심리적 성장을 이뤄내게 된다.

7) 평가의 한계와 과제

시치유의 긍정적인 효과에도 불구하고, 그 성과를 온전히 정량화하고 증명하는 데에는 몇 가지 현실적인 한계가 존재한다.

· 표준화된 전용 도구의 부족: 현재 시치유 평가는 주로 기존의 일반 심리 척도에 의존하고 있다. 그러나 이는 시적 언어화 과정, 비유적 표현 능력의 향상, 상징을 통한 통찰 등 시치유만이 가진 고유한 치료적 변화를 포착하는 데 한계가 있다. 향후 문학과 상담을 통합적으로 측정할 수 있는 '시치유 전용 표준 척도' 개발이 시급하다.

· 장기적 지속 효과(Long-term Effects) 검증의 미흡: 현재의 연구들은 대개 프로그램 종료 직후의 단기적 변화에 집중되어 있다. 시치유를 통해 습득한 정서 조절 기제가 6개월, 1년 후에도 내담자의 삶에 어떻게 작동하는지 확인하는 장기 추적 연구가 병행되어야 한다.

· 문화적 민감성과 특수성: 시는 언어와 정서의 정수를 담고 있기에 문화적 맥락에 매우 민감하다. 서구 중심의 이론을 넘어 한국인의 정서적 특성과 한국어의 운율적 미감을 반영한 문화 특정적(Culture-specific) 평가 도구의 마련이 필요하다.

· 상담학적 전문성으로서의 시치유: 시치유 프로그램의 설계와 평가는 상담학적 전문성

의 핵심을 이룬다. 명확한 목표 설정, 견고한 이론적 기반, 구조화된 회기 운영, 그리고 체계적인 평가 체계가 유기적으로 맞물릴 때, 시치유는 비로소 예술 활동을 넘어 내담자의 삶에 실질적이고 근본적인 변화를 일으키는 강력한 상담 방법론이 된다.

결국, 시치유의 미래는 예술적 감수성과 과학적 엄밀성 사이의 균형을 유지하며, 인간의 고통을 어떻게 더 깊고 넓게 품어낼 것인가에 달려 있다.

3장

윤리와 전문성

1. 윤리적 고려사항

시치유자는 내담자의 정서적 안전과 전인적 회복을 최우선 가치로 삼아야 한다. 상담학의 보편적 윤리 강령은 시치유 현장에서도 예외 없이 적용되며, 이는 치유자와 내담자 모두를 보호하는 최소한의 안전망이다.

1) 비밀보장(Confidentiality): 내밀한 고백의 보호

비밀보장은 상담 관계의 신뢰(Rapport)를 형성하는 초석이다. 내담자가 작성한 시는 비유의 옷을 입었을지라도 그 본질은 가장 내밀한 감정과 생생한 고통의 기록이다.

설명 의무: 프로그램 시작 전 비밀보장의 범위와 한계를 명시해야 한다. 단, 자해 및 타해 위험, 아동학대 등 법적 고지 의무 상황은 예외임을 분명히 한다.

집단 역동: 집단 시치유에서는 참가자 전원이 타인의 시와 발언을 외부에 유출하지 않겠다는 윤리적 서약을 공유해야 한다. 연구 목적으로 작품을 인용할 경우, 반드시 서면 동의를 구하고 비식별화(익명화) 처리를 거친다.

2) 무해(Nonmaleficence)의 원칙: 평가가 아닌 수용

내담자에게 정서적 해를 끼치지 않을 책임은 시치유자에게 있다.

판단 중지: 상담사는 자작시를 문학적 완성도로 평가해서는 안 된다. “표현이 투박하다”거나 “기법이 미숙하다”는 식의 평가는 내담자의 자기표현 능력을 위축시킨다. 시치유의 본질은 예술적 성취가 아닌 ‘정서적 정화와 의미 구성’에 있다.

재외상화(Re-traumatization) 방지: 준비되지 않은 내담자에게 트라우마적 기억을 직접 쓰도록 강요하는 것은 심리적 폭력이 될 수 있다. 앞서 언급한 트라우마 내담자 E의 사례처럼, 고통의 핵심을 직접 겨냥하기보다 비유적인 시(예: 신달자의 〈날개〉)를 징검다리로 삼아 간접적으로 접근하는 것이 무해의 원칙을 구현하는 길이다.

3) 자율성 존중(Respect for Autonomy): 주체적 결정권

내담자는 자신의 치유 여정에서 주권을 가진다. 상담사는 특정 주제의 시 쓰기를 강요하거나, 작성된 시의 낭독을 압박해서는 안 된다. “나누고 싶지 않다”는 거부의 의사는 존중받아야 하며, ‘침묵할 권리’ 또한 시치유의 중요한 과정 중 일부로 인정되어야 한다.

4) 공정성(Justice): 차별 없는 지지

성별, 연령, 인종, 사회경제적 지위와 관계없이 모든 내담자는 동등한 존중을 받아야 한다. 특히 시적 표현은 개인의 문화적 배경에 따라 판이할 수 있다. 치유자는 자신의 문화적·문학적 잣대로 내담자의 언어를 재단하지 않고, 내담자의 고유한 맥락 속에서 그 의미를 이해하려 노력해야 한다.

5) 경계 설정(Boundary Setting): 치료적 공간의 유지

명확한 경계는 내담자의 자립 능력을 강화한다(Robertson, 2005). 시치유자는 전문적 역할을 엄격히 유지하며 내담자와 사적 관계를 맺지 않는다.

구조의 준수: 내담자의 시는 사례 B의 ‘텅 빈 의자’처럼 취약한 내면의 보고서다. 따라서 상담 시간 외에 개인적인 채널(문자, SNS 등)로 시를 주고받는 행위는 경계를 흐릴 위험이 크다. 시는 오직 상담의 물리적·심리적 구조 내에서 다루어질 때 가장 안전하고

효과적이다.

6) 고지된 동의(Informed Consent): 권리와 책임의 명시

참여자는 프로그램의 목적, 방법론, 예상되는 긍정적·부정적 영향, 비용, 그리고 중도 포기 권리에 대해 충분히 설명받은 후 참여 여부를 결정해야 한다. 미성년자의 경우 법적 보호자의 동의와 더불어 아동·청소년 본인의 자발적 의사를 반드시 확인해야 한다.

2. 상담사 역량

시치유를 효과적으로 실시하기 위해서는 상담사의 전문적 역량이 필수적이다. 시치유자는 인간에 대한 깊은 이해와 더불어 언어의 치유적 힘을 다룰 줄 아는 다학제적 소양을 갖추어야 한다.

1) 기본 상담 역량

시치유자는 먼저 상담사로서의 기본 역량을 갖추어야 한다. 경청, 공감, 반영, 질문 기술 등 상담의 기본기가 없으면 시치유도 효과적으로 진행할 수 없다. 로저스(Rogers, 1957)가 제시한 상담자의 핵심 조건인 진정성, 무조건적 긍정적 존중, 그리고 공감적 이해는 시치유 과정 전반을 지탱하는 기반이 된다.

2) 시 문학에 대한 이해와 감수성

상담사는 시 문학에 대한 기본 소양을 갖추어야 한다. 시인이 될 필요는 없지만, 시의 언어적 특성인 비유와 상징, 리듬과 구조를 이해해야 한다. 다양한 시를 읽고 직접 써보는 경험은 특히 중요하다. 상담사 스스로 시적 언어로 자신의 내면을 형상화해 본 경험이 있을 때, 내담자의 비유 속에 담긴 찰나의 진실에 더 깊이 정서적으로 공명할 수 있기 때문이다.

3) 발달심리 지식

아동부터 노년기에 이르기까지 생애주기별 발달 특성을 이해해야 한다. 각 단계에 따라 언어 발달 수준과 주요 발달 과업이 다르므로, 이에 적합한 시 선택과 개입 방식의 차별화가 필요하다. 예를 들어, 아동에게는 감각적인 동시가 효과적이라면, 성인에게는 실존적 의미를 담은 복잡한 서사시가 더 깊은 울림을 줄 수 있다.

4) 문화적 역량과 민감성

상담사는 내담자의 문화적 다양성을 존중해야 한다. 헬름스(Helms, 2015)는 상담사의 문화적 민감성이 상담 성과를 높인다고 강조했다. 특정 문화권의 정서적 금기나 언어적 관습을 이해하고, 내담자의 고유한 삶의 맥락 안에서 시적 표현을 해석하려는 태도가 필요하다.

5) 자기 성찰 능력과 역전이 관리

상담사는 자신의 감정, 편견, 가치관을 예민하게 인식해야 한다. 내담자의 시를 접하며 상담사 개인의 상처나 감정이 강하게 자극될 때(역전이), 이를 객관화하여 내담자에게 투사하지 않도록 조절해야 한다. 정기적인 슈퍼비전과 자기 치유를 위한 시 쓰기를 통해 내면의 정화(Catharsis)를 유지하는 것이 중요하다.

6) 뇌과학적 기초 지식과 신경학적 이해

시치유자는 문학적 감수성뿐만 아니라, 글쓰기와 낭독이 인간의 뇌에 미치는 영향에 대한 신경학적 지식을 갖추어야 한다. 시적 비유가 어떻게 우측 복외측 전전두엽(rvlPFC)을 자극하여 편도체의 과잉 활성화를 억제하는지, 또한 긍정적 시 쓰기가 어떻게 도파민과 세로토닌의 분비를 촉진하는지에 대한 이해가 필요하다. 이러한 뇌과학적 기초는 상담사가 내담자의 정서적 변화를 보다 객관적이고 과학적인 근거로 파악하게 하며, 치유 과정에 대한 확신을 높여준다.

7) 지속적 전문성 개발

시치유는 문학, 심리학, 그리고 뇌과학이 만나는 융합적인 분야이므로, 상담사는 최신 연구와 기법에 대한 지속적인 학습이 요구된다. 홀과 칸(Hall & Khan, 2018)이 강조했듯, 정기적인 슈퍼비전은 물론 시치유 관련 워크숍과 학술대회에 참여하여 지식을 업데이트해야 한다. 특히 신경심리학과 시치유의 상관관계를 다룬 최신 논문들을 탐독하며, 예술치유의 과학적 근거를 탄탄히 다지는 노력이 병행되어야 한다.

3. 상담사의 자기돌봄

시치유자 또한 내담자의 고통에 깊이 공명하는 과정에서 정서적 소진과 번아웃의 위험에 상시 노출된다. 따라서 상담사의 자기돌봄은 전문가로서의 윤리적 책무이자 지속 가능한 치유를 위한 필수 조건이다.

1) 번아웃 예방

마슬라치와 잭슨(Maslach & Jackson, 1981)은 번아웃을 정서적 고갈, 비인간화, 개인적 성취감 감소로 정의했다. 상담사는 내담자의 외상적 경험에 반복적으로 노출되므로 적절한 업무량 유지, 정기적인 휴식, 그리고 동료 지지와 슈퍼비전을 통해 심리적 소진을 방지해야 한다.

2) 시를 통한 자기 성찰과 정화

상담사 자신도 시 쓰기를 통해 내면의 감정을 갈무리할 수 있다. '오늘 가장 힘들었던 순간"이나 '상담 중 일어난 역전이의 감정'을 시로 형상화하면, 정서적 배출과 함께 자기 이해가 깊어진다. 이는 상담실 밖에서 이루어지는 치유자 개인의 성스러운 정화 의식이 된다.

3) 공감 피로 관리와 자기연민

피글리(Figley, 1995)는 공감 피로를 타인의 고통에 장기간 노출되어 발생하는 정서적 고갈로 정의했다. 뇌의 거울신경계가 내담자의 고통에 과도하게 반응할 때 상담사는 탈진을 경험하게 된다. 이를 방지하기 위해 네프(Neff, 2003)가 강조한 자기연민(Self-compassion) 훈련을 병행하여, 자신을 돌볼 수 있는 심리적 경계를 유지해야 한다.

4) 지속 가능한 자기치유와 뇌의 변화

시치유의 진정한 가치는 상담실 안뿐만 아니라, 일상 속에서도 스스로를 돌보는 '자기치유'가 안착할 때 완성된다. 이는 상담사와 내담자 모두에게 해당되는 원리다. 데시와 라이언(Deci & Ryan, 2000)의 자기결정이론에 따른 세 가지 기본 욕구는 상담사의 자기돌봄이 왜 전문성과 직결되는지 명확한 근거를 제시한다.

· 자율성과 심리적 경계: 스스로 시 쓰기와 같은 돌봄 활동을 주도할 때 상담사는 '내 마음을 내가 다스릴 수 있다'는 통제감을 얻는다. 이는 내담자의 고통에 압도당하는 '공감 피로'나 '대리 외상'으로부터 자신을 보호하는 강력한 방벽이 된다.

· 유능성과 무력감 상쇄: '매일 한 줄 시 쓰기'와 같은 작은 성취는 내담자의 느린 변화에서 오는 상담사의 무력감을 상쇄하고 전문가로서의 유능감을 실감하게 한다.

· 신경가소성을 통한 전문성 강화: 자발적인 즐거움에 기반한 자기돌봄 활동은 상담사 자신의 뇌 신경가소성(Neuroplasticity)을 자극한다. 이는 상담사의 전전두엽 기능을 강화하여, 어떤 위기 상황에서도 내담자를 침착하고 지혜롭게 가이드할 수 있는 '최상의 상태'를 유지하게 해준다.

따라서 시치유자의 자기돌봄은 개인적인 휴식을 넘어, 내담자와 공명하는 최선의 치유 도구(상담사 자신)를 가장 날카롭고 유연하게 유지하려는 전문가적 책무이다. 자신의 한계를 인정하고 끊임없이 스스로를 돌보며 성장하려는 자세, 그것이 곧 가장 높은 차원의 전문성이자 자기돌봄이다.

4. 제한점과 주의사항

시치유는 강력한 상징과 비유를 통해 내면을 치유하는 효과적인 방법이지만, 모든 상황에 적용 가능한 만능 도구는 아니다. 시치유자는 다음과 같은 제한점을 명확히 인식하고, 내담자의 상태에 따라 적절하고 신중하게 개입해야 한다.

1) 임상적 한계와 병행 치료의 필요성

시치유만으로 모든 정신건강 문제를 해결할 수는 없다.

· 중증 정신질환: 주요우울장애, 조현병, 양극성장애 등 생물학적 요인이 강한 질환은 약물치료 및 고도의 전문적 임상 치료와 병행되어야 한다.

· 위기 개입: 자살 사고나 자해 행동 등 급박한 위기 상황에 놓인 내담자에게는 시 쓰기보다 즉각적인 안전 확보와 위기 개입이 우선이다. 시치유는 내담자가 심리적으로 안정화된 이후, 회복을 돕는 보조적 수단으로 활용하는 것이 바람직하다.

2) 재외상화(Re-traumatization)의 위험

트라우마 내담자에게 고통스러운 기억을 성급하게 시로 형상화하게 하는 것은 뇌의 공포 회로를 재점화할 위험이 있다. 그러므로 안정화가 우선되어야 한다.

반 데어 콜크(van der Kolk, 2014)가 강조했듯, 트라우마 치료의 제1원칙은 안정화(Stabilization)다. 내담자의 편도체가 충분히 진정되고 전전두엽의 조절 능력이 확보되기 전에는 외상 경험에 직접적으로 접근하지 않아야 한다. 준비되지 않은 직면은 치유가 아닌 또 다른 상처(재외상)가 될 수 있음을 명심해야 한다.

3) 인지 및 언어 능력의 제약

시치유는 기본적으로 언어를 매개로 하기에 심각한 인지장애나 언어 손상이 있는 경우 접근이 제한될 수 있다. 이럴 때는 텍스트 중심에서 벗어나 그림, 음악, 동작 등과 결합한 다감각적 예술치유(Multi-sensory approach)를 통해 언어적 장벽을 낮추는 유연함이 필요하다.

4) 문화적 적합성과 수용성

모든 문화권이나 개인이 시적 비유를 선호하는 것은 아니다. 직접적인 감정 토로를 선호하거나, 시적 상징을 난해하게 느끼는 내담자에게 시치유를 강요해서는 안 된다. 내담자의 성향과 문화적 배경에 가장 자연스러운 표현 양식을 존중해야 한다.

5) 상담사의 역량 인식 (Scope of Practice)

충분한 수련 없이 시치유를 시도하는 것은 위험하다. 상담사는 문학적 전이와 역전이를 다룰 수 있는 자신의 역량 범위를 냉철하게 인식해야 한다. 만약 내담자의 호소 문제가 자신의 전문 영역을 벗어난다면, 주저 없이 적절한 전문가에게 의뢰(Refer)하는 것 또한 중요한 전문성이다.

6) 객관적 평가의 난점

시적 비유를 통한 내면의 성장은 개인차가 매우 크고 주관적이기에, 이를 표준화된 수치로만 평가하기에는 한계가 있다. 따라서 앞서 논의한 양적 평가뿐만 아니라, 내담자의 삶의 서사가 어떻게 변모하는지를 살피는 질적 평가의 병행이 반드시 요구된다.

4장

시치유의 실천

1. 다른 치료와의 통합

시치유는 독립적인 치료 방법으로 사용될 수도 있지만, 기존 상담 이론 및 치료 기법과 통합될 때 신경학적·심리적 시너지를 발휘하며 더 큰 효과를 나타낸다.

1) 인지행동치료(CBT)와의 통합

시 쓰기는 부정적인 자동 사고를 시각화하고 재구성하는 강력한 도구다. '무너진 다리'라는 비유를 '새로 놓일 다리'로 재표현하는 과정은 에트킨(Etkin et al., 2011)이 강조한 인지적 재구성을 유도하며, 전전두엽의 하향식 조절 능력을 강화한다.

2) 정신역동 치료와의 통합

시는 무의식으로 들어가는 통로다. 융(Jung, 1964)의 원형적 이미지가 시에 나타날 때, 내담자는 억압된 욕구를 상징적으로 표출하며 깊은 수준의 통찰과 카타르시스를 경험한다.

3) 인본주의 상담과의 통합

로저스(Rogers, 1951)의 인본주의 상담은 공감과 무조건적 긍정적 존중을 핵심으로 한다. 시치유 현장에서 내담자가 쓴 시는 문학적으로 평가받아야 할 작품이 아니라, 그 사람만의 유일하고 진실한 목소리 그 자체다.

상담사가 내담자의 시 속에 담긴 서툰 고백과 깨진 비유까지도 온전히 수용하고 경청하는 태도는 내담자의 심리적 안전감을 극대화한다. 이러한 비판단적 수용은 내담자의 편도체 각성 수준을 낮추어 정서적 이완을 돕고, 스스로를 긍정적으로 바라보게 하는 자기 수용(Self-acceptance)의 경험을 제공한다. 결과적으로 내담자는 시라는 거울을 통해 자신의 진정한 가치를 발견하며 자기실현을 향해 나아가게 된다.

4) 이야기 치료와의 통합

이야기 치료는 개인의 삶을 지배하는 고착된 이야기를 재구성하는 과정이다. 화이트와 엡스턴(White & Epston, 1990)의 이론처럼, 시치유는 고착된 문제 중심의 서사를 대안적 서사로 압축한다. '살아남은 죄인'이 '다시 일어서는 사람'으로 변모하는 한 줄의 시는 내면의 정체성을 재정립하는 결정적 계기가 된다.

5) 표현예술치료와의 통합

시치유는 그림, 음악, 춤 등 다른 예술 매체와 유연하게 결합된다. 특히 언어적 표현이 어려운 아동이나 극심한 트라우마를 겪은 내담자에게 그림과 시를 결합한 접근은 말할 수 없는 고통을 상징화하는 데 효과적이다.

6) 마음챙김(Mindfulness)과의 통합

마음챙김은 현재 순간에 비판단적으로 주의를 기울이는 훈련이다. 시를 천천히 낭독하며 그 리듬과 호흡에 집중하거나, '지금 이 순간'의 감각을 시로 옮기는 활동은 카바트진(Kabat-Zinn, 1994)이 제안한 마음챙김 원리와 자연스럽게 맞닿아 신체적·정신적 이완을 돕는다.

7) 통합적 접근의 장점

· 포괄적 케어: 인지, 정서, 행동, 관계 등 내담자의 다양한 측면을 종합적으로 다룰 수 있다.

· 개별화된 접근: 특정 이론에 얽매이지 않고 내담자의 특성에 맞춰 유연하게 응용 가능하다.

· 효과의 지속성: 다각도의 개입을 통해 치료 효과를 강화하고 변화를 견고하게 유지한다.

2. 시치유 전문가 양성과 교육 체계

시치유가 임상 현장에서 신뢰받는 전문 분야로 확산되기 위해서는 이를 운용하는 전문가의 역량을 표준화하고 체계적으로 교육하는 시스템이 필수적이다. 시치유 전문가는 문학적 감수성과 심리치료적 전문성을 동시에 갖추어야 하며, 기술이 인간의 사고를 대체하는 시대에 내담자의 정서적 자율성을 지켜주는 '의미의 조직자(Organizer of Meaning)'로서 훈련되어야 한다.

1) 다학제적 통합 교육 모델 구축

시치유 전문가 양성 과정은 심리학, 문학, 뇌과학의 세 기둥을 중심으로 설계되어야 한다. 이는 어느 한 분야에 편향되지 않고 여러 학문의 경계를 넘나드는 통합적인 시각을 기르기 위함이다.

· 심리치료 이론: 정신역동, 인지행동, 인본주의 등 주요 상담 이론을 바탕으로 시적 매체가 각 치료 모델과 어떻게 결합하여 시너지를 내는지 학습해야 한다.

· 문학적 분석과 적용: 시의 비유, 상징, 리듬이 무의식을 어떻게 자극하는지 이해하고, 내담자의 증상과 정서 상태에 맞는 최적의 작품을 선정하는 '시 처방(Poetry Prescription)' 역량을 함양해야 한다.

· 신경과학적 이해: 시 읽기와 쓰기가 전전두엽 및 편도체에 미치는 뇌과학적 기제를 이해함으로써, 근거 기반(Evidence-based)의 치유를 실천할 수 있는 과학적 안목을 갖추어야 한다.

2) 현장 중심의 수련 및 자격 인증 체계

이론적 지식을 넘어 실제 임상 능력을 검증할 수 있는 단계별 자격 체계가 구축되어야 한다.

· 단계별 수련 과정: 기초 이론부터 시작하여 실제 집단 및 개인 상담 실습, 그리고 숙련된 전문가로부터 받는 슈퍼비전(Supervision)으로 이어지는 체계적인 커리큘럼이 확보되어야 한다.

· 표준 자격 인증: 미국의 전국시치료협회(NAPT) 사례와 같이, 교육 시간과 실습 경험, 자기 성찰 기록을 종합적으로 평가하여 공신력을 갖춘 전문가 인증 제도를 정립해야 한다.

3) 상담사의 자기 성찰과 '치유자로서의 성장'

시치유 전문가 교육에서 가장 차별화되는 지점은 상담사 자신의 '시 쓰기 경험'이다.

· 자기 치유 체험: 상담사가 먼저 시를 통해 자신의 내면을 성찰하고 치유받는 경험을 해야 한다. 자신이 깊이 경험하지 못한 언어의 힘을 내담자에게 온전히 전달하기는 어렵기 때문이다.

· 정서적 조절 능력: 내담자의 고통스러운 서사를 온몸으로 마주해야 하는 직무 특성상, 시 쓰기를 통한 자기 돌봄(Self-care) 능력을 교육 과정의 핵심 과목으로 포함하여 소진을 예방해야 한다.

4) 디지털 및 미래 기술 대응 역량 강화

AI와 디지털 플랫폼이 일상화된 환경에 발맞춘 새로운 형태의 교육이 병행되어야 한다.

· 디지털 행동 평가: 온라인 및 챗봇 기반 시치유 환경에서 내담자의 정서 변화를 읽어내는 역량과 디지털 리터러시 교육이 필요하다.

· 기술과의 협업 교육: AI가 추천하는 시를 임상적으로 재해석하고, 기술이 대체할 수 없는 '인간적 공감과 실존적 만남'의 영역을 강화하는 훈련이 전문가 양성의 새로운 과제가 될 것이다.

3. 연구 방향과 과제

시치유가 학문적으로 발전하고 임상적으로 확산되기 위해서는 지속적이고 체계적인 연구가 필요하다. 연구 과제는 시급성과 실현 가능성을 고려하여 단계적으로 접근해야 하며, 각 과제는 상호 연결되어 있다.

1) 효과성 연구 확대

현재까지의 연구는 주로 단기 효과에 집중되어 있다. 프로그램 종료 직후 우울이나 불안이 감소했다는 결과는 의미 있지만, 그 효과가 일상으로 돌아간 후에도 지속되는지 확인하는 장기 추적 연구가 부족하다. 6개월, 1년 후 추적 조사를 통해 시치유의 지속 효과를 검증해야 한다.

또한, 아동부터 노년까지 다양한 집단에서의 검증과 더불어 한국적 맥락에서의 문화 특정적 연구가 필요하다. 한국의 정서 문화(한, 흥, 정), 관계 중심 문화, 시적 전통(시조, 한시, 현대시)이 시치유에 어떤 영향을 미치는지 탐색해야 하며, 서구 모델을 그대로 적용하기보다 우리 문화에 적합한 모델을 개발하는 것이 중요하다.

2) 표준화된 평가 도구 개발

현재는 BDI(우울), BAI(불안) 등 일반적인 심리 척도를 사용하지만, 이는 시치유의 고유한 효과를 측정하기에 충분하지 않다. 시적 언어화 능력, 비유적 표현 능력, 자기 성찰의 깊이, 상징 이해 능력 등을 정밀하게 측정하는 전용 도구가 필요하다.

표준화된 도구 개발은 대규모 표본과 타당도 검증이 필요하므로 대학, 상담센터, 병원이 협력하는 다기관 공동 연구가 효과적이다. 또한, 회기별 변화를 추적하는 '과정 평가 도구'와 프로그램 종료 후의 '결과 평가 도구'를 병행 개발하여 입체적인 평가 시스템을 구축해야 한다.

3) 신경생물학적 연구

시치유의 뇌과학적 근거를 강화하기 위해서는 신경영상 연구가 필수적이다. fMRI를 활용하여 시 읽기와 쓰기 중 뇌의 어떤 영역이 활성화되는지 관찰하고, 시와 산문의 신경학적 특성 차이를 밝혀야 한다. 뇌파기(EEG)를 활용하면 실시간으로 시 낭독 중 알파파, 세타파 등의 변화를 통해 이완과 집중 상태를 확인할 수 있다.

또한, 심박변이도(HRV), 코르티솔 수치 등 생리학적 지표를 활용한 연구도 확대되어야 한다. 이러한 지표는 내담자의 주관적 보고와 함께 시치유의 효과를 다각도로 입증하는 객관적 자료가 된다. 이는 고비용 장비와 전문 인력이 필요하므로 심리학자, 신경과학자, 상담사 간의 학제 간 협력이 필수적이다.

4) 작용 기제 연구

시치유가 '왜', '어떻게' 작동하는지에 대한 연구가 필요하다. 언어화, 비유, 감정의 외부화, 의미 재구성, 리듬과 운율, 사회적 지지 중 어떤 요인이 변화의 핵심인지 탐색해야 한다.

구조방정식 모델링(SEM)을 사용하여 '시 읽기 → 정서 명명 → 편도체 안정 → 우울 감소'와 같은 경로를 검증하거나, 매개 효과 분석을 통해 '자기성찰 깊이'의 역할을 확인할 수 있다. 또한 정서지능이나 상담사의 역량 등 효과를 조절하는 변인을 탐색함으로써 '누구에게, 어떤 상황에서 가장 효과적인지' 밝혀내야 한다.

5) 질적 연구

양적 연구가 일반화 가능성을 밝힌다면, 질적 연구는 내담자의 주관적 경험을 깊이 탐색한다. 현상학적 연구나 근거이론을 통해 시치유 경험의 본질과 변화 과정의 이론을 생성할 수 있다. 사례연구를 통해 특정 내담자의 변화를 상세히 기록하는 것도 의미 있다. 특히 시치유는 언어와 상징을 다루는 만큼, 내담자가 사용하는 비유나 반복되는 단어의 변화를 분석하는 것은 치유 과정을 이해하는 핵심 통찰을 제공한다.

6) 프로그램 개발 연구

다양한 대상과 목적에 맞는 매뉴얼화된 프로그램 개발이 필요하다. (예: 청소년 우울 8주, 노년기 삶의 통합 12주 등) 매뉴얼에는 목표, 사용할 시, 활동 방법, 대처 방법 등이 포함되어야 하며, 이는 상담사 훈련과 프로그램 확산의 기반이 된다. 다만, 매뉴얼은 경직된 지침이 아닌 유연한 안내서여야 하며, 예비 연구(pilot study)를 통해 현장의 피드백을 반영하여 지속적으로 보완되어야 한다.

7) 상담사 교육 연구

시치유 상담사를 효과적으로 훈련하는 방법에 대한 연구가 필요하다. 이론 학습, 시 쓰기 체험, 슈퍼비전 등 어떤 교육이 효과적인지 연구해야 하며, 특히 상담사 자신의 자기 성찰 경험이 실제 상담에 미치는 영향을 평가해야 한다. 이를 통해 교육 전후의 공감 능력이나 자기효능감 변화를 측정하고 프로그램을 개선할 수 있다.

8) 문화 비교 연구: 보편성과 특수성의 이해

문화권에 따른 시적 표현의 선호도와 치유 방식을 비교해야 한다. 서구의 자기표현 중심과 동양의 조화·관계 중심적 특성, 혹은 한국의 '한'과 같은 문화 특정적 정서가 시치유에 반영되는 양상을 연구함으로써, 문화에 민감한(Culturally sensitive) 통합적 모델을 구축할 수 있다.

9) 융합 연구: 학제 간 통합 패러다임

시치유는 본질적으로 융합적이다. 심리학, 뇌과학, 문학, 교육학, 사회학, 언어학, 철학 등 다양한 학문이 협력할 때 시치유는 인간 이해의 통합적 패러다임으로 발전할 수 있다. 융합 연구센터 설립이나 공동 학술 활동을 통해 다양한 배경의 연구자들이 협력하는 환경 조성이 시급하다.

4. 미래 전망

시치유의 미래는 다각도에서 긍정적인 전망을 보이고 있다. 다만, 이러한 비전이 실현되기 위해서는 과학적 근거의 축적, 전문 인력 양성, 그리고 표준화된 프로그램 개발이라는 과제가 선행되어야 한다.

1) 과학화: 근거 기반 치료(EBP)로의 진화

최근의 뇌과학 연구들은 시 읽기와 쓰기가 전전두엽, 편도체, 해마를 활성화하며 정서 조절과 기억 통합에 기여함을 입증하고 있다. 제만(Zeman et al., 2013)의 fMRI 연구는 시 읽기가 산문과는 다른 뇌 활성화 패턴을 보임을 밝혔고, 류(2018) 등은 시 창작 과정에서 창의성과 정서가 통합되는 뇌 연결망을 확인했다.

향후 대규모 무작위 대조 연구(RCT)와 메타분석을 통해 효과 크기(Effect size)가 규명된다면, 시치유는 단순한 보조 요법을 넘어 공인된 근거 기반 치료(Evidence-based practice)로 자리매김할 것이다.

2) 보편화: 체계적 교육과 현장 확산

시치유가 표준 상담 방법으로 안착하려면 상담사 양성 과정에 체계적인 커리큘럼이 포함되어야 한다. 미국의 전국시치료협회(NAPT)와 같은 공신력 있는 인증 체계가 국내에도 구축되어야 하며, 이론뿐만 아니라 상담사 자신의 체험적 이해를 돕는 교육이 병행되어야 한다. 이를 통해 학교, 병원, 복지관 등 다양한 현장에서 시치유의 보편적 활용이 가능해질 것이다.

3) 통합화: 다학제적 융합과 다감각적 접근

시치유는 CBT(인지행동치료), EFT(정서중심치료), 이야기치료 등 기존 이론과 결합할 때 시너지가 극대화된다. 또한 미술, 음악, 무용 등 타 예술치료와의 융합은 내담자에게 다감각적(Multi-sensory) 치유 경험을 제공한다. 청소년의 정체성 탐색부터 노인의 치매 예방 회상 활동까지, 전 생애주기를 아우르는 통합적 치유 모델로서 그 영역을 넓혀갈 것이다.

4) 디지털화: AI 플랫폼과 접근성의 혁신

온라인 플랫폼은 지리적·물리적 제약을 넘어 시치유의 접근성을 획기적으로 높일 것이다. 특히 AI 기술은 내담자의 정서 상태에 최적화된 시를 제안하는 '맞춤형 추천 시스템'과 정서 변화 추적 분석을 가능하게 한다. 비록 디지털이 상담사의 인간적 공감을 완전히 대체할 수는 없으나, 대면 상담과 온라인 과제를 결합한 혼합(Blended) 방식은 치유의 효과를 일상으로 확장하는 새로운 표준이 될 것이다.

5) 세계화: 글로벌 치유 언어로서의 상호 학습

시치유는 문학적 보편성과 특수성을 동시에 지닌다. 한국의 고유한 정서(한, 흥, 정)와 시적 전통을 국제 사회와 공유하는 동시에, 일본의 하이쿠, 중동의 수피 시, 아프리카의 구전 시 등 타 문화권의 지혜를 상호 학습해야 한다. 이러한 문화 간 교류는 시치유를 인종과 국가를 초월한 글로벌 치유 언어로 거듭나게 할 것이다.

이처럼 시치유가 국경을 넘어 세계인의 마음을 어루만질 수 있는 이유는, 그것이 인간 본연의 고통에 응답하는 가장 근원적인 언어이기 때문이다.

시치유는 고대부터 이어진 언어의 치유력을 현대 상담심리학의 틀 안에서 재탄생시키는 작업이다. 이처럼 과거의 지혜, 현재의 과학, 그리고 미래의 기술이 교차하는 지점에서 시치유는 인간의 고통을 어루만지는 가장 정교한 도구가 될 것이다. 연구자의 탐구, 상담사의 윤리적 실천, 그리고 정책적 지원이 맞물릴 때 우리가 꿈꾸는 시치유의 미래는 비로소 현실이 된다.

Part V

AI 시대에서 AGI 시대로; 시치유와 CTU

1장

AI 시대, 뇌의 신경생물학적 실상

AI와 디지털 기술이 우리의 삶을 빠르고 편하게 만든 것은 분명하다. 의료진단은 정확해졌고, 학생들은 원하는 정보에 즉시 접근할 수 있으며, 직장인들은 반복적인 업무에서 해방되었다. 그런데 이 과정에서 무엇이 사라졌는가? 심리학적 의미로 보면 빠른 응답은 증가했지만, 깊은 성찰은 감소했다. 동시에 경제적 차원에서도 불안이 심화되었다. 일자리의 자동화로 고용 불안정성이 높아졌고, 많은 직업이 축소되거나 사라졌으며, 새로운 직업 역시 불안정한 특성을 띠고 있다. 이러한 경제적 위협은 물질적 박탈감을 넘어 깊은 정서적 불안감으로 변환된다. 무엇보다 사람들은 더 많이 소통하지만, 덜 이해한다. 메시지는 날마다 수십 개가 오지만, 우리를 진정으로 위로하는 말을 듣기는 점점 더 어려워진다. 이 장에서는 AI 시대가 인간의 뇌에 미치는 신경생물학적 위기를 진단하고, 그것이 우리의 감정, 관계, 의미 생성 능력을 어떻게 약화시키고 있는지 살펴보고자 한다.

1. 기술의 효율성과 인간의 상실

기술의 발전은 명확하고 측정 가능한 이득을 준다. 정보 검색 시간은 단축되었고, 업무 처리 속도는 빨라졌으며, 의료 진단의 정확도는 높아졌다. 이러한 효율성의 증가는 객관적 사실이다. 그러나 동시에 우리가 놓치고 있는 것들이 있다. 깊이 있는 대화의 기회, 느린 사유의 시간, 그리고 불확실한 상황에서도 견딜 수 있는 심리적 회복력이 그것이다.

뇌과학적으로 보면 이 현상은 신경회로의 선택적 활용으로 설명된다. 빠른 응답이 요구될 때 우리 뇌는 자동 처리 체계(automatic processing)를 활성화한다. 이는 효율적이지만 얕은 처리다. 반면 깊이 있는 이해를 위해서는 의식적 처리(conscious processing)가 필요하고, 이는 시간과 에너지를 더 많이 소모한다. AI와 디지털 문화는 우리에게 자동 처리로 충분한 환경을 제공함으로써, 의식적이고 깊이 있는 사유의 근육을 점점 약하게 만든다.

문제는 이러한 변화가 반복되면서 뇌의 구조 자체가 적응한다는 점이다. 신경가소성(neuroplasticity)의 원리에 따르면, 자주 사용하는 신경회로는 강화되고 사용하지 않는 회로는 약해진다. 우리가 지속적으로 빠른 처리에 의존하면, 깊은 사유를 담당하는 전전두엽의 기능은 약화되고, 외부 자극에 빠르게 반응하는 편도체의 반응성은 증가한다.

결과적으로 AI 시대의 효율성 추구는 기술적 이득처럼 보이지만, 뇌 구조와 사고방식을 근본적으로 약화시킨다. 기술이 주는 편리함과 그로 인해 우리가 잃어가는 인간적 능력 사이의 불균형은 AI 시대의 가장 심각한 역설이다.

2. 타인의 미묘한 감정을 읽는 능력의 퇴화

인간관계의 질은 소통의 양이 아니라 이해의 깊이에 의해 결정된다. AI 시대에 데이터 전송량은 폭발적으로 증가했지만, 영혼의 울림을 동반한 진정한 이해는 오히려 희귀해졌다. 우리는 텍스트와 이모티콘, '좋아요'라는 규격화된 신호로 서로를 확인하지만, 그 과정에서 상대방의 눈빛 속에 담긴 찰나의 흔들림, 목소리의 미묘한 떨림, 그리고 문장 사이사이에 놓인 침묵의 무게를 감지하는 감각은 점차 퇴화하고 있다.

이러한 미묘한 감정 신호를 감지하고 공감하는 핵심 기제는 '거울신경계(Mirror Neuron System)'다. 이 신경계는 타인의 행동과 감정을 우리 자신의 뇌 안에서 그대로 재현함으로써, '보는 것'만으로도 상대의 고통이나 기쁨을 내 것처럼 느끼게 하는 생물학적 공감의 뿌리다.

문제는 거울신경계가 '실제 대면 상호작용'이라는 물리적 환경에서 최적화되어 작동한다는 점이다. 온라인 소통은 시각과 청각 정보를 극도로 압축하고 가공한다. 화면 속의 얼굴은 입체적인 근육의 미세한 움직임을 생략하고, 디지털로 필터링된 목소리는 우리가 흔히 '목소리에 진심이 담겼다'고 느끼게 만드는 미세한 울림인 배음(overtone)을 지워버린다. 뇌과학적으로 볼 때, 디지털 화면을 통한 소통은 거울신경계를 충분히 자극하기에는 너무나 '차갑고 평면적인 정보'에 불과하다. 결과적으로 비대면 소통에 매몰될수록 우리의 거울신경계는 활성화 기회를 잃고 점차 잠들게 된다.

여기에 '신속한 반응'을 강요하는 디지털 문화가 감정의 문해력을 더욱 악화시킨다. 우리는 자신의 복잡한 감정을 응시하고 적절한 언어를 찾아낼 '숙고의 시간'을 갖지 않는다. 대신 '기분 나쁨', '킹받음', '스트레스' 같은 몇 가지 단색의 어휘로 모든 내면의 풍경을 칠해버린다. 하지만 그 단어들 이면의 외로움과 두려움의 차이, 실망과 분노의 미세한 경계, 불안과 기대가 뒤섞인 모호한 감정들은 정교한 언어로 명명되지 못한 채 몸속에 독소처럼 쌓인다.

감정을 정확하게 명명하고 서사화하기 위해서는 언어 생성을 담당하는 브로카 영역(Broca's area)의 활성화가 필수적이다. 이는 충분한 시간과 깊은 성찰적 사고를 요구하는 '느리고 깊은 작업'이다. 그러나 즉각적인 피드백이 미덕인 AI 시대의 소통 구조는 이 영역이 작동할 틈을 주지 않는다. 결국 우리는 더 많은 메시지를 주고받으면서도, 정작 서로의 본심에는 닿지 못하는 '소통의 역설'에 빠져든다.

이러한 변화는 뇌가 가소성을 발휘하며 발달 중인 청소년들에게 특히 치명적이다. 거울신경계와 브로카 영역이 충분히 훈련되지 못한 채 성인이 될 경우, 타인의 마음을 읽어내는 '사회적 뇌'의 기능이 영구적으로 위축될 수 있다. 이는 미래 사회가 데이터로 연결된 거대한 네트워크일지는 몰라도, 정서적으로는 파편화된 고립된 섬들의 집합소가 될 수 있음을 경고한다.

3. DMN(Default Mode Network)의 약화와 자아 성찰의 위기

뇌가 휴지 상태에 있을 때 활성화되는 신경망을 DMN(Default Mode Network)이라 부른다. 이 신경망은 내적 사유, 자아 성찰, 과거 회상, 미래 계획, 타인의 마음 읽기 같은 자기 지향적 사고를 담당한다. 말하자면 DMN은 우리가 누구인지, 무엇을 원하는지, 왜 그렇게 행동하는지를 되돌아보는 '정신적 안식처'이자 자아의 중심축이다.

그런데 AI 시대의 특징은 이 휴지 상태를 허용하지 않는다는 것이다. 우리는 잠깐의 여유 시간조차 외부 자극으로 채운다. 신호를 기다리는 동안, 밥을 먹는 동안, 심지어 화장실에 가는 동안에도 스마트폰을 손에서 놓지 못한다. 이러한 환경은 우리를 '멀티태스킹의 함정'에 빠뜨린다. 뇌는 한 번에 여러 정보를 처리하고 있다고 착각하지만, 실제로는 주의력을 극도로 파편화하여 심각한 인지적 과부하 상태에 놓이게 된다.

더욱 심각한 것은 '팝콘 브레인(Popcorn Brain)' 현상이다. 팝콘이 톡톡 튀어 오르듯 빠르고 강렬한 디지털 자극에만 반응하도록 뇌 회로가 변형되는 것이다. 팝콘 브레인이 된 뇌는 스마트폰의 짧고 강렬한 자극에는 즉각 반응하지만, 현실 세계의 느리고 잔잔한 자극이나 깊이 있는 사유에는 무감각해진다. 결과적으로 명상할 시간도, 생각할 시간도, 그냥 멍하니 있을 시간도 사라지게 된다.

신경과학 연구에 따르면 이러한 지속적인 외부 자극과 멀티태스킹은 DMN의 활성화를 심각하게 방해한다. 뇌가 끊임없는 정보 처리와 반응 모드에 고정되면, 내면으로 침잠하는 DMN 상태로 들어갈 여유가 아예 사라진다. 이는 단순히 휴식이 부족한 문제가 아니다. 자아 성찰, 정서 통합, 장기적 목표 설정, 그리고 타인과 깊은 정서적 교감을 나누는 능력이 총체적으로 저하되는 '자아 성찰의 위기'를 초래한다.

이 현상은 위험한 악순환을 만든다. 자아 성찰이 약해지면 자신의 감정 상태를 정확히 파악할 수 없고, 감정 조절 능력 또한 상실된다. 팝콘 브레인화된 뇌는 타인의 미묘한 비언어적 신호를 읽어내는 DMN의 사회적 인지 기능을 제대로 수행하지 못해, 결국 의미 있는 대인관계마저 위태롭게 만든다.

즉, 스마트폰과 SNS의 끊임없는 알림은 우리의 DMN을 지속적으로 차단하여, 우리를 언제나 '외부 자극에 중독된 반응 기계'로 전락시킨다. DMN이 뇌에서 수행하는 핵심 역할과 이를 상실한 현대인이 직면한 문제는 다음과 같다.

1) DMN의 역할

·자기 성찰: 내면의 목소리에 귀를 기울이고 자신을 탐구함

·기억 회상 및 서사 구성: 과거의 경험을 바탕으로 삶의 의미를 엮어냄

·미래 계획: 장기적인 관점에서 삶의 방향을 설정함

·타인의 마음 이해: 깊은 공감과 조율을 가능하게 함

·내적 의미 생성: 정보가 아닌 '삶의 가치'를 창조함

2) DMN의 손상으로 인한 현대인의 문제

·자기 성찰 감소: 내면의 공허함을 더 강렬한 외부 자극으로 채우려는 악순환 심화

·단편적 경험의 축적: 깊은 서사로 통합되지 못한 채, 파편화된 정보와 경험들만 무의미하게 쌓임 (삶의 연속성 상실)

·장기 목표 설정의 어려움: 팝콘 브레인화로 인해 미래의 보상보다 즉각적인 자극에만 매몰됨

·공감 능력의 퇴화: 타인의 고통을 데이터로만 인식할 뿐, 정서적 울림으로 느끼지 못함

·정체성 상실: '나'로서 존재하는 시간보다 디지털 신호에 '반응'하는 시간이 압도함

4. AI 시대의 핵심 역설: 정보 과잉, 의미 결핍

AI 시대는 정보의 홍수 시대다. 우리는 인류 역사에서 가장 많은 정보에 접근할 수 있는 세대다. 어떤 질문이든 검색창에 입력하면 수천 개의 답변이 나온다. 그런데 역설적이게도, 정보가 많을수록 의미는 희박해진다.

정보가 의미로 변환되는 과정은 생각보다 복잡하다. 단순히 정보를 수집하는 것만으로는 부족하다. 그 정보를 이해하고, 해석하고, 자신의 경험과 연결시켜야 의미가 된다. 이 과정은 느리고, 깊이 있으며, 개인의 정서와 경험을 요구한다. 하지만 AI 시대는 이 모든 것을 가속화한다.

정보의 빠른 처리는 배측 시각 경로를 활성화한다. 우리는 정보를 보고 처리하고 넘어간다. 이 과정에서 기억은 얕고, 감정은 개입하지 않으며, 의미는 생성되지 않는다. 반면 의미 해석은 복측 시각 경로, 해마, 편도체, 전전두엽의 협응을 요구한다. 이는 느리고 에너지를 많이 소모한다.

AI 시대의 우리는 선택의 문제에 직면한다. 정보의 속도에 맞추면 의미는 잃는다. 반대로 의미를 추구하려면 정보의 속도를 포기해야 한다. 현대인들은 대부분 속도를 선택했다. 결과적으로 우리는 많이 알지만 깊이 있게 이해하지 못하고, 많이 읽지만 실제로 기억하지 못하며, 많이 보지만 감정적으로 연결되지 못하는 상태에 빠져 있다.

이 역설은 심리적 공허감으로 나타난다. 우리는 정보로 가득한 세상에 살면서도 자신의 삶의 의미를 묻는 질문 앞에서 막막해한다. 정보가 많을수록 선택지가 많을수록 불안은 커진다. 왜냐하면, 정답은 주어졌지만 의미는 찾아야 하고, 그 의미는 AI가 줄 수 없기 때문이다.

5. 편도체와 전전두엽의 불균형: 감정 조절 능력의 저하

뇌의 감정 처리 시스템은 편도체(amygdala)와 전전두엽(prefrontal cortex)의 균형에 의존한다. 편도체는 두려움, 분노, 즉각적 반응을 담당하는 신속한 반응 시스템이고, 전전두엽은 판단, 숙고, 감정 조절을 담당하는 느린 처리 시스템이다. 건강한 정서 조절을 위해서는 편도체의 반응이 전전두엽에 의해 적절히 조절되어야 한다.

그런데 AI 시대의 정보 환경은 편도체를 과도하게 자극한다. 24시간 뉴스, SNS의 갈등, 취직 시장의 불확실성, 기후 위기의 뉴스, 이 모든 것이 우리의 편도체를 위협으로 인식하도록 자극한다. 동시에 전전두엽의 기능은 약화된다. 빠른 반응이 요구될 때 느리고 신중한 사유는 방해가 되기 때문이다.

명확한 정답을 기대하는 사고방식도 이 불균형을 심화시킨다. 우리는 '문제가 있으면 정답이 있다'는 믿음 속에서 자랐다. 그러나 인간의 삶은 모호함으로 가득하다. '사랑이 무엇인지, 죽음이 무엇인지, 나는 누구인지' 등의 질문에 대한 명확한 정답은 없다. 명확한 정답을 기대할수록 우리의 전전두엽은 느리고 불확실한 과정을 피하도록 강화된다. 결과적으로 편도체의 불안 반응이 증가하고, 모호한 상황에서의 인지적 유연성이 감소한다.

특히 청소년의 경우 이 불균형의 영향이 더욱 크다. 청소년의 뇌는 아직 전전두엽이 발달 중이다. 이 시기에 편도체만 과도하게 자극되고 전전두엽 발달이 방해받으면, 감정 조절 능력이 제대로 형성되지 못한다. 결과적으로 충동성이 증가하고, 불안과 분노에 취약한 뇌 구조가 고착된다.

편도체와 전전두엽의 불균형은 단순한 감정 문제를 넘어 인지 능력과 의사결정 능력에도 영향을 미친다. 공포 상태에 있는 뇌는 전략적 사고와 장기적 계획을 할 수 없다. 따라서 이 불균형은 개인의 심리 건강뿐 아니라 사회 전체의 합리적 판단 능력을 약화시킨다.

AI 시대의 우리가 직면한 신경생물학적 위기는 기술로 인한 부작용이 아니다. 인간의 뇌가 진화적으로 최적화된 깊이 있는 대면 상호작용, 의미 있는 관계, 성찰적 사고의 환경이 급격히 사라지면서 일어나는 구조적 변화다. 더 많은 정보는 더 얕은 이해를 낳고, 더 빠른 소통은 더 차가운 관계를 만들며, 더 많은 선택은 더 깊은 불안을 안긴다. 기술이 발전할수록 역설적으로 인간은 약해지는 것이다.

이러한 뇌의 변화는 정서 지능의 선구자 대니얼 골먼(Daniel Goleman)이 경고한 '정서적 하이재킹(Emotional Hijacking)'의 일상화라고 볼 수 있다. 이성이 작동하기 전 편도체가 뇌를 장악해 버리는 이 현상은, 이제 개인의 성격을 넘어 디지털 문명이 초래한 신경학적 상수, 즉 뇌가 작동하는 기본값(Default)이 되어버렸다. 이러한 위기를 인식하고, 그것을 극복할 방법을 찾는 것이 AI 시대를 살아가는 우리의 긴급한 과제이다.

6. 시치유, AI 시대의 '정서적 하이재킹'을 멈추는 신경학적 브레이크

앞서 살펴본 편도체와 전전두엽의 불균형은 단순히 개인의 의지 문제가 아닌, 디지털 환경이 초래한 신경학적 위기다. 시치유는 바로 이 지점에서 뇌의 관제탑을 재건하는 정교한 치유 기제로 작용한다.

1) 시치유의 핵심 기제

감정 명명(Affect Labeling) 시치유는 날것의 고통에 '시어(詩語)'라는 이름을 붙이는 과정이다. 뇌과학적으로 이는 '감정 명명'이라 불리며, 막연한 공포를 통제 가능한 정보로 변환시킨다. 이때 요동치던 편도체는 진정되고, 잠들어 있던 전전두엽(복외측 전전두엽)은 다시 활성화된다.

2) 하향식 조절(Top-down Regulation)의 회복

시를 읽고 쓰는 과정에서 강해진 전전두엽은 편도체로 진정 신호를 보내는 '하향식 조절능력'을 회복한다. 이는 감정에 휘둘리는 상태에서 벗어나, '심리적 자기 조절력(Self-regulation)'을 강화하는 과정이다.

3) 왜 '시'여야 하는가

일반적인 정보 언어와 달리, 시의 상징과 비유는 좌뇌(단어의 사전적 의미 분석)와 우뇌(정서적 운율과 이미지 처리)를 동시에 활성화한다. 특히 시치유는 '뇌량(Corpus Callosum)'을 통한 좌뇌와 우뇌의 역동적인 정보 교환을 촉진하여, 흩어진 생각들을 하나의 통합된 의미로 묶어낸다. 이는 뇌 전체의 통합적 회복을 이끄는 과정이다.

또한, 시의 행간에 머무는 시간은 마커스 레이클(Marcus Raichle)이 발견한 '디폴트 모드 네트워크(DMN)'를 활성화하는 핵심 기제가 된다. 이는 외부 자극을 차단하고 자신을 깊이 들여다보는 '자기 참조적 사고'의 과정이다. 그러므로 시의 행간에 머무는 시간은 AI의 빛의 속도에 대항하여, 뇌가 스스로를 정리할 수 있는 '사유의 멈춤'을 확보해 준다.

2장

AGI 시대 CTU 메타 역량

제1장에서 우리는 AI 시대가 인간의 뇌에 미치는 신경생물학적 위기를 살펴보았다. 깊이 있는 사유의 능력 상실, 타인의 감정을 읽는 능력의 퇴화, 자기 성찰의 기회 박탈, 정보 과잉 속의 의미 결핍, 그리고 편도체와 전전두엽의 불균형. 이 모든 것이 AI 시대 인간이 직면한 현실이다. 그렇다면 이 위기를 어떻게 극복할 것인가? 이 질문에 답하기 위해 본 장에서는 CTU라는 개념을 제시한다. CTU는 심리 기술이나 상담 모델이 아니다. AI 시대 인간이 잃어가는 세 가지 근본적인 축을 다시 세우는 메타 역량이며, AGI 시대를 맞이하여 인간다움을 지키기 위한 신경생물학적 전략이다.

1. CTU 개념: AI가 대체할 수 없는 인간의 세 가지 축

CTU는 세 개의 영어 단어의 약자로 연결(Connect), 변환(Transform), 통합(Unify)을 의미한다. 이 세 가지는 우연히 선택된 것이 아니다. 인간의 모든 치유와 성장은 이 세 가지 축 위에서 일어난다.

AI는 많은 것을 할 수 있다. 텍스트를 생성하고, 이미지를 만들고, 복잡한 계산을 수행하고, 심지어 감정적인 대화까지 모방한다. 하지만 AI가 절대 할 수 없는 것들이 있다. 진정한 의미에서 자신과 타인을 연결하는 것, 고통을 내면의 서사로 변환시키는 것, 파편화된 삶의 조각들을 하나의 존재로 통합하는 것. 바로 이것들이 인간 고유의 능력이며, CTU가 지향하는 바다.

AI 시대는 인간의 기능을 위협하는 시대처럼 보인다. 하지만 역설적으로 AGI 시대는 인간 고유의 감정·관계·의미 생성 능력이 더 크게 드러나는 시대가 될 것이다. 기계가 거의 모든 기능을 대신할 수 있게 될 때, 인간만이 할 수 있는 것은 무엇인가? 그것이 바로 CTU다.

CTU는 미래에 대비하기 위한 개념이 아니다. 지금부터 인간을 지키는 핵심 구조다. 현재 우리가 직면한 신경생물학적 위기, 'DMN의 약화, 감정 표현 능력의 퇴화, 편도체의 과활성화, 의미의 상실'은 CTU가 약해지고 있음의 신호다. 이 신호를 감지하고, CTU의 세 축을 다시 세우는 것이 우리의 긴급한 과제가 되었다.

2. Connect: 인간을 다시 연결하는 감각 회복

CTU의 첫 번째 축인 연결(Connect)은 기술의 시대에서 인간을 다시 회복시키는 출발점이다. Connect는 단순히 관계를 '맺는 것'이 아니다. 자기를 느끼는 감각, 타인을 감지하는 감각, 그리고 세계의 균열을 알아차리는 감각을 다시 깨우는 과정이다.

모든 심리적 문제는 연결의 단절에서 시작된다. 트라우마는 자신과의 연결, 타인과의 연결, 세계와의 연결이 깨진 상태다. 우울증도 마찬가지다. 우울한 사람은 자신의 감정을 느끼지 못하고, 타인의 따뜻함을 받아들이지 못하며, 세계에 의미를 부여하지 못한다. 따라서 치유는 언제나 연결의 복원에서 시작된다.

1) 주의력의 방향을 되돌리는 일

AI 시대(The AI Era)는 주의력을 바깥으로 끌어당긴다. 알림, 알고리즘, 추천, 광고—모든 것이 우리의 주의력을 외부로 향하도록 설계되어 있다. 우리는 자신의 내면보다는 외부 자극에 더 민감하게 반응하도록 훈련받았다. '지금 내가 어떻게 느끼는가'보다는 '지금 뭔가 놓치고 있지 않은가'에 더 많은 신경을 쓴다.

연결(Connect)은 이 방향을 다시 안쪽으로 돌리는 것부터 시작한다. 내 안의 감정 신호를 읽고, 감각을 되살리고, 내가 지금 어디에 있는지 감지하는 행위. 이것이 연결(Connect)의 출발점이다. 이는 마음챙김(mindfulness)과 비슷해 보이지만, 더 근본적이다. 단순히 현재 순간을 관찰하는 것을 넘어, '나는 누구인가', '내가 무엇을 느끼고 있는가', '내가 원하는 것이 무엇인가'라는 질문으로 자신에게 다시 연결되는 과정이다.

2) 관계의 회복력을 높이는 과정

기술은 관계의 양을 폭발적으로 늘렸지만, 질을 담보하지 않는다. 우리는 많은 사람과 연결되어 있지만, 실제로는 깊이 있는 이해를 경험하지 못한다. 메시지로는 빠르게 소통하지만, 상대방이 무엇을 정말 원하고 느끼는지는 모른다.

연결(Connect)은 관계의 밀도를 복원하는 과정이다. 이는 사람의 말투를 다시 듣고, 표정의 결을 읽어내고, 침묵의 의미를 해석하는 능력을 회복하는 것이다. 거울신경계가 다시 활성화될 때, 진정한 공감이 가능해진다. 이때 우리 뇌에서는 옥시토신이 분비되고, 신뢰와 안전감이 형성된다. 깊이 있는 관계는 이렇게 천천히, 세밀하게 형성된다.

3) 의미를 감각하는 능력의 복원

AI 시대는 정보의 흐름이 너무 빠르고 크다. 우리는 정보에 휩쓸린다. 하루에 수천 개의 뉴스, 수백 개의 광고, 셀 수 없는 의견들이 우리를 지나간다. 이 속에서 우리가 실제로 붙들어야 할 것이 무엇인지 감지하기는 어렵다.

연결(Connect)은 이 정보의 홍수 속에서 '나에게 중요한 것이 무엇인가'를 감각하는 능력을 준다. 이는 정보 필터링이 아니다. 이는 나의 가치관을 가지고 세계를 다시 보는 과정이다. 정보는 객관적이지만, 의미는 주관적이다. 내가 무엇을 소중하게 여기고, 무엇을 위해 살고 싶은지에 따라 같은 정보도 다르게 의미화된다. 연결(Connect)은 이러한 개인적 의미 만들기의 능력을 회복하는 과정이다.

3. Transform: 내면의 서사를 다시 쓰는 변환의 힘

AI가 만들어내는 변화는 빠르고 정확하다. 하지만 인간의 변화는 언제나 더디고 복잡하며, 때로는 비합리적이다. 기술의 속도 앞에서 이런 인간적 느림은 종종 결함처럼 보인다. 하지만 바로 그 느림 속에 인간만의 고유한 능력인 '변환(Transform)'이 숨겨져 있다.

AI는 외부 자극을 수치로 처리하지만, 인간의 변화는 언제나 내면의 작동점에서 시작된다. 사람은 어떤 사건을 '해석'하고, 감정을 '조절'하며, 의미를 다시 쓴다. 뇌과학에서는 이를 내부 재구성(Internal re-mapping)이라고 부른다. 이는 생각만을 바꾸는 것이 아니라 내적 서사의 변화가 뇌 신경망의 연결 패턴을 물리적으로 다시 지도화(mapping)하는 과정이다. 즉, 우리가 삶의 이야기를 다시 쓸 때, 우리 뇌의 신경회로 역시 그 새로운 서사를 따라 재구조화되는 것이다. 이 작동점은 AI가 알고리즘으로 모방할 수는 있어도, 주관적 체험을 통해 침범할 수 없는 인간의 핵심 영역이자, 인간다움이 머무는 마지막 보루다.

인간의 마음은 데이터가 아니라 서사로 움직인다. 우리는 자신의 삶을 이야기로 만들어 이해한다. '나는 어떤 사람인가', '이 사건은 내 삶에서 무엇을 의미하는가'와 같은 질문들에 대한 답이 우리의 서사가 되고, 이 서사가 우리의 행동과 선택을 좌우한다. 변환(Transform)은 바로 이 내적 서사를 다시 쓰는 능력이다.

1) 감각의 전환

해석의 권력을 되찾는 힘 몸에서 느껴지는 반응을 다르게 읽는 능력이다. 예를 들어, 가슴이 두근거리는 감각을 '두려움'이 아닌 '기대와 설렘'으로 해석하는 힘이다. 이는 전전두엽의 상위 조절 기능(Top-down regulation)과 관련이 있다. 전전두엽이 활성화될 때 우리는 편도체의 즉각적 반응에 휩쓸리지 않고, 그 감각을 해석할 여유를 얻는다. 변환(Transform)은 자극과 반응 사이의 공간에서 내 삶을 스스로 정의할 '해석의 권한'을 되찾는 과정이다.

2) 의미의 변환

기억의 영토를 재구성하는 힘 사건을 새로운 관점에서 재구성하는 능력이다. 트라우마 치료에서 이를 '의미의 재구성(Meaning reconstruction)'이라 부른다. 이는 해마(기억)와 전전두엽(해석)의 협응을 통해 일어나는데, 기억을 새로운 관점에서 해석할 때 기억 자체가 신경생물학적으로 변환되는 '기억의 재통합(Reconsolidation)'이 일어난다. 서사를 바꿈으로써 과거의 고통스러웠던 기억의 영토를 치유의 영토로 재구성하는 것이다.

3) 행동의 변환

뇌를 바꾸는 작은 움직임 행동이 먼저 바뀌면 감정과 생각이 따라온다. 이는 '신체 피드백(Embodied cognition)' 개념으로 설명된다. 몸의 움직임이 뇌 상태에 직접적인 영향을 미치는 것이다. 우울의 늪에서 기분이 나아지길 기다리는 대신, 20분의 산책을 선택하는 '행동의 변환'이 뇌의 신경회로를 변화시키고 비로소 전인적인 '변환(Transform)'을 완성한다.

4. Unify: 삶의 조각들을 하나로 모으는 통합의 힘

기술의 발전은 인간의 일상을 단편화시킨다. 시간은 쪼개지고, 감정은 분리되고, 관계는 조각난 채로 남는다. 뇌과학에서도 이런 단편화를 인지적 분절(cognitive fragmentation)이라고 부른다. 우리는 한 순간에 여러 역할을 오가며, 여러 정보의 파도 속에서 끊임없이 분리된 채 살아간다. 회사원으로서의 나, 부모로서의 나, 친구로서의 나, 온라인 사람으로서의 나. 이 여러 모습이 갈등할 때, 우리는 깊은 혼란과 불안을 경험한다.

통합(Unify)은 이 단편화된 세계에서 삶의 조각들을 다시 하나로 모아내는 능력이다. 단순한 정리나 균형이 아니라, 존재의 통합을 말한다. 이는 신경생물학적으로 전전두엽의 상위 조절 기능, 심리학적으로는 자아 일관성(self-coherence), 영성학에서는 존재의 중심(ground of being)과 관련이 있다.

1) 중심축 세우기

통합은 복잡해 보이지만, 가장 중요한 것은 단순하다. 중심축을 세우는가, 세우지 못하는가의 문제다. 이 중심축은 외부에서 만들어주는 것이 아니다. 누군가의 조언, AI의 추천, 정보의 축적만으로 세워지지 않는다. 이는 오직 내면의 '나는 누구인가'라는 질문을 직면할 때 일어나는 움직임이다.

중심축을 세운다는 것은 '나의 가치관'을 명확히 하는 것이다. 무엇이 나에게 진정으로 중요한가? 내가 어떤 사람으로 살고 싶은가? 이 질문에 답할 때 비로소 선택할 기준이 생기고, 그 기준을 중심으로 삶이 정렬된다. 그러면 여러 역할 속에서도 '하나의 나'가 유지된다. 회사에서 하는 일도, 가정에서의 역할도, 친구와의 관계도 모두 같은 중심축 위에서 일관되게 표현된다.

뇌과학적으로 이는 전전두엽이 뇌의 여러 영역을 조정하는 과정이다. 전전두엽이 충분히 발달할 때, 뇌의 여러 시스템이 통합되고, 결과적으로 일관되고 안정적인 자아가

형성된다.

2) 흐름을 정렬하는 능력

많은 사람이 '통합'을 안정, 균형, 정적인 상태로 오해한다. 그러나 삶은 매순간 흔들리고, 관계는 변화하고, 감정은 출렁인다. 따라서 진짜 통합(Unify)은 흐름을 정렬하는 능력이다.

흔들림을 느끼되 무너지지 않고, 변화 속에서 방향을 잃지 않고, 감정이 흔들려도 존재의 중심을 남겨두는 것. 통합은 정지 상태가 아니라, 중심을 가지고 흔들리는 상태다. 이는 마치 나뭇가지가 바람에 흔들려도 나무의 뿌리는 땅에 박혀 있듯이, 인간도 변화하는 상황 속에서도 자신의 중심을 잃지 않는 것이다.

이 능력을 '흐름을 정렬한다'고 표현하는 이유는 뇌파와 신경생물학적 상태와 관련이 있다. 통합된 뇌 상태는 혼란스럽거나 경직된 상태가 아니라, '정렬된 흐름'의 상태다. 마음이 차분하면서도 민첩하고, 안정적이면서도 유연하다.

3) 심리적 탄력성과 존재의 통합

심리적 탄력성(resilience)은 흔히 '어려움에서 회복되는 능력'으로 정의된다. 하지만 더 정확히는 '어려움 속에서도 자신을 잃지 않는 능력'이다. 고통이 있어도, 실패가 있어도, 불확실한 상황에 직면해도 '나는 여전히 나'라는 감각을 유지하는 것. 이것이 진정한 탄력성이다.

심리적 탄력성은 결국 통합의 다른 표현이다. 통합(Unify)이 충분할 때, 인간은 외부의 파도에 흔들려도 자신의 중심을 잃지 않는다. 이 때 뇌의 여러 시스템이 조화롭게 작동하고, 신체가 신경안정을 유지하며, 감정이 안정적인 상태가 된다. 이것이 존재의 통합이며, AGI 시대에 인간을 지키는 가장 근본적인 힘이다.

4) CTU의 나선 구조

CTU는 선형 구조가 아니라 나선 구조다. 연결(Connect)은 관계의 토대를 만들고, 변환(Transform)은 내면의 서사를 다시 쓰게 하며, 통합(Unify)은 그 모든 조각을 하나의 삶으로 묶는다. 하지만 이 통합의 'U'는 끝이 아니다. 통합은 다시 새로운 연결을 부르고,새로운 연결은 다시 변환를 낳고, 변환은 다시 더 큰 통합을 이끈다. 인간은 이렇게 반복적으로 성장한다. 이 나선의 중심을 잃지 않는 능력이 바로 통합(Unify)이며, AGI 시대를 살아가는 인간의 최고의 능력이 될 것이다.

3장

시치유의 원리와 신경생물학적 대응

지금까지 우리는 AI 시대의 신경생물학적 위기를 진단하고, 그것을 극복하기 위한 CTU라는 메타-역량을 제시했다. 그렇다면 이제 실질적인 질문이 제기된다. CTU는 어떻게 실천되는가? 시치유가 이 위기에 어떻게 구체적으로 대응할 수 있는가? 이 장에서는 이론을 현장으로 옮기고, 시치유가 미래의 인간 회복을 위해 어떤 역할을 할 수 있는지 살펴본다.

1. 정답에서 의미로: AI 시대 회복의 패러다임 전환

AI는 정답을 빨리 찾는다. 하지만 인간은 정답보다 의미를 필요로 하는 존재다. 이것이 AI 시대의 가장 심각한 역설이다. AI가 제공하는 정답이 많을수록, 인간은 오히려 "이 정답이 나에게 무엇을 의미하는가"라는 더 근본적인 질문에 직면하게 된다.

정답은 외부에서 주어진다. 하지만 의미는 오직 개인의 내적 경험을 통해서만 만들어진다. 뇌과학에서도 이를 확인할 수 있다. 정답은 전전두엽의 문제 해결 회로이며, 의미는 해마(기억)와 편도체(감정), 내측전전두엽(자기 성찰)의 정서 통합 회로다. 두 개의 서로 다른 뇌 시스템이 관여한다.

현대인은 정보 과잉 속에서 의미 결핍을 경험한다. 스마트폰이 제공하는 수천 개의 정답들, 알고리즘이 추천하는 선택지들은 오히려 우리의 자율성을 약화시키고 공허감을 심화시킨다. 정답은 주어졌지만 의미는 찾아야 하기 때문이다.

시치유가 인간의 회복을 돕는 방식은 정답을 주는 것이 아니다. 대신 개인이 자신의 경험 속에서 의미를 발견하도록 돕는다. 시를 쓰고, 읽고, 나누는 과정에서 사람들은 자신의 감정을 언어화하고, 그 언어 속에서 새로운 의미를 발견한다. 이것이 AI가 절대 할 수 없는 일이며, 인간만이 할 수 있는 회복의 방식이다.

2. AGI 시대 호르몬 변화와 시치유의 구체적 대응

AGI 시대가 도래하면서 인간의 신경생리적 시스템 자체가 변화를 맞이하고 있다. 도파민, 옥시토신, 코르티솔, 세로토닌이라는 네 가지 주요 호르몬의 변화는 단순한 생물학적 현상이 아니라 인간의 정서적·실존적 위기를 드러낸다. 중요한 것은 시치유가 이러한 각 위기에 구체적으로 어떻게 대응하는가이다.

1) 도파민 위기: 초자극 과잉과 시의 대응

AGI의 정밀한 보상 알고리즘이 도파민 회로를 끊임없이 자극할 때, 인간은 즉각적 만족에만 반응하는 신경생리적 조건 속에 갇힌다. 뇌는 점차 강하고 빠른 자극에만 반응하도록 적응하고, 작은 보상은 무시한다. 노력과 기다림의 가치는 사라진다. 이것은 단순한 중독의 문제가 아니라, 인간의 동기 구조와 주의의 방향이 새롭게 재편된다는 뜻이다.

시치유가 이 위기에 제공하는 대응은 '느린 읽기의 신경생리적 훈련'이다. 시는 정보가 아니기 때문에 빠르게 소비될 수 없다. 한 줄의 시를 마주할 때 독자는 단어 사이의 여백을 느껴야 하고, 의미의 깊이를 천천히 탐색해야 한다. 이 느린 처리 과정 자체가 도파민 회로를 다시 조정하는 신경생리적 훈련이 된다.

반복적인 느린 읽기는 뇌의 도파민 민감도를 재조정한다. 뇌는 천천히 작은 자극에도 반응할 수 있는 회로를 회복한다. 결과적으로 사람은 작은 기쁨을 더 느낄 수 있게 되고, 인생의 속도를 인간적 리듬으로 되돌릴 수 있다. 시는 가속화된 욕망을 인간적 템포로 변환하는 도구인 것이다.

구체적으로, 매일 한두 편의 시를 천천히 읽거나 필사하는 실천은 도파민 회로를 재조율한다. 시의 한 줄을 곱씹는 동안, 뇌는 빠른 정보 처리에서 벗어나 깊이 있는 사유로 돌아온다. 이 반복된 경험이 신경망을 재구성하고, 결과적으로 삶의 속도를 느리게 만든다.

2) 옥시토신 위기: 애착의 방향 전환과 시치유의 개입

AGI가 정서적 공감 역할을 수행하게 되면, 인간은 기계와의 상호작용에서도 옥시토신을 분비하게 되고, 인간 간의 진정한 만남이 축소될 위험이 있다. 최근 연구들은 반려 로봇과의 상호작용에서도 옥시토신 농도가 증가함을 보여준다. 이는 인간의 애착 시스템이 비인간적 존재와도 반응할 수 있음을 시사한다. 하지만 기계와의 상호작용이 아무리 정교해져도, 인간 간의 진정한 공감은 대체될 수 없다.

시치유가 여기서 수행하는 역할은 '인간과 인간 사이의 진정한 공감과 언어적 연결의 재강화'다. 시를 함께 읽고, 나누고, 해석하는 과정은 알고리즘이 만들 수 없는 인간만의 감정 교감을 만들어낸다. 개인의 상처가 담긴 시를 다른 사람이 읽을 때, 그 순간 고유한 인간 간의 옥시토신 반응이 일어난다.

타자의 언어를 통해 내 고통을 이해받는 경험, 내 감정이 다른 누군가의 마음을 건드리는 경험은 기계가 절대 제공할 수 없는 정서적 유대다. 시치유 공동체에서 사람들은 자신의 시가 다른 사람의 심장을 두드릴 때 처음으로 진정한 연결을 경험한다. 이 경험이 반복되면서 뇌는 기계가 아닌 인간과의 연결 속에서만 얻을 수 있는 깊은 신뢰와 안전감을 회복한다.

구체적으로, 시를 함께 읽는 모임, 자신의 시를 나누는 경험, 타인의 시를 경청하는 시간은 모두 옥시토신 분비를 촉진한다. 이러한 반복된 인간관계의 경험이 뇌의 사회적 뇌(social brain)를 재활성화하고, 애착의 방향을 다시 인간 쪽으로 돌린다.

3) 코르티솔 위기: 존재적 불안과 의미의 재형성

AGI가 인간의 역할을 대신하면서 스트레스의 본질이 변한다. 외부의 긴급함이 감소하는 대신 내면의 불확실성이 증가한다. "나는 무엇을 위해 존재하는가"라는 질문이 만성적 코르티솔 상승을 초래한다. 이것은 신체적 위협에 대한 반응이 아니라 존재론적 위협에 대한 뇌의 반응이다.

역할과 기능이 사라진 세상에서 코르티솔 스트레스는 오히려 더 심화될 수 있다. 명확한 위협(외부 적)에는 대처 방안이 있지만, 존재적 불확실성(나는 누구인가)에는 뇌가 어떻게 대응해야 할지 모르기 때문이다. 결과적으로 뇌는 계속 긴장 상태를 유지하고, 코르티솔은 지속적으로 분비된다.

시치유가 이 위기에 제공하는 대응은 '의미와 서사 형성의 기술'이다. 시를 쓰고 읽는 과정 속에서 개인은 자신의 삶을 새로운 서사로 재구성한다. 역할이 사라져도, 기능이 축소되어도 인간은 자신의 내적 경험, 감정의 깊이, 타인과의 관계 속에서 자신만의 고유한 의미를 발견할 수 있다.

시는 이 의미 재발견의 도구다. 시를 쓸 때 사람은 자신의 경험을 언어화하고, 그 언어 속에서 패턴을 발견하고, 그 패턴으로부터 의미를 구성한다. '내 삶이 의미 있다'는 확신이 생기면, 뇌는 존재론적 불안으로 인한 만성적 코르티솔을 조절할 수 있게 된다.

중요한 것은 시치유가 불안을 제거하는 것이 아니라는 점이다. 불안 속에서 의미를 찾도록 하는 것이다. 이것이 인간적 방식의 스트레스 관리다. 뇌가 "이 불안이 나에게 무엇을 말하는가"라는 질문을 던질 수 있을 때, 불안은 더 이상 무조건적인 위협이 아니라 삶에 대한 깊은 질문으로 변환된다.

4) 세로토닌 위기: 자존감 회복과 고유한 가치의 재발견

AGI와의 비교 속에서 인간의 자존감은 지속적으로 흔들린다. '내가 할 수 있는 것을 기계는 더 잘한다'는 서글픈 자각은 자존감의 기반을 흔들어 놓는다. 세로토닌은 기분 조절뿐 아니라 '내가 괜찮다'고 느끼는 기초적 안정감을 유지하는 물질이다. 이 안정감이 상실되면 우울증과 불안장애로 이어진다.

특히 문제적인 것은 이 비교가 끊임없이 계속된다는 점이다. AGI가 점점 발달할수록, 인간이 할 수 있다고 여겼던 영역들이 차례로 기계에 의해 대체된다. 미묘한 열등감, 역할 상실로 인한 공허감, 삶의 의미가 흐려지는 경험이 세로토닌 시스템을 약화시킨다.

시치유가 여기서 수행하는 결정적인 역할은 '인간만이 느끼는 고유한 고통의 결을 인정하고 재발견하는 것'이다. AI는 방대한 데이터를 학습하여 슬픔을 '묘사'할 수는 있지만, 결코 고통을 '체험'할 수는 없다. AI에게 고통은 해결해야 할 오류(Error)나 최적화 대상이지만, 인간에게 고통은 존재의 깊이를 증명하는 고유한 흔적이다.

시 쓰기는 감정을 표현하는 행위를 넘어, 기계는 결코 흉내 낼 수 없는 '인간만의 앓음'을 언어화하는 과정이다. 자신만의 고유한 상처와 그 상처를 통과하며 빚어낸 눈물겨운 문장들을 마주할 때, 뇌의 세로토닌 시스템은 역설적인 안정감을 되찾는다. 이는 타인과의 기능적 비교에서 오는 우월감이 아니라, '누구도 대신할 수 없는 나만의 삶의 궤적'을 스스로 인정하는 데서 오는 근원적인 자존감이다.

시는 이 고유성을 가시화하는 도구다. 자신의 시를 써보고, 읽어보고, 나눌 때, 인간은 처음으로 '나의 감정, 나의 언어, 나의 고통은 기계적 알고리즘이 흉내 낼 수 없는 유일무이한 가치'라는 확신을 갖는다. 더욱 중요한 것은 시치유 공동체에서 자신의 시가 다른 사람의 마음에 닿는 경험이다. 누군가 나의 고통이 담긴 시를 읽고 함께 전율할 때, 그 순간의 정서적 공명은 세로토닌 수치를 높이며 '내 존재가 그 자체로 충분히 괜찮다'는 깊은 안정감을 회복시킨다.

이것이 AGI 시대 인간의 자존감을 지키는 내면적 기초다. 기계와의 기능 비교에서는 패배할지 모르나, 고통의 결을 느끼고 그것을 시적 승화로 이끌어내는 인간의 실존적 투쟁 속에서 우리는 결코 대체될 수 없는 존엄을 완성한다.

3. AI와 시치유 역할 분화와 협력

AI와 시치유는 경쟁하지 않는다. 오히려 서로의 빈틈을 정확히 메운다. AI가 잘하는 것과 인간만이 할 수 있는 것의 경계를 명확히 할 때, 더 나은 회복의 구조가 만들어진다.

1) AI가 잘하는 역할

· 감정 요약: 복잡한 감정을 명확한 단어로 분류하고 정리

· 언어 패턴 분석: 텍스트에서 반복되는 주제와 패턴 발견

· 시적 문장 생성: 형식적으로 아름다운 표현 제안

· 대량의 텍스트 비교: 유사한 주제나 감정 찾기

· 특정 감정 단어의 빈도 분석: 통계적 관점에서의 감정 변화 추적

2) 인간만이 할 수 있는 역할 (시치유의 진정한 역할)

· 감정과 기억 사이의 고유한 연결(Connect): 왜 이 특정한 감정이 나에게 중요한가를 이해하기

· 고통을 조용히 변화(Transform)시키는 내면의 서사 형성: 같은 경험이라도 새로운 의미로 재해석하기

· 흩어진 감정·사상·경험을 하나의 삶으로 통합(Unify): 내 존재가 일관되고 의미 있다는 확신 만들기

AI가 감정의 표면을 정리한다면, 시치유는 감정의 뿌리를 다시 자연의 흙에 심는다. AI가 패턴을 찾는다면, 시치유는 그 패턴 속에서 의미를 만든다. AI가 설명한다면, 시치유는 이해하게 한다. 이 두 역할의 협력 속에서 진정한 회복이 가능해진다.

4장

시치유의 미래

1. 현장의 변화: 교육·상담·정책 영역으로의 확장

현장에서는 이미 시치유가 AI와 함께 어떤 변화를 만드는지 보여주고 있다.

1) 교육 현장

AI 세대의 정서 문해력 회복의 핵심 도구

학생들은 정보는 빠르게 이해하지만, 자신의 감정을 표현하지 못한다. 시 쓰기는 이 gap을 채운다. 감정의 다양성과 깊이를 언어로 훈련하고, 시적 사고를 통해 문제 해결 방식을 개선할 수 있다.

2) 상담·코칭 분야

빠른 세대에게 느림을 제공하는 안정화 기술

상담사들은 시치유를 CTU와 결합한 회복 프로토콜을 수립하고 있다. AI가 초기 정리를 도우면, 상담사는 깊이 있는 의미 만들기에 집중할 수 있다. 이는 상담의 효율성을 높이고 회복 속도를 가속화한다.

3) 정책·지역사회 분야

AI 시대 정서 회복 정책의 핵심 자원

지역사회에서 시 낭독·공감 모임이 확산되고, 노년층 디지털 격차를 줄이는 감정 기반 프로그램이 수립되고 있다. 공동체 감정의 재조직이 사회 통합의 핵심 과제가 되는 시대, 시치유는 이를 가능하게 하는 사회 정책의 기초가 된다.

2. 시치유의 미래: 문명의 기반 인프라로서의 위상

AGI 시대에는 인간의 감정적·존재적 회복 능력이 개인 스킬이 아니라 문명 유지의 역량이 된다. 이것이 시치유의 위상을 근본적으로 바꾼다.

인간의 감정이 안정되지 않으면 기술은 폭주한다. 의미 조직 능력이 약화되면 사회는 분열된다. 통합력이 떨어지면 집단은 흔들린다. 역으로 말하면, 개인의 감정이 안정되고, 공동체가 의미를 함께 만들고, 사회가 통합될 때 기술도 인간을 위해 올바르게 작동한다.

기술은 인간의 기능을 대체할 수 있지만 인간의 내면 세계를 정렬하는 힘은 대체할 수 없다. 따라서 시치유는 AI 시대의 주변 기술이 아니라, 인간 문명의 지속성을 지키는 핵심 기반 인프라가 된다. 뇌·마음·사회·언어를 관통하는 통합 기술로서, 시치유는 AGI 시대의 가장 중요한 인간 역량이 될 것이다.

이 시대에 우리가 해야 할 일은 명확하다. 기술을 버리는 것이 아니라, 기술이 주지 못하는 것을 인간이 직접 만드는 것이다. 감정의 표현, 관계의 깊이, 의미의 창조. 이것들을 개인과 공동체의 중심에 두어야 한다. 그렇게 할 때 우리는 기술 속에서도 인간으로서의 존엄을 잃지 않을 수 있다.

AI는 이미 우리의 일상에 깊숙이 들어와 있고, AGI는 피할 수 없는 미래다. 하지만 이 변화가 꼭 인간을 약하게 만드는 것만은 아니다. 오히려 이 위기 속에서 인간 고유의 능력이 더 명확하게 드러난다. 감정을 언어로 표현하고, 상처를 의미로 변환하고, 파편화된 삶을 통합하는 능력. 이것이 시치유가 지향하는 바이며, AGI 시대 인간을 지키는 가장 강력한 도구가 될 것이다. 시라는 인간 고유의 언어 형식을 통해, 우리는 기술의 속도에 저항하고, 의미의 깊이를 되찾으며, 함께 살아가는 공동체를 다시 만들 수 있다.

3. 전문가 · 교육자 · 정책가의 새로운 책임

1) 전문가의 새로운 책임: 기계적 진단을 넘어선 정서적 조율

(1) 정서·관계적 역량을 갖춘 상담·치료의 필요성

최근 정서적 고립과 관계적 스트레스가 증가하면서 전문가의 역할은 단순한 증상 완화에서 '관계 회복을 촉진하는 정서 기반 개입'으로 확장되고 있다. 미국정서신경과학회(2023)는 "인간의 정서 체계는 상호작용적 맥락에서 더 강하게 조절된다"고 밝히며, 치료 현장에서의 언어적 공감과 정서적 반영이 뇌의 전전두엽 조절 기능을 강화한다고 설명했다. 루이스 코졸리노(L. Cozolino) 역시 치료자를 "타인의 신경계 안정화를 돕는 외부 조절자(external regulator)"라고 규정하며, 안정된 관계 환경이 편도체 과활성화를 낮추고 사회적 안전망을 확장한다고 제시했다.

이러한 근거들은 전문가가 깊은 정서적 역량을 갖추어야 함을 보여준다. AI는 결코 읽어낼 수 없는, 문장 사이사이에 숨겨진 미세한 떨림과 말하지 못한 내담자의 아픔을 알아차려야 하기 때문이다. 전문가 스스로가 따뜻한 '정서적 거울'이 되어 그 마음을 고스란히 비춰줄 때, 비로소 닫혔던 치유의 문이 열리기 시작한다.

(2) 문학·읽기·쓰기 기반 심리개입의 효과 연구

문학 기반 개입은 정서적 이해와 자기 통찰을 촉진한다는 근거가 지속적으로 축적되고 있다. 미국 시치료협회(NAPT, 2019)에 따르면 시적 언어는 정서 명명 능력을 확장하고 트라우마에 안전하게 접근하게 돕는 매개도구로 작용한다. 또한, 영국 왕립문학협회(2021)는 정기적 독서가 스트레스 인식 수준을 20~30% 감소시키며 감정 조절에 긍정적 영향을 미친다고 발표했다. 오클라호마대학의 연구(2020) 역시 낭독과 묵독이 전전두엽과 두정엽의 통합 활동을 증가시킨다는 결과를 제시했다.

이는 전문가가 시 읽기, 쓰기를 전문적인 치유 도구로 다룰 필요성을 강력히 뒷받침한다.

이제 전문가는 상담실에 약 봉투 대신 시 한 편을 놓아둘 수 있어야 한다. 시적 비유를 통해 내담자의 굳어버린 감정 회로를 깨우는 것은 기계가 흉내 낼 수 없는 인간 전문가만의 고유한 영역이기 때문이다.

(3) 디지털 환경에서의 심리·정서 위험 평가 역량 강화

AI 기반 콘텐츠와 알고리즘 피로 등 디지털 환경은 새로운 인지 문제를 야기한다. 세계보건기구(WHO, 2023)는 전문가가 '디지털 행동 평가(Digital Behavior Assessment)'를 필수 역량으로 갖추어야 한다고 권고했으며, MIT 미디어랩(2022)은 스크롤 기반의 콘텐츠 소비가 감정적 과흥분을 초래해 조절 회복을 늦춘다는 점을 경고했다.

이러한 변화 속에서 전문가는 디지털 기반 스트레스 요인을 깊이 이해하고 새로운 개입 전략을 개발해야 한다. 단순히 기기 사용을 제한만 할 것이 아니라, 디지털 정보에 절여진 뇌를 '시적 사유'라는 해독제로 정화하는 법을 안내해야 한다. 이것이 AI 시대에 적응하는 전문가의 진정한 책무다.

2) 교육자의 새로운 책임: 지식 전달자에서 정서 환경 설계자로

(1) 정서·관계 교육이 학습 효과를 높인다는 국제 연구

정서·관계 능력은 단순한 인성 교육의 영역을 넘어 '학습 능력을 높이는 핵심 요인'으로 규정되고 있다. OECD의 'Education 2030' 프레임워크는 정서 조절·공감·사회적 의사소통을 미래 핵심역량으로 제시했고, 이를 갖춘 학생이 평균적으로 학업 성취도와 수업 참여도가 높다는 연구 결과를 발표했다. 미국 콜라보러티브 SEL센터(CASEL)는 2020년 메타분석에서 SEL(사회정서학습) 프로그램을 받은 학생들이 학업 성취가 평균 11% 향상되었다고 보고했다. 이는 정서적 안정이 인지적 처리 용량을 확보하고 학습 동기를 강화하며, 교사-학생 관계가 안전할수록 도전적 과제에서 지속성이 높아진다는 점을 입증한다.

결국 교육자는 지식 전달을 넘어 '정서·관계적 환경을 설계하는 능력'을 갖추어야 함이 명확해진다. 교실은 더 이상 지식만 오가는 공간이 아니라, 시적 공감을 통해 학생들의 신경계가 안정을 찾고 배움을 위한 최적의 토양을 일구는 정서적 요람이 되어야 한다.

(2) 정서 언어 능력과 학습 능력의 상관성 연구

정서 인식과 정서 언어화 능력은 학습 능력 전반과 밀접한 상관관계를 가진다는 연구가 꾸준히 발표되고 있다. 하버드대 인간발달센터는 2021년 보고서에서 "정서를 언어로 명확히 명명할 수 있는 학생일수록 스트레스 상황에서 인지적 회복 속도가 빠르며, 과제 지속시간이 길다"고 밝혔다. 예일대의 마크 브래킷(Marc Brackett) 연구팀은 '감정 명명 능력(high emotional granularity)'이 높은 학생들이 문제 해결 과제에서 더 효과적으로 전략을 선택한다는 결과를 제시했다. 감정 명명 능력은 전전두엽과 측두엽 언어 영역의 협력 활성화와 관련되며, 이는 곧 읽기·쓰기 활동이 학습 행동 안정성에 기여함을 의미한다.

따라서 교육자는 학생들에게 정서를 언어로 표현하게 하는 활동을 교육 과정에 필수적으로 포함해야 한다. 시를 통해 자신의 미묘한 감정을 적확한 시어로 치환해보는 훈련은, 문학적 감수성을 키우는 것을 넘어 학생들에게 세상을 헤쳐 나갈 강력한 인지적 나침반을 쥐여주는 일과 같다.

(3) 읽기·쓰기를 통한 정서 조절의 신경학적 근거

읽기와 쓰기는 언어 능력을 넘어 정서 조절에 직접적인 뇌 기반 효과를 가진다는 연구가 축적되고 있다. UCLA의 리버만(Matthew Lieberman) 연구는 '감정 명명(affect labeling)'이 편도체 활동을 감소시키고 전전두엽 조절 능력을 높인다는 신경학적 근거를 제시했다. 이는 글쓰기나 시 쓰기와 같은 언어화 과정이 실제로 뇌의 감정 조절 시스템을 안정화함을 보여준다. 스탠퍼드대의 2022년 fMRI 연구 역시 의미 기반 독서가 기본모드네트워크(DMN)와 감정조절 네트워크의 통합을 강화하여 자기 성찰과 주의 조절을 동시에 높인다고 보고했다.

이러한 근거는 교육자가 읽기·쓰기 기반 수업을 문해력 교육이 아니라 '정서 안정 활동'으로 재구성해야 한다는 책임을 강조한다. 교육 현장에서 시 쓰기를 적극적으로 도입하는 것은 아이들에게 스스로의 뇌를 다독이고 삶의 의미를 재구성하는 '해석의 권한'을 갖게하고, 마음의 자생력을 키우는 교육의 본질이다.

3) 정책가의 새로운 책임: 문명의 인프라로서의 정서적 안전망 구축

(1) 국가 차원의 정서·관계 역량 강화가 학습 격차를 줄인다는 국제 정책 근거

OECD, UNESCO, EU 교육위원회는 최근 10년간 '정서·관계 역량 강화 정책'을 학업 격차 해소의 핵심 전략으로 규정해왔다. OECD는 미래 교육 설계도인 '교육 2030(The Future of Education and Skills 2030)' 프레임워크를 통해 정서 조절, 공감, 의미 구성 능력을 국가 차원의 핵심 역량으로 규정했다. 이는 정서적 안정과 관계 역량이 개인의 인성을 넘어, 교육의 불평등을 해소하고 학습 성과를 높이는 핵심 기제로 작용함을 공식화한 것이다.

핀란드는 2016년 국가교육과정을 개정하며 여러 교과를 아우르는 '횡단적 역량(Transversal Competences)'의 핵심으로 사회·정서 능력을 명시하고, 이를 모든 수업 과정에 유기적으로 통합하여 설계했다. 이후 학생들의 학교 적응도와 학습 동기 지표가 안정적으로 향상되었다는 모니터링 결과는, 정책적 수준의 사회정서학습(SEL) 도입이 국가 교육 체계의 공정성을 강화하는 동력임을 보여준다.

이제 정책가는 정서·관계 역량을 단순한 보조 프로그램이 아닌 미래 교육의 핵심 인프라로 설정해야 한다. 시적 공감과 정서적 유대를 공교육의 토대에 심는 일은, 불평등한 사회 구조 속에서도 아이들이 스스로의 존엄을 지켜낼 수 있게 돕는 가장 강력한 정책적

처방이 될 것이다.

(2) 읽기·쓰기 기반의 정서 지원 정책이 정신건강 비용을 낮춘다는 연구 근거

문해 기반 정서 지원 정책은 이미 여러 국가에서 경제적·임상적 효과가 입증되었다. 영국 교육부는 2020년 이후 'Whole School Approach to Mental Health'를 통해 읽기·쓰기 기반 감정 표현 활동을 정식 편성했으며, 이는 국가보건서비스(NHS) 이용률을 장기적으로 7~12% 낮추는 성과로 이어졌다. 미국 국립정신건강연구소(NIMH, 2021) 또한 시적 표현 활동이 스트레스 호르몬인 코르티솔 감소와 정서 회복에 직결됨을 확인했다. 이는 문해 기반 지원을 제도화할 경우 지역 의료비 지출을 줄이고 학습 중단 위험군을 낮추는 복합적인 사회적 이득을 얻을 수 있음을 시사한다.

따라서 정책가는 시 쓰기와 읽기를 보건·교육·복지가 결합된 융합 정책으로 설계할 책임이 있다. 모든 지역 사회의 돌봄 체계 안에 시치유 시스템을 구축하는 것은, 문제가 불거진 뒤에나 투입되는 사후 처방 위주의 막대한 지출을 막고, 사회 전체의 정서적 회복탄력성을 높이는 가장 지혜로운 국가 경영의 길이다.

(3) AI 시대의 학습 환경에서 의미·정서 보호 정책의 필연성

AI 시대의 교육정책은 기술 도입을 넘어 '뇌·정서 기반 보호 정책'을 필수적으로 포함해야 한다. MIT 미디어랩과 스탠퍼드 Human-Centered AI 연구진(2023~2024)은 AI 자동화가 학습자의 의미 구성 능력과 동기 체계를 약화시킬 수 있음을 경고했다. 즉각적인 답변과 자동화된 시스템은 전전두엽 기반의 깊은 사고 회로 활성화를 감소시키며, 이는 결국 자기조절력의 저하로 이어진다. 캐나다 British Columbia(BC)주가 2024년 가이드라인에서 'AI 사용 시 정서 안정 및 비판적 사고 활동 병행'을 명시한 이유도 여기에 있다.

정책가는 디지털 환경에서도 인간의 의미 구성 능력이 손상되지 않도록 국가 차원의 안전장치를 마련해야 한다. 기술이 인간의 자리를 대신할수록, 역설적으로 인간이 직접

시를 읽고 고통의 의미를 언어로 빚어내는 ‘아날로그적 정서 활동’을 정책적으로 보호하고 장려해야 한다. 이것이 기술 문명으로부터 인간다움의 마지막 보루를 지켜내는 정책가의 새로운 소명이다.

이러한 정책적 소명은 이제 국가적 차원의 구체적인 행동으로 결실을 보고 있다. 지난 2026년 1월 23일, 대한민국 국회에서 개최된 ‘독서국가 선포식’은 AI 시대의 파고 속에서 ‘읽는 힘’을 국가 핵심 전략으로 격상시킨 역사적 변곡점이다. 이 선포식에서 공표된 ‘생애주기별 독서정책 로드맵’은 유아기부터 고등학교에 이르기까지 독서교육을 공교육 전반에 제도적으로 정착시키겠다는 의지를 담고 있다. 특히 “AI 시대를 주도하기 위해서는 정답을 맞히는 단순 지식 습득이 아니라, 책을 매개로 스스로 판단하고 생각하는 힘을 기르는 교육으로 전환해야 한다”는 선언은, 본고가 강조해 온 ‘뇌-정서 기반 보호 정책’의 실질적인 구현이라 할 수 있다.

이제 독서는 개인의 취미를 넘어 국가가 책임져야 할 정서적 안전망이자 문명의 인프라로 재정의되어야 한다. 그 중에서도 시를 읽고, 낭독하며, 자신의 목소리로 고통의 의미를 빚어내는 아날로그적 정서 활동은 ‘독서 국가’라는 거대한 비전 안에서 국민의 정신적 회복탄력성을 지키는 가장 세밀한 처방이 될 것이다.

기술이 속도를 결정할 때 인간은 방향을 묻고, AI가 정답을 제시할 때 인간은 질문을 던져야 한다. 독서국가로 가는 그 길 위에서, 시치유는 인간의 전전두엽을 깨우고 무너진 마음의 공동체를 복원하는 가장 강력한 ‘생각의 힘’이 될 것이다. 이것이 바로 우리가 2026년 오늘, 다시 시를 읽고 책을 펼쳐야 하는 이유다.

참고문헌

서문

맹자. (2024). **맹자** (박삼수 역). 문예출판사. (원전: 맹자(孟子) '고자장구 상').

Varoufakis, Y. (2023). *Technofeudalism: What killed capitalism*. Bodley Head.

Doidge, N. (2007). *The brain that changes itself: Stories of personal triumph from the frontiers of brain science*. Viking.

Kurzweil, R. (2005). *The singularity is near: When humans transcend biology*. Viking.

Part Ⅰ

김대식. (2025). **AGI, 천사인가 악마인가 인간의 마지막 질문**. 동아시아.

김대식. (2025, 10월 11일). **"10년도 안 남았다." 앞으로 세상을 지배할 충격적인 기술** [비디오]. 유튜브 지식인사이드. https://www.youtube.com/watch?v=UIBLOK6XCCA

김대식. (2025, 10월 12일). **"한국도 예외 아니다." AI가 절대 대체하지 못할 사람** [비디오]. 유튜브 지식인사이드. https://www.youtube.com/watch?v=mOGzaJRFv2E

김을호. (2025). **태도는 카피가 안 된다: AI 시대, 당신만의 진짜 경쟁력**. 힘찬북스.

김지연, 이하연, 이가림. (2023). 아동의 미디어 이용 시간과 의사소통 및 사회성 발달의 관계 연구. **육아정책연구, 17**(1), 25-51.

나태주 (2015). **꽃을 보듯 너를 본다**. 지혜.

로저스, C. R. (2009). **사람 중심 상담** (오제은 역). 학지사.

박태웅. (2024). **AI 강의 2025**. 한빛비즈.

보건복지부. (2023). **2023년 정신건강 실태조사 보고서**.

생텍쥐페리, A. (2015). **어린 왕자** (황현산 역). 열린책들. (원전 1943년 출간)

아들러, A. (2015). **아들러 심리학 해설** (김문성 역). 스타북스.

아리스토텔레스. (2017). **시학** (천병희 역). 숲.

이기동 역해. (2012). **시경강설**. 성균관대학교출판부.

플라톤. (1997). **국가** (박종현 역). 서광사.

프랭클, V. E. (2005). **죽음의 수용소에서** (이시형 역). 청아출판사.

최진석. (2023). **인간이 그리는 무늬: 욕망하는 인문적 통찰의 힘** (개정판). 소나무.

최진석. (2024). **건너가는 자: 익숙함에서 탁월함으로 얽매임에서 벗어남으로.** 쌤앤파커스.

최진석. (2025, 11월 7일). **낯설게 보고 은유하라. 사고의 시작이자 완성(창조)이다** [비디오]. 유튜브 최진석. https://www.youtube.com/watch?v=jL2lHvtXlHw

Adler, A. (1927). *Understanding human nature.* Greenberg.

American Psychological Association. (2022). *Stress in America 2022: Concerned for the future, beset by inflation.* https://www.apa.org/news/press/releases/stress/2022/concerned-future-inflation

American Psychological Association. (2023). Health advisory on social media use in adolescence. https://www.apa.org/topics/social-media-internet/health-advisory-adolescent-social-media-use

Bandura, A. (1977). Self-efficacy: Toward a unifying theory of behavioral change. *Psychological Review*, *84*(2), 191-215.

Bear, M. F., Connors, B. W., & Paradiso, M. A. (2020). *Neuroscience: Exploring the Brain* (4th ed.). Jones & Bartlett Learning.

Beck, A. T. (1976). *Cognitive therapy and the emotional disorders.* International Universities Press.

Berqvist, P., & Punzi, E. (2020). "Living Poets Society"—A qualitative study of how Swedish psychologists incorporate reading and writing in clinical work. *Journal of Poetry Therapy*, *33*(3), 152-163.

Bohrn, I. C., Altmann, U., & Jacobs, A. M. (2012). Looking at the brains behind figurative language. *Neuropsychologia, 50*(11), 2669-2683.

Burklund, L. J., Creswell, J. D., Irwin, M. R., & Lieberman, M. D. (2014). The common and distinct neural bases of affect labeling and reappraisal in healthy adults. *Frontiers in Psychology*, 5, 221.

Castelloe, M. S. (2022, June 20). *The impact of a digital detox on mental health.* Psychology Today. https://www.psychologytoday.com/us/blog/the-me-in-we/202206/the-impact-digital-detox-mental-health

Chun, K., et al. (2023). Screen exposure and its effects on the neurodevelopment of 12-month-old infants: An EEG study. *Frontiers in Human Neuroscience, 17,* 1184196.

Citron, F. M., & Goldberg, A. E. (2014). Metaphorical sentences are more emotionally engaging than their literal counterparts. *Journal of Cognitive Neuroscience, 26*(11), 2585-2595.

Cohen, S. (2004). Social relationships and health. *American Psychologist, 59*(8), 676-684.

Connor, K. M., & Davidson, J. R. T. (2003). Development of a new resilience scale: The Connor-Davidson Resilience Scale (CD-RISC). *Depression and Anxiety, 18*(2), 76-82.

Cotman, C. W., & Berchtold, N. C. (2002). Exercise: A behavioral intervention to enhance brain health and plasticity. *Trends in Neurosciences, 25*(6), 295-301.

Damasio, A. R. (1994). Descartes' error: Emotion, reason, and the human brain. New York: G. P. Putnam's Sons.

Davidson, R. J., & Begley, S. (2012). The emotional life of your brain. Penguin Books.

Deci, E. L., & Ryan, R. M. (2000). The "what" and "why" of goal pursuits. *Psychological Inquiry, 11*(4), 227-268.

Erikson, E. H. (1968). Identity: Youth and crisis. Norton.

Eriksson, P. S., et al. (1998). Neurogenesis in the adult human hippocampus. *Nature Medicine, 4*(11), 1313-1317.

Eurich, T. (2017). *Insight: Why we're not as self-aware as we think, and how seeing ourselves clearly helps us succeed at work and in life.* Currency.

Farb, N. A. S., Segal, Z. V., & Anderson, A. K. (2007). Attending to the present: Mindfulness meditation reveals distinct neural modes of self-reference. *Social Cognitive and Affective Neuroscience, 2*(4), 313-322.

Frankl, V. E. (1946/2006). *Man's search for meaning.* Beacon Press.

Freud, S. (1917). *Introductory lectures on psychoanalysis.* Hogarth Press.

Frye, N. (1987). Anatomy of criticism: Four essays. Princeton University Press.

Fogg, B. J. (2019). *Tiny habits: The small changes that change everything.* Houghton Mifflin Harcourt.

Graybiel, A. M. (2008). Habits, rituals, and the evaluative brain. *Annual Review of Neuroscience, 31*, 359-387.

Gross, J. J. (2014). Emotion regulation: Conceptual and empirical foundations. In J. J. Gross (Ed.), Handbook of emotion regulation (2nd ed., pp. 3-20). Guilford Press.

Hebb, D. O. (1949). *The organization of behavior: A neuropsychological theory.* Wiley.

Herman, J. P., & Cullinan, W. E. (1997). Neurocircuitry of stress. *Trends in Neurosciences, 20*(2), 78-84.

Horner, S. B., et al. (2024). Brain activity associated with emotion regulation predicts individual differences in working memory ability. *Cognitive, Affective, & Behavioral Neuroscience, 24*(5), 812-826.

Hutton, J. S., et al. (2020). Associations between screen-based media use and brain white matter integrity in preschool-aged children. *JAMA Pediatrics, 174*(1), e193869.

Hynes, A. M., & Hynes-Berry, M. (1986). Biblio/poetry therapy: The interactive process: A handbook. Boulder: Westview Press.

Immordino-Yang, M. H. (2016). *Emotions, learning, and the brain: Exploring the educational implications of affective neuroscience.* W. W. Norton & Company.

Jung, C. G. (1953). Psychological types (R. F. C. Hull, Trans.). Routledge & Kegan Paul.

Jung, C. G. (1964). Man and his symbols. Aldus Books.

Khazan, I. Z. (2019). The clinical handbook of biofeedback (2nd ed.). Wiley.

Lally, P., van Jaarsveld, C. H., Potts, H. W., & Wardle, J. (2010). How are habits formed: Modelling habit formation in the real world. *European Journal of Social Psychology, 40*(6), 998-1009.

Lange, C. G. (1885). *Om Sindsbevaegelser: Et psykofysiologisk Studie.* Jacob

Lund.

Lazarus, R. S. (1991). Emotion and adaptation. Oxford University Press.

LeDoux, J. E. (1996). The emotional brain. Simon & Schuster.

Leedy, J. (1969). *Poetry therapy: The use of poetry in the treatment of emotional disorders. Springfield,* IL: Charles C. Thomas.

Li, X., & Wang, Y. (2023). AI-assisted poetry therapy for emotional expression. *Frontiers in Psychology*, 14, 1139452.

Lieberman, M. D. (2007). Social cognitive neuroscience: A review of core processes. *Annual Review of Psychology*, 58, 259-289.

Lieberman, M. D., Eisenberger, N. I., Crockett, M. J., Tom, S. M., Pfeifer, J. H., & Way, B. M. (2007). Putting feelings into words: Affect labeling disrupts amygdala activity in response to affective stimuli. *Psychological Science, 18*(5), 421-428. https://doi.org/10.1111/j.1467-9280.2007.01916.x

Liu, S., et al. (2018). Brain activity and connectivity during poetry composition. *Human Brain Mapping, 39*(11), 4746-4763.

Lupien, S. J., et al. (2009). Effects of stress throughout the lifespan on the brain, behaviour and cognition. *Nature Reviews Neuroscience, 10*(6), 434-445.

Maslow, A. H. (1970). *Motivation and personality* (2nd ed.). Harper & Row.

Mazza, N. (2016). *Poetry therapy: Theory and practice* (2nd ed.). Routledge.

McAdams, D. P. (1993). *The stories we live by: Personal myths and the making of the self.* Guilford Press.

McEwen, B. S. (2007). Physiology and neurobiology of stress and adaptation. *Physiological Reviews, 87*(3), 873-904.

McNamee, B. (2004). *The impact of video games on student learning.* University College London, Institute of Education.

Merzenich, M. M. (2013). *Soft-wired: How the new science of brain plasticity can change your life.* Parnassus Publishing.

Morales, M. M., et al. (2022). The transfer deficit in toddlers: A comprehensive review of screen media and real-world learning. *Frontiers in Psychology, 13,* 903423.

Norton, A., et al. (2009). Melodic intonation therapy. *Brain and Language, 110*(1), 1-6.

Ogden, P., Minton, K., & Pain, C. (2019). **트라우마와 몸: 감각운동 심리치료의 이론과 실제** (김명권, 주혜명, 신차선, 유나래, 이승화 옮김). 학지사. (원전 발간 2006).

Ophir, E., Nass, C., & Wagner, A. D. (2009). Cognitive control in media multitaskers. Proceedings of the National Academy of Sciences (PNAS).

Pennebaker, J. W. (1997). Writing about emotional experiences as a therapeutic process. *Psychological Science, 8*(3), 162-166.

Pennebaker, J. W., & Chung, C. K. (2011). Expressive writing. In The Oxford handbook of health psychology. Oxford University Press.

Peterson, C., & Seligman, M. E. P. (2004). *Character strengths and virtues: A handbook and classification.* Oxford University Press.

Phelps, E. A., & LeDoux, J. E. (2005). Contributions of the amygdala to emotion processing. *Neuron, 48*(2), 175-187.

Rauch, S. L., Shin, L. M., & Phelps, E. A. (2006). Neurocircuitry models of PTSD and extinction. *Biological Psychiatry, 60*(4), 376-382.

Rogers, C. R. (1961). *On becoming a person: A therapist's view of psychotherapy.* Houghton Mifflin.

Salimpoor, V. N., et al. (2011). Anatomically distinct dopamine release during anticipation and experience of peak emotion to music. *Nature Neuroscience, 14*(2), 257-262.

Sapolsky, R. M. (2004). *Why zebras don't get ulcers: The acclaimed guide to stress, stress-related diseases, and coping.* Henry Holt and Company.

Satpute, A. B., & Lieberman, M. D. (2006). Integrating automatic and controlled processes into neurocognitive models. *Brain Research, 1079*(1), 86-97.

Southwick, S. M., & Charney, D. S. (2012). *Resilience: The science of mastering life's greatest challenges.* Cambridge University Press.

Takeuchi, H., et al. (2017). Effects of engaging in creative activities on functional connectivity. *NeuroImage, 148*, 197-210.

Tedeschi, R. G., & Calhoun, L. G. (1996). The posttraumatic growth inventory. *Journal of Traumatic Stress, 9*(3), 455-471.

van der Kolk, B. A. (2014). *The Body Keeps the Score: Brain, Mind, and Body in the Healing of Trauma.* Viking.

van der Meer, A. L. H., & van der Weel, F. R. (2017). Only three fingers write, but the whole brain works. *Frontiers in Psychology*, 8, 706.

van der Meer, A. L. H. (2024). Handwriting but not typewriting leads to widespread brain connectivity and increased plasticity. *Frontiers in Psychology*, 14, 1219645.

Volkow, N. D., Wang, G. J., Fowler, J. S., & Tomasi, D. (2011). Addiction circuitry in the human brain. *Annual Review of Pharmacology and Toxicology, 51,* 315-336.

White, M., & Epston, D. (1990). *Narrative means to therapeutic ends.* W. W. Norton & Company.

World Health Organization. (2019). *Guidelines on physical activity, sedentary behaviour and sleep for children under 5 years of age.* World Health Organization.

World Health Organization. (2019). *Mental Health and Psychosocial Support (MHPSS) Guidelines.* Geneva: WHO.

Yalom, I. D. (1995). The theory and practice of group psychotherapy (4th ed.). Basic Books.

Yoshimura, N., Takigami, M., Shimizu, S., & Sugiyama, S. (2024). Neuroscientific perspective on therapeutic mechanisms of expressive writing. *Neuroscience & Biobehavioral Reviews*, 156, 105432.

Yoshimura, S., Shimomura, T., & Onoda, K. (2024). Diminished negative emotion regulation through affect labeling and reappraisal. *BMC Psychology, 12*(1), 45. https://doi.org/10.1186/s40359-024-01538-4

Part Ⅱ

김소월 (2012). **진달래꽃: 김소월 시집.** (권영민 편). 문학사상.

김수영 (2003). **김수영 전집 1: 시** (개정판). 민음사.

나태주 (2015). **꽃을 보듯 너를 본다.** 지혜.

대니얼 골먼 (2008). **EQ 감성지능: 10주년 특별기념판.** (한창호 역). 웅진지식하우스.

발레리, P. (2022). **해변의 묘지** (김현 역). 민음사. (원전 출간 1920).

베셀 반 데어 콜크 (2020). **몸은 기억한다: 트라우마가 남긴 흔적들** (개정판). (제효영 역). 을유문화사.

정호승 (2021). **외로우니까 사람이다** (개정증보판). 창비.

칼 구스타프 융 외 (2009). **인간과 상징.** (이윤기 역). 열린책들. (원전은 1964년 출간)

Adler, A. (1937). Understanding human nature. Greenberg.

Aristotle (ca. 335 B.C.E./1987). Poetics (R. Janko, Trans.). Penguin Books.

Beck, A. T. (1976). Cognitive therapy and the emotional disorders. International Universities Press.

Bowen, M. (1978). Family therapy in clinical practice. Jason Aronson.

Cohen, S. (2004). Social relationships and health. *American Psychologist, 59*(8), 676-684.

Eurich, T. (2018). Insight: Why we're not as self-aware as we think, and how seeing ourselves clearly helps us succeed at work and in life. Crown Business.

Freud, S. (1933). New introductory lectures on psychoanalysis. Norton.

Goleman, D. (1995). Emotional intelligence. Bantam Books.

Hynes, A. M., & Hynes-Berry, M. (1986). *Biblio/Poetry Therapy: The Interactive Process: A Handbook.* Westview Press.

James, W., & Lange, C. (1922). The emotions. Baltimore, MD: Williams & Wilkins.

Jung, C. G. (1964). Man and his symbols. Aldus Books.

Leedy, J. J. (1969). *Poetry Therapy: The Use of Poetry in the Treatment of Emotional Disorders.* Lippincott.

Li, X., & Wang, Y. (2023). AI-assisted poetry therapy for emotional expression: A pilot study of online bibliotherapy interventions. *Frontiers in Psychology, 14*, 1139452.

Lieberman, M. D. (2007). Social cognitive neuroscience: A review of core processes. *Annual Review of Psychology, 58*, 259-289.

Lieberman, M. D., et al. (2007). Putting feelings into words: Affect labeling disrupts amygdala activity in response to affective stimuli. *Psychological Science, 18*(5), 421-428.

Mashal, N., Faust, M., Hendler, T., & Jung-Beeman, M. (2007). An fMRI investigation of the neural correlates of novel metaphoric comprehension. *Neuropsychologia, 45*(10), 1985-1995.

Mayer, J. D., & Salovey, P. (1997). What is emotional intelligence? In P. Salovey & D. J. Sluyter (Eds.), *Emotional Development and Emotional Intelligence: Educational Implications* (pp. 3-31). Basic Books.

Mazza, N. (2022). *Poetry Therapy: Theory and Practice* (3rd ed.). Routledge.

McAdams, D. P. (1993). *The Stories We Live By: Personal Myths and the Making of the Self.* W. W. Norton & Company.

Neff, K. D. (2003). Self-compassion: An alternative conceptualization of a healthy attitude toward oneself. *Self and Identity, 2*(2), 85–101.

Pennebaker, J. W. (1997). Writing about emotional experiences as a therapeutic process. *Psychological Science, 8*(3), 162–166.

Plato (ca. 380 B.C.E./1992). Republic (D. Lee, Trans.). Everyman.

Reich, W. (1945). *Character Analysis* (2nd ed.). Orgone Institute Press.

Rogers, C. R. (1957). The necessary and sufficient conditions of therapeutic personality change. *Journal of Consulting Psychology, 21*(2), 95–103.

Rosenblatt, L. M. (1978). *The reader, the text, the poem: The transactional theory of the literary work.* Southern Illinois University Press.

Shklovsky, V. (1965). Art as technique. In L. T. Lemon & M. J. Reis (Eds. & Trans.), *Russian Formalist Criticism: Four Essays* (pp. 3–24). University of Nebraska Press. (Original work published 1917)

Tedeschi, R. G., & Calhoun, L. G. (1996). The posttraumatic growth inventory: Measuring the positive legacy of trauma. *Journal of Traumatic Stress, 9*(3), 455–471.

Van der Kolk, B. A. (2014). *The body keeps the score: Brain, mind, and body in the healing of trauma.* Penguin Books.

White, M., & Epston, D. (1990). *Narrative means to therapeutic ends.* W. W.

Norton & Company.

Yalom, I. D. (1995). The theory and practice of group psychotherapy (4th ed.). Basic Books.

Yoshimura, S., Shimomura, T., & Onoda, K. (2024). Diminished negative emotion regulation through affect labeling and reappraisal. *BMC Psychology, 12*(1), 45.

곽래건. (2025. 10. 01.). **우울증 약 먹는 초등학생 3년 만에 2배로 급증.** 조선일보.

류승아, 김상희, 구정완. (2018). 시 창작 과정에서 나타나는 창의성과 정서 통합의 뇌 연결망 연구. **한국심리학회지: 인지 및 생물,** 30(4), 365-381. https://doi.org/10.22172/cogbio.2018.30.4.004

박소영 (2014). 스포츠 특기생의 시치유 경험에 관한 질적 사례 연구. **한국시치유학회지,** 7(1), 45-68.

Baddeley, A. D. (2000). The episodic buffer: A new component of working memory? *Trends in Cognitive Sciences, 4*(11), 417-423.

Bandura, A. (1977). Social learning theory. Prentice Hall.

Beaty, R. E., et al. (2016). Default and executive network coupling supports creative idea production. *Scientific Reports, 6*(1), 1-10.

Beck, A. T. (1979). Cognitive therapy of depression. Guilford Press.

Brackett, M. (2019). Permission to feel. Celadon Books.

Burklund, L. J., et al. (2014). The common and distinct neural bases of affect labeling and reappraisal. *Frontiers in Psychology, 5*, 221.

Butler, R. N. (1963). The life review: An interpretation of reminiscence in the aged. *Psychiatry, 26*(1), 65-76.

Cohen-Mansfield, J., Thein, K., & Dakheel-Ali, M. (2010). Characterizing non-pharmacological interventions for agitation in nursing home residents. *BMC Geriatrics, 10*(1), 1-11.

Cannon, W. B., & Bard, P. (1927). The James–Lange theory of emotion. *The American Journal of Psychology, 39*, 106–124.

Cozolino, L. (2020). The neuroscience of psychotherapy: Healing the social brain (3rd ed.). W. W. Norton & Company.

Damasio, A. R. (1994). Descartes' error. G. P. Putnam's Sons.

Diaz–Marsa, M., et al. (2020). Hippocampal volume and neuroplasticity in depression: The role of chronic stress. *Journal of Psychiatry & Neuroscience, 45*(3), 154–165

Erikson, E. H. (1968). Identity: Youth and crisis. W. W. Norton & Company.

Etkin, A., Egner, T., & Kalisch, R. (2011). Emotional processing in anterior cingulate and medial prefrontal cortex. *Trends in Cognitive Sciences, 15*(2), 85–93.

Etkin, A., & Wager, T. D. (2007). Functional neuroimaging of anxiety, post–traumatic stress disorder, and phobia: A meta–analysis of emotional processing in specific disorders. *American Journal of Psychiatry, 164*(10), 1476–1488.

Goleman, D. (1995). *Emotional intelligence.* Bantam Books.

Gross, J. J. (Ed.). (2014). *Handbook of emotion regulation* (2nd ed.). The Guilford Press.

Hamann, S. (2012). Mapping discrete and dimensional emotions onto the brain. *Trends in Cognitive Sciences, 16*(9), 458–466.

Iacoboni, M. (2009). *Mirroring people: The science of empathy.* Picador.

Jung, C. G. (1964). *Man and his symbols.* Doubleday.

Keeler, J. R., et al. (2015). The neurochemistry and social flow of singing: Bonding and oxytocin. *Frontiers in Human Neuroscience, 9*, 518.

Killeen, M. E., & Haight, B. K. (2001). A poetic expression: Memory /reminiscence therapy. *Journal of Gerontological Nursing, 27*(1), 14–22.

Lazarus, R. S., & Folkman, S. (1984). *Stress, appraisal, and coping.* Springer Publishing Company.

LeDoux, J. E. (1996). *The emotional brain.* Simon & Schuster.

Lieberman, M. D. (2007). Putting feelings into words: Affect labeling disrupts amygdala activity. *Psychological Science, 18*(5), 421–428.

Mayer, J. D., & Salovey, P. (1997). *Emotional development and emotional intelligence.* Basic Books.

Mazza, N. (2003). Poetry therapy: Theory and practice (2nd ed.). Brunner–Routledge.

Neimeyer, R. A. (2001). *Meaning reconstruction & the experience of loss.* American Psychological Association.

Northoff, G., et al. (2006). Self–referential processing in our brain—A meta–analysis of imaging studies on the self. *NeuroImage, 31*(1), 440–457.

Nurhadi, A., Suzuki, K., & Chen, L. (2025). The effect of poetic recitation and binaural beats on alpha wave activity. *Journal of Neuro–Poetics, 12*(1), 112–130.

Porges, S. W. (2011). *The polyvagal theory.* W. W. Norton & Company.

Raison, C. L., & Miller, A. H. (2018). The evolutionary significance of depression. *Molecular Psychiatry, 23*(1), 15-24.

Sapolsky, R. M. (2004). *Why zebras don't get ulcers.* W. H. Freeman.

Seligman, M. E. P. (2011). *Flourish: A visionary new understanding of happiness and well-being.* Free Press.

Shrodes, C. (1949). *Bibliotherapy: A theoretical and clinical-experimental study.* [Doctoral dissertation, University of California, Berkeley].

Siegel, D. J. (2010). *The mindful therapist.* W. W. Norton & Company.

Tornstam, L. (2005). *Gerotranscendence: A developmental theory of positive aging.* Springer Publishing Company.

Vygotsky, L. S. (1978). *Mind in society.* Harvard University Press.

Wassiliwizky, E., et al. (2017). The emotional power of poetry. *Scientific Reports, 7*(1), 5529.

White, M., & Epston, D. (1990). *Narrative means to therapeutic ends.* W. W. Norton & Company.

Worden, J. W. (2018). *Grief counseling and grief therapy* (5th ed.). Springer Publishing Company.

Yalom, I. D., & Leszcz, M. (2020). *The theory and practice of group psychotherapy* (6th ed.). Basic Books.

Zeman, A., et al. (2013). By Heart: An fMRI Study of Brain Activation by Poetry and Prose. *Journal of Consciousness Studies, 20*(9-10), 132-158.

김미영 (2025). 시치유 프로그램이 성인의 자아존중감 및 불안에 미치는 효과: 실증적 메타분석. **한국예술치료학회지.**

류혜림, 김지현, & 이수연 (2018). 시치유가 청소년의 정서조절에 미치는 효과. **한국상담심리학회지, 30**(2), 215-234.

박선희, 이정화, & 한미라 (2022). 청소년의 자아존중감 및 불안 감소에 미치는 시치료 프로그램의 효과. **한국상담학회지, 23**(1), 145-165.

안혜령 (2021). **자화상 시 쓰기를 통한 청소년의 자아성찰 교육 연구** [석사학위논문, 서울대학교]. RISS.

정민경, & 윤소라 (2017). 시쓰기가 대학생의 시험 불안과 자기 효능감에 미치는 효과: 자기조절 학습 능력의 매개효과를 중심으로. **상담학연구, 18**(4), 195-212.

최윤정, & 이수정 (2018). 시치료 프로그램이 청소년의 자아존중감 및 불안 감소에 미치는 효과. **한국청소년상담학회지, 26**(4), 161-177.

Alfrey, L., Catterall, J., Disadvantage, S., & Rowe, N. (2021). Implications of arts engagement for educational outcomes and risk factors. *Educational Research Review, 32*, 100371.

Beck, A. T., Ward, C. H., Mendelson, M., Mock, J., & Erbaugh, J. (1961). An inventory for measuring depression. *Archives of General Psychiatry, 4*, 561-571.

Berqvist, P., & Punzi, E. (2020). "Living Poets Society"—A qualitative study of how Swedish psychologists incorporate reading and writing in clinical work. *Journal of Poetry Therapy, 33*(3), 152-163.

Broca, P. (1861). Remarques sur le si ge de la facult du langage articul , suivies d'une observation d'aph mie. *Bulletin de la Soci t d'Anthropologie, 2*, 330-357.

Caine, R. N., & Caine, G. (1990). Understanding a brain-based approach to learning and teaching. *Educational Leadership, 48*(2), 66-70.

Connor, K. M., & Davidson, J. R. T. (2003). Development of a new resilience scale: The Connor-Davidson Resilience Scale (CD-RISC). *Depression and Anxiety, 18*(2), 76-82.

Cooley, C. H. (1902). *Human nature and the social order.* Charles Scribner's Sons.

Cushman, F., Young, L., & Hauser, M. (2006). The role of conscious reasoning and intuition in moral judgment. *Cognitive, Affective, & Behavioral Neuroscience, 6*(4), 281-290.

Deci, E. L., & Ryan, R. M. (2000). The "what" and "why" of goal pursuits: Human needs and the self-determination of behavior. *Psychological Inquiry, 11*(4), 227-268.

Dijksterhuis, A. (2010). Automaticity and the unconscious. In S. T. Fiske, D. T. Gilbert, & G. Lindzey (Eds.), *Handbook of social psychology* (5th ed., pp. 228-267). John Wiley & Sons.

Eslinger, P. J., et al. (2021). The neuroscience of social feelings: Affiliation, parent-child attachment, interpersonal stressors. *Neuroscience & Biobehavioral Reviews, 131*, 1167-1183.

Etkin, A., et al. (2011). The neural bases of emotion regulation. *Nature Reviews Neuroscience, 16*(11), 693-700.

Figley, C. R. (1995). *Compassion fatigue: Coping with secondary traumatic stress disorder in those who treat the traumatized.* Brunner/Mazel.

Frankl, V. E. (1963). *Man's search for meaning: An introduction to logotherapy.* Beacon Press.

Jung, C. G. (1964). *Man and his symbols.* Doubleday.

Li, X., & Wang, Y. (2023). AI-assisted poetry therapy for emotional expression: A pilot study of online bibliotherapy interventions. *Frontiers in Psychology, 14*, 1139452.

Lieberman, M. D., et al. (2007). Putting feelings into words: Affect labeling disrupts amygdala activity in response to affective stimuli. *Psychological Science, 18*(5), 421-428.

Li, X., & Wang, Y. (2023). AI-assisted poetry therapy for emotional expression: A pilot study of online bibliotherapy interventions. *Frontiers in Psychology, 14,* 1139452.

Mazza, N. (2017). *Poetry therapy: Theory and practice* (3rd ed.). Routledge.

Neff, K. D. (2003). Self-compassion: An alternative conceptualization of a healthy attitude toward oneself. *Self and Identity, 2*(2), 85-101.

Pennebaker, J. W., & Chung, C. K. (2011). Expressive writing: Connections to physical and mental health. In H. S. Friedman (Ed.), *The Oxford handbook of health psychology* (pp. 417-437). Oxford University Press.

Porges, S. W. (2011). *The polyvagal theory: Neurophysiological foundations of emotions, attachment, communication, and self-regulation.* W. W. Norton & Company.

Radloff, L. S. (1977). The CES-D Scale: A self-report depression scale for research in the general population. *Applied Psychological Measurement, 1*(3), 385-401.

Rogers, C. R. (1951). *Client-centered therapy: Its current practice, implications and theory.* Houghton Mifflin.

Siegel, D. J., & Hartzell, M. (2003). *Parenting from the inside out.* Bantam.

Steinberg, L. (2008). A social neuroscience perspective on adolescent risk-taking. *Developmental Review, 28*(1), 78-106.

Stern, D. N. (2004). *The present moment in psychotherapy and everyday life.* W. W. Norton & Company.

Van der Kolk, B. A., et al. (2005). Disorders of extreme stress: The empirical foundation of a complex adaptation to trauma. *Journal of Traumatic Stress, 18*(5), 389-399.

Van der Kolk, B. A. (2014). *The body keeps the score: Brain, mind, and body in the healing of trauma.* Viking.

White, M., & Epston, D. (1990). *Narrative means to therapeutic ends.* W. W. Norton & Company.

Yalom, I. D., & Leszcz, M. (2005). *The theory and practice of group psychotherapy.* Basic Books.

Part V

김대식. (2023). **챗GPT에게 묻는 인류의 미래.** 동아시아.

국회 교육위원회. (2026). **대한민국 독서국가 선포식 2026: AI 시대, 독서국가로 가는 길.** 국회의원회관 대회의실 출범식 자료집.

김영호. (2026. 1. 23). **독서국가 선언 환영사: 사고의 깊이가 국가 경쟁력인 시대.** 대한민국 국회.

Affective Neuroscience Society. (2023). *Interactive emotional regulation and prefrontal cortex enhancement.*

Brackett, M., & Rivers, S. E. (2022). *Emotional granularity and problem-solving strategies in complex tasks.* Yale Center for Emotional Intelligence.

British Columbia Ministry of Education. (2024). *Digital technology and AI integration guidelines: Protecting critical thinking and emotional stability.*

Collaborative for Academic, Social, and Emotional Learning (CASEL). (2020). *SEL and academic performance: A meta-analysis of longitudinal studies.*

Cozolino, L. (2014). *The neuroscience of psychotherapy: Healing the social brain* (2nd ed.). W. W. Norton & Company.

Department for Education (UK). (2020). *Whole school approach to mental health: Reading and writing as emotional expression.*

Goleman, D. (1995). *Emotional intelligence: Why it can matter more than IQ.* Bantam Books.

Harvard Center on the Developing Child. (2021). *Emotional naming and cognitive recovery in stress environments.*

Lieberman, M. D. (2007). Putting feelings into words: Affect labeling disrupts amygdala activity in response to affective stimuli. *Psychological Science, 18*(5), 421-428.

MIT Media Lab. (2022). *The impact of scrolling-based content on hyperarousal and emotional regulation.*

MIT Media Lab & Stanford Human-Centered AI (HAI). (2024). *The erosion of meaning-making and attention in the age of AI automation.*

National Institute of Mental Health (NIMH). (2021). *Neurobiological effects of expressive writing on cortisol levels.*

OECD. (2018). *The future of education and skills 2030: OECD learning compass 2030.* OECD Publishing.

Raichle, M. E. (2015). The brain's default mode network. *Annual Review of Neuroscience, 38,* 433-447.

Siegel, D. J. (2012). *The developing mind: How relationships and the brain interact to shape who we are* (2nd ed.). Guilford Press.

Stanford University. (2022). *fMRI study: Deep reading and the integration of default mode and emotion regulation networks.*

UNESCO. (2023). *Human-centered AI in education: Protecting emotional and relational competencies.*

World Health Organization (WHO). (2023). *Digital mental health guidelines for adolescents and adults.*

부록

1. 시치유 참여 신청 및 자기 이해 질문지

[기본 정보]

성명: ______________________________

나이: ______세 성별: ☐ 남 ☐ 여

직업: ______________________________

연락처: ____________________________

시치유 프로그램에 참여하게 된 주요 동기:

____

Ⅰ. 현재 정서 상태 (체크 ☑)

다음 문항을 읽고, 최근 2주간 나에게 해당하는 정도를 표시해 주세요.

(0 = 전혀 아니다, 4 = 매우 그렇다)

문항	0	1	2	3	4
1. 요즘 자주 우울하거나 무기력하다.	☐	☐	☐	☐	☐
2. 불안이나 걱정으로 잠들기 어렵다.	☐	☐	☐	☐	☐
3. 작은 일에도 짜증이나 화가 난다.	☐	☐	☐	☐	☐
4. 눈물이 나거나 슬픔이 쉽게 올라온다.	☐	☐	☐	☐	☐

5. 최근 기분을 전반적으로 평가하면 ___점 (0~10점)

Ⅱ. 자기 이해 및 자아 성찰

나를 표현하는 단어 3가지 (예: 따뜻한, 불안한, 지친, 외로운, 밝은, 조용한 등)

____

요즘 가장 많이 하는 생각은? ________________________________

지금의 삶에서 만족스러운 부분과 불만족스러운 부분은 무엇인가요?

____

Ⅲ. 관계 경험

현재 나를 가장 지지해주는 사람은 누구인가요? ____________________

가장 힘들게 느껴지는 관계는 누구와의 관계인가요? __________________

최근 관계 속에서 느낀 감정을 적어 주세요. _______________________

Ⅳ. 삶의 의미와 목표

지금 내 삶에서 가장 소중하게 여기는 가치는 무엇인가요? _____________

앞으로 1년 안에 꼭 이루고 싶은 목표는 무엇인가요? _________________

내가 진정 원하는 삶은 어떤 모습인가요? _________________________

Ⅴ. 시치유 관련 질문

평소 시(詩)와 친숙한 편인가요? □ 예 □ 아니오

시를 통해 위로를 받았던 경험이 있나요? □ 예 □ 아니오

→ 있다면 그 경험을 간단히 적어 주세요: __________________________

이번 시치유에서 다루고 싶은 주제(예: 성취, 우울, 상실, 자기 이해, 자아존중감, 트라우마, 관계회복, 내면아이치유 등)는 무엇인가요?

Ⅵ. 개인정보 수집 및 활용 동의

본 질문지에 기재된 개인정보는 시치유 상담 프로그램 운영을 위해서만 사용되며, 다음과 같이 관리됩니다.

1. 개인정보의 수집 및 이용 목적

시치유 프로그램 참여자 관리 및 상담 진행

참여자의 정서 상태 파악 및 맞춤형 프로그램 제공

상담 효과 평가 및 프로그램 개선

2. 개인정보의 보유 및 이용 기간

프로그램 종료 후 1년간 보관 후 파기

참여자가 삭제를 요청할 경우 즉시 파기

3. 비밀 보장

본 정보는 비밀이 철저하게 보장되며, 상담사 이외의 제3자에게 공개되지 않습니다. 단, 자해 또는 타인을 해칠 위험이 있는 경우 보호자 및 관련 기관에 알릴 수 있습니다. 위 내용을 확인하였으며, 개인정보 수집 및 활용에 동의합니다.

날짜: 20____년 ___월 ___일

서명: ____________________

2. 시치유 수업계획안

〈초등 고학년〉

<table>
<tr><td>동 시</td><td colspan="3">친구 생각 (5학년 1학기 국어 듣기·말하기·쓰기 수록)</td></tr>
<tr><td>목표</td><td colspan="3">외로움 등 부정적 정서를 인식하고, 긍정적인 자기 위로 및 대처 방법을 찾아 정서적 안정감을 기른다.</td></tr>
<tr><td>단계</td><td colspan="2">교수-학습 활동</td><td>시간(분)</td></tr>
<tr><td>도 입</td><td colspan="2">오늘의 기분을 감정 단어로 표현해 본다.
에너지 레벨(1~10)을 말하며 친구들과 나눈다.</td><td>10분</td></tr>
<tr><td rowspan="3">전 개</td><td>탐색</td><td>_가장 마음에 와닿은 구절이나 낱말을 선택하고,
그 이유를 나눈다.
_시 속 주인공의 마음을 읽어본다.
“주인공의 마음이 느껴지는 행은 어디인가요?”
“텅 빈 운동장 같은 마음은 어떤 기분일까?”</td><td rowspan="3">50분</td></tr>
<tr><td>표현</td><td>_나의 경험과 연결해 본다.
“나도 이런 기분이 들 때가 있었나요?”
“‘텅 빈 운동장’에 친구를 초대한다면 누구에게,
어떤 말로 초대를 할까요?”
_‘마음 채우기 통장’ 만들기
나만의 마음 채우기 방법 3가지 작성
(예: 노래 듣기, 강아지 안아주기, 일기 쓰기).</td></tr>
<tr><td>공유</td><td>_친구들과 서로의 대처 방법을 나누며 공감한다.
_동시 〈친구 생각〉을 나만의 경험을 담아 바꾸어 쓰기.
_바꾼 글을 발표하고 서로의 표현을 격려한다.</td></tr>
<tr><td>종 결</td><td colspan="2">오늘의 나에게 위로 메시지를 적는다.
함께 동시를 낭송하며 수업을 마무리한다.</td><td>10분</td></tr>
</table>

〈청소년〉

시	꽃 _ 김춘수		
목표	시를 통해 '존재의 의미'를 성찰하고, 타인과 자신을 인식하는 경험을 통해 자기 이해와 정체성을 확립한다.		
단계	교수-학습 활동		시간(분)
도 입	_ "요즘 나를 한 단어로 표현한다면?" 질문으로 감정 점검.		10분
전 개	탐색	_'꽃'에 대해 생각나는 단어들을 자유롭게 이야기한다. _시를 2회 낭독(교사 낭송 1회, 학생 묵독 1회)하며 시의 분위기를 느껴본다. _'이름을 불러주는 관계'가 왜 중요할까? 누군가 내 이름을 불러주었을 때 기분은? 성을 붙여 부르는 것과 이름만 부를 때의 차이점은?	50분
	표현	_나의 '빛깔과 향기' 정의 나를 가장 나답게 만들고 세상에 보여주고 싶은 나만의 강점, 개성, 가치 3가지를 구체적인 단어 (예: 끈기, 도전 정신, 공감 능력, 유머 감각 등)로 정의하여 종이에 적는다.	
	공유	_상호 인정 및 소망 나누기 친구들이 정의한 '빛깔과 향기' 3가지 중 하나를 골라 인정해주며 서로에게 긍정적인 이름을 불러준다. _관계의 소망 작성 '나는 너에게 잊혀지지 않는 하나의 눈짓이 되고 싶다'는 구절을 참고하여, '내가 사랑하는 친구/가족에게 남기고 싶은 하나의 눈짓(긍정적인 영향)'을 구체적인 행동으로 작성한 후 서로 나눈다.	
종 결	함께 김춘수의 〈꽃〉을 낭송하며 수업을 마무리한다.		5분

〈성인〉

<table>
<tr><td>시</td><td colspan="3">흔들리며 피는 꽃 _ 도종환</td></tr>
<tr><td>목표</td><td colspan="3">삶의 어려움과 고통을 회피하지 않고 자연스러운 성장 과정으로 수용하며, 자기 수용(Self-Acceptance)과 회복 탄력성을 증진한다.</td></tr>
<tr><td>단계</td><td colspan="2">교수-학습 활동</td><td>시간(분)</td></tr>
<tr><td>도 입</td><td colspan="2">지금 기분(감정 단어로)과 에너지 레벨(숫자로)을 서로 나눈다.</td><td>10분</td></tr>
<tr><td rowspan="3">전 개</td><td>탐색</td><td>_시 낭송 후, 최근 내 삶을 가장 잘 표현하는 단어 하나를 고르고, 그 까닭을 나눈다.</td><td rowspan="3">60분</td></tr>
<tr><td>표현</td><td>_흔들림의 재해석
살면서 겪었던 '젖었던 순간(고통, 눈물, 어려움)'은 언제였는지 떠올리며 그 시간을 건너온 자신을 안아준다.

다른 사람의 흔들림과 젖음, 그 속에서 얻은 단단함을 나의 경험과 비슷하거나 다른 점을 노트에 적는다.

시의 구절 중 나에게 가장 큰 위로가 되었던 한 줄을 골라 자신에게 보내는 편지를 작성한다.</td></tr>
<tr><td>공유</td><td>_서로에게 건네는 위로와 새로운 다짐
삶의 가장 격렬했던 흔들림이 나에게 준 힘(성숙, 교훈)은 무엇이었는지 나누며, 격려와 지지의 박수를 보낸다.

시의 메시지를 바탕으로, 앞으로도 흔들림을 두려워하지 않고 수용하겠다는 자기 수용 다짐을 발표한다.</td></tr>
<tr><td>종 결</td><td colspan="2">다같이 시를 낭송하며 정리한다.</td><td>5분</td></tr>
</table>

* 시간, 단계, 활동은 참여자의 상황에 따라 유동적으로 조절하며 탄력적으로 운영한다.

3. 세션별 학습 목표·토론 질문·실습 과제 예시

1주 차: 자기 감정 인식과 초기 정서 탐색

구분	내 용
목표	자신의 정서 상태를 인식하고, 감정 단어를 활용하여 시적 경험과 연결할 수 있다.
활용 시	나태주 「풀꽃」
활동	시 읽고 필사 / 감정 단어 찾기 / 감정 지도 작성
토론 질문	이 시를 읽고 떠오른 감정은 무엇인가? 감정을 색깔이나 그림으로 표현하면 어떻게 달라지는가?
실습 과제	하루 동안 느낀 감정을 5가지 단어로 기록, 시적 표현으로 바꿔 보기

2주 차: 자기 표현 능력 향상

구분	내 용
목표	자신의 내적 경험을 시적 언어로 표현하고 공유할 수 있다
활용 시	정호승 「외로우니까 사람이다」
활동	시 읽고 필사 / 자신의 감정을 그룹별로 나누기
토론 질문	시를 쓰면서 어떤 감정이 가장 강하게 나타났는가? 감정을 나눈 후 기분이나 생각이 어떻게 변했는가?
실습 과제	자신이 최근 겪은 외로움을 소재로 8행 내외 시 작성

3주 차: 부정적 사고(불안과 강박) 탐색 및 재구성

구분	내 용
목표	부정적 사고를 시적 표현을 통해 인식하고 재구성할 수 있다
활용 시	송진권 「잊어버리고」
활동	시 읽고 필사 / 부정적 정서 포인트 표시 / 재해석 시 쓰기
토론 질문	이 시에서 어떤 부분이 나의 부정적 정서와 연결되는가? 시적 재해석을 통해 사고나 감정에 어떤 변화가 있었는가?
실습 과제	최근 느낀 불안이나 강박을 주제로 시 작성 / 다른 관점에서 재작성

4주 차: 정서 공감과 사회적 연결

구분	내 용
목표	타인의 경험을 이해하고 공감하며 자기 이해를 확장할 수 있다
활용 시	안도현 「너에게 묻는다」
활동	시 읽고 필사 / 감정 시 쓰고 공유 / 감정 공감 피드백 / 공감 카드 작성
토론 질문	다른 사람의 시에서 내 마음에 울림이 있었던 부분은? 공감 경험이 내 정서에 어떤 영향을 주는가?
실습 과제	공유한 시 중에서, 가장 공감된 구절을 선택하고 감정 기록

5주 차: 상실과 슬픔 탐색

구분	내 용
목표	상실 경험을 시로 표현하고 의미를 탐색할 수 있다
활용 시	윤동주 「별 헤는 밤」
활동	상실 경험 기반 시 쓰기 / 시로 의미 재구성
토론 질문	시적 표현이 상실 경험을 이해하는 데 어떻게 도움이 되었는가? 시를 통해 발견한 새로운 의미는 무엇인가?
실습 과제	개인적 상실이나 변화 경험을 8행 내외 시로 작성

6주 차: 자기 돌봄과 내면 아이 치유

구분	내 용
목표	내면의 나를 인식하고 자기 돌봄의 의미를 이해하며, 내면 아이와의 관계를 탐색한다
활용 시	이해인 「내가 사랑하는 사람」
활동	시 읽고 필사 / '내가 사랑하는 사람'을 내면의 나로 해석하기 내면 아이에게 보내는 시 쓰기 / 상담사와 자기 돌봄 방법 탐색
토론 질문	나는 나 자신을 어떻게 돌보고 있는가? 더 필요한 돌봄은 무엇인가?
실습 과제	내면 아이에게 보내는 위로와 응원의 시 작성 일주일간 자기 돌봄 실천하고 변화(느낌) 기록 (매일 자신에게 긍정적인 한 마디의 말 건네기, 충분한 수면과 규칙적인 식사, 자신의 감정을 판단하지 않고 인정하기 등)

7주 차: 자기 성찰과 가치 확인

구분	내 용
목표	자신의 강점과 가치, 삶의 의미를 시를 통해 탐색한다
활용 시	도종환 「담쟁이」
활동	자신의 강점·성취 시 작성 후, 상담사와 의미 분석
토론 질문	내가 발견한 강점은 무엇이며, 시로 표현했을 때 느낌이 달라졌는가? 시적 자기 성찰이 삶의 선택과 행동에 어떤 영향을 줄 수 있는가?
실습 과제	자신의 성취 경험을 시로 기록하고 1주일간 읽으며 변화 관찰

8주 차: 회고와 통합

구분	내 용
목표	7주간의 시치료 경험을 통합하고 자기 이해와 사회적 공감을 강화한다
활동	1.7주간 작성한 자신의 시를 모두 모은다. 2.각 시를 필사하며 작성 날짜와 그때의 감정을 기록한다. 3.표지 디자인 후 시집 형태로 만든다. 4.그룹 공유와 피드백
토론 질문	7주간의 시 쓰기 여정에서 가장 의미 있었던 순간은? 시치료를 통해 자신과 타인에 대한 이해가 어떻게 변화했는가?
실습 과제	완성한 개인 시집에서 가장 의미 있는 시 3편 선택하고 그 까닭을 작성한다.

4. 척도지 평가 도구

척도명	개발자(연도)	목적	구성	실시 방법	해석 기준
Beck Depression Inventory-II (BDI-II)	Beck, Steer & Brown (1996)	우울 정도 측정 (인지·정서·신체 증상 포함)	21문항 4점 Likert 척도 (0-3점)	자기보고식 최근 2주간의 기분상태 기준	0-13점: 경도 우울 20-28점: 중등도 우울 29-63점: 심한 우울
Beck Anxiety Inventory (BAI)	Beck, Epstein, Brown & Steer (1988)	불안의 신체·인지적 증상 평가	21문항 4점 Likert 척도 (0-3점)	자기보고식 지난 1주일 동안 경험한 불안 정도 평가	0-7점: 정상 8-15점: 경도 불안 16-25점: 중등도 불안 26점 이상: 심한 불안
Rosenberg Self-Esteem Scale (RSES)	Rosenberg (1965)	개인의 전반적 자존감 수준 평가	10문항 점 Likert 척도 (1-4점)	자기보고식 긍정·부정 문항 혼합	총점 0-30점 15점 이하: 낮은 자존감 15-25점: 보통 25점 이상: 높은 자존감
Meaning in Life Questionnaire (MLQ)	Steger, Frazier, Oishi & Kaler (2006)	삶의 의미 존재와 탐색 정도 평가	10문항 7점 Likert 척도 (1-7점) 하위요인: 존재 5문항, 탐색 5문항	자기보고식	각 하위요인별 평균점수로 해석 점수가 높을수록 의미감/탐색 수준 높음
Connor-Davidson Resilience Scale (CD-RISC)	Connor & Davidson (2003)	개인의 회복탄력성 평가	21문항 5점 Likert 척도 (0-4점)	자기보고식 스트레스 상황에서의 대처 능력 측정	총점 0-100점 점수가 높을수록 회복탄력성 높음

5. 척도의 활용 방법과 다운로드 경로

척도명	다운로드 경로	비 고
BDI	Pearson Clinical (https://www.pearsonassessments.com)	상업적 저작권 보유. 원문은 유료 구매 (연구·임상기관은 라이선스 계약 필요). 국내에서는 한국판 BDI-II (이영호·송종용, 1991)가 사용되며, 학술 연구용으로만 허가</u>됨.
BAI	Pearson Clinical (BDI와 동일 사이트)	저작권 보호. 원문은 유료이며, 한국판은 학술기관 또는 심리상담센터 등록자만 사용 가능.
RSES	University of Maryland Archive (https://fetzer.org/resources/rosenberg-self-esteem-scale)	완전 공개 (Public Domain). 원문·번역본 자유 사용 가능.
MLQ	Dr. Michael Steger 공식 사이트 (https://www.michaelfsteger.com/meaning-in-life-questionnaire/)	무료 학술용 제공. 연구 및 상담 프로그램용 PDF 다운로드 가능.
CD-RISC	Dr. Kathryn M. Connor 공식 페이지 (http://www.connordavidson-resiliencescale.com)	무료 등록 후 다운로드 가능. 온라인 점수 해석 가이드 포함.

6. 심리 치유 테마별 시 목록

테마 1. 위로/공감

번호	시인	시 제목	주요 정서 및 심리적 테마
1	김광섭	저녁에	고독, 존재의 성찰
2	김현승	눈물	감정, 슬픔의 의미, 고통의 성찰
3	류시화	패랭이꽃	자기이해, 삶의 성찰, 결심과 후회
4	류시화	달에 관한 명상	자기이해, 고독, 내면의 평화
5	송진권	잊어버리고	스트레스 해소, 망각의 힘, 현재 수용
6	송진권	소나기 지나가시고	감정의 변화, 회복탄력성, 위로
7	신경림	가난한 사랑 노래	불안, 삶의 고통, 연대
8	오수아	흘러라	감정 정화, 용서, 자기 격려
9	존 오도나휴	축복	위로, 영적 평화, 감정적 치유
10	곽재구	사평역에서	우울, 외로움, 고독의 보편성
11	김선우	목포항	위로, 상처의 공감, 회복
12	서정주	국화 옆에서	슬픔의 승화, 인내
13	헨리 롱펠로우	비 오는 날	우울, 슬픔, 감정의 수용
14	루미	새벽 미풍	자기이해, 내면의 평화, 영적 감정
15	김사인	조용한 일	위로, 공감
16	로버트 프로스트	늦은 산책	우울, 고독, 계절의 변화
17	로버트 프로스트	눈 오는 저녁 숲가에 멈춰서서	자기이해, 책임감, 삶의 성찰
18	랭보	감각	감정, 자연과의 합일, 순수한 기쁨
19	조미하	아프지 말자	공감, 위로
20	릴케	가을날	우울, 고독, 계절과 감정
21	서윤덕	기다림	기다림, 인내, 희망
22	서춘덕	저녁놀	평화, 자연, 위로
23	칼 센드버그	외로움 속에서 살아가는 것 배우기	고독, 자기 성찰, 내면의 평화
24	천양희	하루	자기 성찰, 자기 위로
25	서윤덕	저녁 노을	평화, 자연, 위로, 감상
26	임동윤	늦은 밤 편지	자기 수용, 존재의 소중함
27	유지나	털어 봐	공감, 위로
28	박노해	다시 꿋꿋이 살아가는 법	공감, 위로, 지지
29	정연복	2월	공감, 위로, 지지
30	서윤덕	내가 나에게	공감, 위료

*** 이 목록은 지친 심장을 따뜻하게 안아줄 옥시토신 같은 시들로 구성하였다.**

테마 2. 관계/소통 테마

번호	시인	시 제목	주요 정서 및 심리적 테마
1	강은교	사랑법	관계/소통, 타인 수용, 공감
2	심재휘	맑은 콩나물국	관계/소통, 연민, 인간적인 감정
3	신경림	갈대	관계/소통, 연민, 인간적인 감정
4	안도현	너에게 묻는다	관계/소통, 희생, 타인에 대한 애정
5	에이다 리몽	비옷	위로, 관계, 감정적 보호
6	조정권	겨울 주례사	부부, 관계, 삶
7	오수아	친정엄마 1	모녀관계, 사랑, 용서, 이해
8	오수아	아부지	부모, 사랑, 그리움, 가족
9	정채봉	어머니의 기도	사랑, 관계, 헌신
10	정현종	방문객	관계, 소통, 존재의 의미, 타인 수용
11	기형도	엄마 걱정	관계, 사랑, 그리움
12	정화수	사려	가족, 사랑, 그리움
13	비스와바 심보르스카	심장에게	관계, 자기 격려
14	마종하	마중물	관계, 공감, 연대
15	박철환	나를 멈추게 하는 것들	감사, 관계
16	도종환	접시꽃 선생님	회복탄력성, 생명의 순환, 관계
17	정안면	아름다운 사람을 만나고 싶다	관계, 이상적 인간상, 자기 성장
18	예이츠	그대 늙었을 때	사랑의 유한성, 관계의 덧없음, 노년의 성찰
19	피천득	인연	관계, 만남의 소중함, 감사
20	황지우	너를 기다리는 동안	관계/소통, 기다림, 내면 소통
21	김준태	참깨를 털면서	관계/소통, 돌봄, 불안
22	생떽쥐페리	사랑은 그저 있는 것	관계, 사랑의 본질, 인내
23	조진국	사랑하지만, 사랑하지 않는다	사랑, 관계의 역설
24	정현종	비스듬히	관계, 연결, 소통, 배려
25	나태주	내가 너를	자아존중감, 사랑, 관계, 자기 성장
26	김용택	참 좋은 선생님	사랑, 관계
27	라즈니쉬	의미	삶의 의미, 관계의 본질
28	샬롯 브론테	인생	삶의 의미, 선택, 관계
29	최대호	준비물	자기 수용, 존재의 가치
30	마종하	딸을 위한 시	가족, 사랑, 애정, 헌신

*** 이 목록은 복잡한 머릿속을 비우고 평온한 현재에 머물게 할 세로토닌 같은 시들로 구성하였다.**

테마 3. 성찰/성장 테마

번호	시인	시 제목	주요 정서 및 심리적 테마
1	양광모	누군가 물어볼지도 모릅니다	삶의 의미/목표, 자기 이해
2	오연희	발자취	자기이해, 삶의 흔적, 자기 성찰
3	유치환	생명의 서	자기이해, 정체성 탐구, 존재의 본질
4	김재진	시간이 흐른 뒤에 나는 알았네	자기이해, 내면 통찰
5	민병도	삶이란	자아 성찰, 수용
6	안도현	일기	알아차림, 상황인식, 자기이해
7	김종대	그때는 몰랐었다	자기이해, 성찰, 삶의 태도
8	이성진	하루의 기도	소망, 기도, 믿음, 성장
9	로버트 프로스트	가지 않은 길	자기 성찰, 선택, 자기 결정
10	정용철	어느날 문득	자기 성찰, 관점의 전환, 성숙한 태도
11	정지용	호수	내면의 고요, 자기 탐색
12	정현종	섬	자아존중감, 고립이 아닌 연결
13	하룬 야히아	새와 나	자기이해, 자연과의 관계, 순응
14	박노해	행복은 비교를 모른다	성찰, 성장
15	김기림	유리창	자기이해, 마음의 투명성
16	유안진	내가 나의 감옥이다	자기이해, 자기 성찰
17	김종해	거울 앞에서	자기이해, 자아 성찰, 정체성
18	박용하	'나'라는 슬픔	자기이해, 존재의 슬픔, 정체성
19	이기철	인생	자기이해, 삶의 성찰, 존재의 의미
20	월트 휘트먼	나 자신의 노래	자아존중감, 자기 수용
21	김혜정	가끔은	자기 성장, 내면의 성찰, 자기 이해
22	이석구	갈등의 미학	갈등 수용, 성장, 긍정적 전환
23	정채봉	기도	자기 이해, 자기 성찰
24	나태주	맑은 하늘	**자기 이해, 내면의 성찰**
25	잘랄루딘 루미	여행	자기 이해, 성찰
26	에이브러햄 링컨	어떤 이력서	역경을 통한 성장과 성찰
27	헤르만 헤세	혼자 가는 길	고독, 자기 성찰, 내면의 힘
28	나희덕	산속에서	자기 성찰, 내면의 성장, 자연
29	조온윤	중심잡기	자기 중심, 균형, 내면의 안정
30	박석순	가로수길	삶의 여정, 성장, 자기 성찰

*** 이 목록은 내면의 힘을 깨워 새로운 나를 향해 나아가게 할 도파민 같은 시들로 구성하였다.**

테마 4. 희망/긍정

번호	시인	시 제목	주요 정서 및 심리적 테마
1	김영랑	돌담에 속삭이는 햇발같이	순수, 평화, 희망적 감정
2	최재경	나를 다리시다	자기 수용, 자기 사랑, 긍정
3	리젯 우드워스 리즈	살아있는 내가 나여서 기쁘고	자기 수용, 삶의 긍정, 존재의 기쁨
4	나선미	단 하나의	자기 가치, 존재의 소중함
5	김현승	가을의 기도	자아존중감, 겸손, 감사
6	오수아	민들레 홀씨처럼	희망, 회복탄력성, 자기 격려
7	나태주	풀꽃	자기 수용, 소박한 아름다움, 긍정적 시선
8	지미 산티아고 바카	오늘	희망, 긍정적 감정, 삶의 변화
9	타고르	기도	회복탄력성, 고난 극복, 내적 힘
10	도종환	흔들리며 피는 꽃	회복탄력성, 역경 속 성장, 희망
11	에밀리 디킨슨	희망은 깃털 달린 것	희망, 회복탄력성, 긍정적 감정
12	도종환	담쟁이	회복탄력성, 끈기, 성장
13	이해인	나를 키우는 말	자기 격려, 긍정적 언어, 성장
14	안도현	모과나무 아래서	자연, 평화, 삶의 여유
15	양광모	고드름	회복탄력성, 인내, 목표 지향성
16	이해인	민들레의 영토	자아존중감, 소박한 기쁨, 위로
17	랭스턴 휴즈	꿈	희망, 자아존중감, 삶의 동력
18	이상화	꽃씨와 같이	회복탄력성, 희망, 재기
19	정호승	희망을 만드는 사람이 되라	희망, 회복탄력성, 삶의 용기
20	김신영	과육을 기다리며	희망, 활력, 삶에 대한 긍정적 태도
21	정호승	봄길	희망, 회복탄력성, 삶의 용기
22	김용택	민들레꽃	회복탄력성, 생명력, 자아존중감
23	정호승	울지 말고 꽃을 보라	희망, 긍정
24	이정하	바람 속을 걷는 법	희망, 긍정, 수용
25	음자크헤 음불리	지금은	희망, 긍정, 자기 관찰, 자기 변화
26	윤동주	새로운 길	희망, 새로운 시작, 기쁨, 설렘
27	천상병	아침	희망, 행복, 긍정
28	함민복	새벽 편지	회복탄력성, 희망
29	장석주	대추 한 알	삶의 의미, 감사, 인내, 열매, 성취
30	마야 안젤루	여전히 나는 일어선다	회복탄력성, 자아존중감, 희망

*** 이 목록은 깊은 감동을 통해 삶의 고통을 승화시키고 환한 빛을 선사할 베타 엔드로핀 같은 시들로 구성하였다.**

* 앞서 살펴본 '시치유 호르몬 4단계'의 흐름에 맞춰 시 목록을 구성하였다. 시詩는 정해진 답이 있는 것이 아니다. 그러므로 '테마별 시 목록'도 진행하는 전문가의 역량에 따라, 참여자의 상황에 따라 다르게 해석되고 적용될 수 있다.

저자 소개

오수아(Su Ah Oh)
Poetry Healing Specialist
시인, 심리교육치유상담사(Ph.D)
한국방송통신대학교 영어영문학 학사
중앙대학교 교육대학원 교육학 석사
Canada Christian College 기독교상담학 박사(독서치료전공)

현 뇌기반 인문학치유협회장
현 Canada Christian College 미토 문화원 겸임연구교수 및 심화과정 학장

〈관심 연구 주제〉
시치유(poetry therapy), 뇌과학(brain science), 자기이해(self-awareness), 마음챙김(mindfulness), 호흡과 회복탄력성(Resilience), 심뇌(心腦, heart-brain)

〈주요 논문〉
The Effects of Bibliotherapy on Self-Esteem, Smartphone Addiction, and Impulsivity in Children from Single-Parent Families(Canada Christian College & School of Theological Studies, 2025)

〈주요저서〉
민들레 홀씨처럼(지식과감성, 2022)
다만, 뿌리째 흔들리지는 마라(지식과감성, 2023)
심리여행 IN 독서치료(공저, 지식과감성, 2023)
흘러라(지식과감성, 2024)
마음을 읽고 쓰다(공저, 책나무, 2024)
언젠가 너도 이 시간을 기억하겠지(지식과감성, 2025)
디지털 해독 프로젝트(공저, 지식과감성, 2025)

www.humanities-healing.com
https://blog.naver.com/pageturner-67
https://blog.naver.com/pageturner67

뇌 회로를 재구성하다
AI 시대 시詩 치유

초판 인쇄 | 2026년 3월 2일
초판 발행 | 2026년 3월 5일

지은이 | 오 수 아
펴낸이 | 조 승 식
펴낸곳 | (주)도서출판 **북스힐**

등 록 | 1998년 7월 28일 제 22-457호
주 소 | 서울시 강북구 한천로 153길 17
전 화 | (02) 994-0071
팩 스 | (02) 994-0073

홈페이지 | www.bookshill.com
이메일 | bookshill@bookshill.com

정가 25,000원

ISBN 979-11-5971-751-2

Published by Bookshill, Inc. Printed in Korea.